——谨以本书献给挚爱的父亲和三弟，愿他们在天国安息——

石龙潭◎著

日本行政诉讼
诉的利益

之

石龙潭◎著

中国政法大学出版社

2021·北京

声　明　1. 版权所有，侵权必究。

　　　　2. 如有缺页、倒装问题，由出版社负责退换。

图书在版编目（ＣＩＰ）数据

日本行政诉讼之诉的利益/石龙潭著. —北京：中国政法大学出版社，2021.2
ISBN 978-7-5620-9847-8

Ⅰ.①日… Ⅱ.①石… Ⅲ.①行政诉讼－研究－日本 Ⅳ.①D931.321

中国版本图书馆CIP数据核字(2021)第014278号

出 版 者　　中国政法大学出版社

地　　址　　北京市海淀区西土城路 25 号

邮寄地址　　北京 100088 信箱 8034 分箱　邮编 100088

网　　址　　http://www.cuplpress.com (网络实名：中国政法大学出版社)

电　　话　　010-58908289(编辑部) 58908334(邮购部)

承　　印　　固安华明印业有限公司

开　　本　　880mm×1230mm　1/32

印　　张　　9.5

字　　数　　220 千字

版　　次　　2021 年 2 月第 1 版

印　　次　　2021 年 2 月第 1 次印刷

定　　价　　45.00 元

前言

笔者曾经于2014年6月，在中国政法大学出版社翻译出版了日本著名行政法学者原田尚彦教授的《诉的利益》一书。但由于该书问世很早（初版印刷发行于1973年），而日本又于2004年对《行政案件诉讼法》进行了大幅修改，因此，当时的理论与今天的法律现实并非完全吻合。譬如，当时被称为"无名抗告诉讼"的"课予义务诉讼"和"禁止诉讼"，因已于2004年修法时入法而得以"有名"，从而不能再将其视为"无名抗告诉讼"的典型了。还有从其内容来看，由于该书第一章到第十章发表于1965—1973年间，而附论部分则更早（1963年），这些研究成果当然无法对其后尤其是今天的理论发展风貌有所体现。

鉴于此，同时考虑到"诉的利益"作为行政法学上的一种理论在我国尚未完全确立，为了方便各位读者阅读和理解本书，于是萌生了就当今日本行政诉讼的诉的利益写点东西的念头（参见《诉的利益》第346页"译后记"），并从2016年起先后围绕原告适格、行政处分性以及狭义的诉的利益等在国内公开发表了三篇论文。一为梳理日本诉的利益的来龙去脉，二为填补原田教授《诉的利益》成书之后的理论空白。

本书的内容主要基于上述三篇论文，同时增补了近年来笔者在持续思考和研究诉的利益之际所取得的一些新感悟和新成果。另外，考虑到国内信息公开诉讼中"权利滥用"或曰"滥诉"的情形很多，司法实践中就此出现以缺乏诉的利益为由予以驳回的先例，因此以"附论"的形式收录了笔者2018年在国内公开发表的一篇相关论文，以期为读者提供一些思考信息公开诉讼中诉的利益问题的点子。还有，为便于读者能够直观地了解日本行政法的今日风貌，以"附属资料"的形式将现行《行政案件诉讼法》的中译文附在文末。本书注重理论分析的同时也就相关判例做了大量的实证性考察，既适合学界同仁与法学生阅读参考，也为实务界人士了解国外同类判决提供了一个窗口。

众所周知，2014年修改《中华人民共和国行政诉讼法》时尽管删除了"具体行政行为"的表述，但行政诉讼的直接受案范围事实上还是被限定于具体行政行为，而将诸如行政立法、行政计划、行政指导等行政作用机械地排除在外。反观近邻日本，通过不断丰富诉的利益的认定范围，从而使行政诉讼的受案范围逐渐拓宽，国民可以以此获得司法救济的领域亦愈发扩展。

本书中，笔者主要以日本行政诉讼的主要形态——抗告诉讼，尤其是撤销诉讼为素材，在对日本行政法学上有关诉的利益的理论，从行政处分性、原告适格、狭义的诉的利益等三个不同角度做一个整体把握之后，结合20世纪80年代以来具有典型意义的最高法院判例，梳理并详细分析诉的利益的发展脉络，对该理论所面临的各种课题加以全方位考察，以期揭开日本是如何通过丰富诉的利益来不断拓展行政诉讼救济范围的发展历程，找寻其在不同时期、不同领域的特征，并希望借此能够为国内今后探讨行政诉讼的受案范围和行政作用的可诉性，确立要件审理的应然模式，进而围绕行政诉讼的诉的利益形成相关理论等，提供一个有意义的参照系。

目录

第一章

诉的利益概观

一、行政诉讼制度的变迁

众所周知，传统上，行政诉讼制度的主要类型可划分为以下两种：英美型（司法国家型）和大陆型（行政国家型）。在英美型国家中，即便是行政案件也需服从司法法院的管辖，不设立特殊的行政审判制度。在这种制度下，不承认公法与私法的二元性对立，纵然是国家权力也要服从于"法的支配"原理，有关行政上法律关系的诉讼案件，同样需要接受司法法院的审判。与此相对，在以德国和法国为代表的大陆型国家中，以公法与私法的二元性对立为前提，针对行政主体与私人间的关系，主张适用不同于私法的公法规制。同时，在案件管辖上，针对行政案件，本着应由行政权自身来处理的原则，在司法法院之外单独设立行政法院，涉及公法关系的案件通常接受与普通行政机关有别的行政法院的裁断。[1]

---

[1] 不过在此需要注意的是，今天同样是采用欧洲大陆型行政审判制度的国家也不尽相同。当代德国尽管依然拥有行政法院，但与法国不同，其并不隶属于行政权。根据《德国基本法》的规定，行政法院与其他特别法院相同，皆属于审判权的范畴。

第二次世界大战前的日本《明治宪法》[1]，将以民事案件和刑事案件为对象的司法审判与以行政案件为对象的行政审判区别开来，针对后者采用了行政审判制度。当有人因行政机关的违法处分而遭到权利利益侵害时，其诉讼由依据《行政审判法》[2]所设立的行政法院来管辖，而司法法院则不得受理。[3]也就是说，当时的日本，采用了让行政法院隶属于行政权，司法法院只对民事案件和刑事案件拥有审判权的欧洲大陆型行政国家体制。同时，在《行政审判法》中，采用列举主义，对可以向行政法院提起诉讼的事项予以明确限定，因此，并不是所有行政上的争讼都可以获得法院的救济。另外，所谓的行政诉讼事实上只有相当于今天"撤销诉讼"的一种形态。而且，行政法院在全国只设一所（位于东京），采用一审即终审制，并施行行政复议前置主义。[4]

在现行《日本国宪法》下，废止了行政审判制度，转而采用司法国家体制。[5]依据《法院法》[6]第 3 条第 1 款的规定，只要相当于"法律上的争讼"，就可以向司法法院提起诉讼，从而对行政案件也打开了由司法法院来提供全面救济的大门。不

---

〔1〕 大日本帝国宪法，1889 年制定，俗称"明治宪法"。

〔2〕 行政裁判法，由 47 条组成，1890 年制定，1947 年废止。

〔3〕 据说当时这种制度设计主要是出于以下的考量：其一，在行政案件的审理当中，需要行政相关专业技术知识的情形居多；其二，避免司法法院法官以审判来牵制行政官，从而维护行政官相对于司法的独立。详情请参见宇贺克也『行政法概説Ⅱ行政救済法〔第 6 版〕』（有斐閣、2020 年）94 頁。

〔4〕 由于当时行政复议被称为"诉愿"，因而亦称"诉愿前置主义"。

〔5〕 《日本国宪法》第 76 条（司法权、法院、禁止设置特别法院、法官的独立）第 1 款，一切司法权属于最高法院及由法律规定设置的下级法院。第 2 款，不得设置特别法院。行政机关不得施行作为终审的判决。第 3 款，所有法官依良心独立行使职权，只受本宪法及法律的拘束。

〔6〕 裁判所法。

过，尽管《日本国宪法》采用了司法国家体制，但在行政案件的诉讼处理上，并非一蹴而就，还是经历了以下迂回曲折的过程。

第二次世界大战后，1947年日本制定了《应急措施法》[1]。该法只对撤销或变更行政处分的出诉期作出规定（6个月以内），但对于其他事项，则采取了与民事诉讼同等对待的原则。可见，当时有关行政案件的审判程序，已经与司法国家型的理念相吻合。

然而，以1948年的"平野事件"为契机，情况发生了相当大的转变。所谓"平野事件"，其概要如下：遭受开除公职处分的原告，向东京地方法院提出要求保全自己公务员地位的临时申请。就此，东京地方法院作出以停止适用开除公职命令和中止发生效力为内容的临时裁定。但占领军当局，站在日本的法院审判权不适用于公职开除令的立场，要求最高法院院长撤销本案裁定。最后，最高法院院长不得不发表了反对本案裁定的谈话，随后东京地方法院也撤销了自己所作的临时裁定。经此案件后，占领军当局开始认识到，对民事案件与行政案件加以区分，设立能够充分反映行政案件特殊性的诉讼程序的重要性与必要性，并于1948年出台了《行政案件诉讼特例法》[2]。

该法共有12条，是作为《民事诉讼法》的特例法而制定的。因此，其基本出发点在于，除非法律中有特别规定否则适用《民事诉讼法》。该法针对"有关撤销或变更行政机关的违法处分的诉讼"和"其他有关公法上的权利关系的诉讼"（第1条），在坚持适用《民事诉讼法》的同时，考虑到行政权的优越地位，制定了一些有别于民事诉讼的行政诉讼特有规定。譬如，

---

[1] 日本国憲法の施行に伴う民法の応急的措置に関する法律。

[2] 行政事件訴訟特例法。

采用行政复议前置主义（第 2 条）、以处分机关为被告（第 3 条）、出诉期为 6 个月（第 5 条）、不适用假处分（第 10 条）、不停止执行原则（第 10 条）、内阁总理大臣异议（第 10 条）、情况判决（第 11 条）[1]，等等。

由于《行政案件诉讼特例法》是在第二次世界大战结束后仓促出台的，无暇顾及行政诉讼的方方面面，如上所述，作为《民事诉讼法》的特例只设置了区区 12 个条款。同时，针对当时各种行政法规中业已存在的有关诉讼的先行规定也没有加以充分梳理，不仅在解释上留下诸多疑义，而且与各种行政法规之间也存在龃龉和矛盾。因而，在其后的实际运用当中碰到诸多难题，给国民权利的保障和行政运营带来不少困难。[2]于是，1962 年该法被废止。

同年，作为替代法日本制定了《行政案件诉讼法》[3]。该法与《行政案件诉讼特例法》不同，是有关行政诉讼的一般法。同时，该法第 7 条，就行政诉讼与民事诉讼的关系规定，"关于行政案件诉讼，本法无规定的，参照民事诉讼处理"。请注意，这里所说的"参照民事诉讼处理"，并不意味着该法的空白部分需要直接适用《民事诉讼法》，其用意在于：在尊重行政诉讼固有性质的前提之下，全面参照民事诉讼的相关规定予以处理。

与《行政案件诉讼特例法》相比，《行政案件诉讼法》的主要内容及其特征可以大致概括如下：其一，废除行政复议（诉愿）前置主义转而采用自由选择主义；其二，对不同诉讼形态加以明确，并规定了各自得以适用的法条；其三，针对行政

---

[1] 有关"情况判决"的详情，请参见本书第四章"土地改良案"等。
[2] 杉本良吉『行政事件訴訟法の解説』（法曹会、1963 年）1-2 頁。
[3] 行政事件訴訟法。

行为这种行政的行为方式设立了就其系争的抗告诉讼这种特殊的诉讼形态;[1]其四,完善了起诉期间、当事人适格、情况判决、停止执行、总理大臣异议等制度。

《行政案件诉讼法》自制定以来,历经40余年没有进行过实质性的修改。与国外相比,行政案件的提起数量相当少,原告的胜诉率也非常低。[2]而且,由于法院严格解释诉讼要件的结果,致使很多案件在没有进入实体审理之前就被驳回。造成这种局面的原因,固然有审判实务中法律运用过于严格的问题,但《行政案件诉讼法》本身的因素也是不容忽视的一环。譬如,

---

〔1〕宇贺教授认为,《行政案件诉讼法》的最大特征在于确立了抗告诉讼制度。参见宇贺克也『行政法概説Ⅱ行政救済法〔第6版〕』(有斐閣、2020年)100页。

〔2〕据统计,2013年,日本全国各级法院新受理的行政诉讼案件为4923件(其中一审法院2793件),全国各级法院处理完毕(法院审结、原告撤回)的行政诉讼案件为5066件(其中一审法院2906件),在一审法院所处理的2906件中,包括部分认可在内原告的请求经法院判决而受到认可亦即胜诉的共297件,占总数的10.2%。2016年,日本全国各级法院新受理的行政诉讼案件为4923件(其中一审法院2793件),全国各级法院处理完毕(法院审结、原告撤回)的行政诉讼案件为4801件(其中一审法院2718件),在一审法院所处理的2718件中,包括部分认可在内原告的请求经法院判决而受到认可亦即胜诉的共241件,占总数的8.9%。2019年,日本全国各级法院新受理的行政诉讼案件为3629件(其中一审法院2071件),全国各级法院处理完毕(法院审结、原告撤回)的行政诉讼案件为3631件(其中一审法院2160件)。在一审法院所处理的2160件中,包括部分认可在内原告的请求经法院判决而受到认可亦即胜诉的共262件,占总数的12.1%。可见,在近年的日本行政诉讼中原告胜诉率一直徘徊在低水准的一成左右。在此想请各位读者注意的是,前述数据皆基于2004年修法之后的统计,尽管如此,由于本次修法的目的之一在于更加便于国民提起行政诉讼,因此完全可以推断修法之前的数据只能更低。从前述统计数字来看,即便是历经修法之后,日本的行政诉讼依然停留于受案数量少、胜诉率低的状态。有关2013年的详情,请参见宇贺克也『行政法概説Ⅱ行政救済法〔第5版〕』(有斐閣、2015年)129-130页;2016年,宇贺克也『行政法概説Ⅱ行政救済法〔第6版〕』(有斐閣、2020年)124-125页;2019年,宇贺克也『行政法概説Ⅱ行政救済法〔第7版〕』(有斐閣、2021年)131页。

该法针对行政诉讼的原告适格尤其是事涉行政处分相对人以外的第三方的原告适格没有明确界定，交由学界和实务界解释的结果，不仅造成同案不同判，还使国民因原告资格难以得到认定而无法适时获得司法救济。又如，由于针对申请行为当时只存在"不作为违法确认诉讼"，没有"课予义务诉讼"，因而，即便行政方不作为的违法性在"不作为违法确认诉讼"当中得以确认亦即原告胜诉，由于其后申请遭到行政方拒绝的可能性依然存在，而一旦遭到拒绝原告就不得不重新提起撤销诉讼，因此无法否定的是这种行政诉讼形态作为国民权利利益的一种救济手段过于迂回且力道不足。再如，受立法时间所限，该法在订立当初并没有考虑到环境诉讼、消费者诉讼等现代型诉讼，而单靠其后实务界的灵活运用已显得力不从心。有鉴于此，日本于 2004 年对《行政案件诉讼法》进行了大幅修改。

这次修改，号称该法 1962 年制定以来史上最大的一次修改。其主要内容如下：其一，扩大行政诉讼尤其是抗告诉讼的救济范围。除通过增设第 9 条第 2 款有关行政处分相对人以外的第三人原告适格的解释指针以扩大撤销诉讼原告资格的认可范围外，还新设了"课予义务诉讼"（第 3 条第 6 款）和"禁止诉讼"（第 3 条第 7 款）以及将"确认诉讼"明确定位为当事人诉讼当中有关公法上的法律关系的一种诉讼类型（第 4 条）。其二，充实完善了审理制度。为确保行政机关在司法过程中履行说明责任，新设了有关要求作为被告的国家或公共团体所辖的行政机关或作为被告的行政机关，提供该机关所保有的有关处分或裁决的内容、处分或裁决所依据法令的条款、能够厘清处分或裁决要因的事实及其他说明处分或裁决理由的资料的全部或其中一部分的特殊规则（第 23 条之一）。其三，导入更加便于国民利用的行政诉讼架构。放弃"行政机关主义"转而采用"行政主体主义",即抗告诉讼的被告由行政机关改为其隶属的行政主体(第 11 条),有效缓解了原告因搞不清被告是谁而失去提诉机会的局面。同时站在利用者的立场,扩大抗告诉讼管辖法院的范围(第 12 条)、延长撤销诉讼的出诉期间(第 14 条)。其四,扩充暂时救济制度。除了缓和停止执行的要件(第 25 条)外,还创设了暂时课予义务以及暂时禁止制度(第 37 条之四)等。[1]

二、行政诉讼的类别

日文语境中的"行政诉讼"与"行政案件诉讼"[2]基本同义。两者的区别在于前者为学术用语而后者为实定法上的用语。行政案件诉讼亦即行政诉讼,是指通过法院的审判来纠正违法的行政作用(行政活动),从而为权利利益受到违法行政作用侵害的国民提供救济的一种诉讼制度。依法律行政的原理要求,行政作用必须与法律相符,而为其提供制度保障的,正是这种以纠正违法行政作用为己任的诉讼制度。所谓行政案件,是与

---

〔1〕 宇賀克也『改正行政事件訴訟法〔補訂版〕』(青林書院、2006 年)4-10 頁;小早川光郎編『改正行政事件訴訟法研究』(有斐閣、2005 年)2-194 頁。

〔2〕 原文为"行政事件"。但具体何谓"行政事件"(即行政案件),如文中所述法律上并没有明确予以定义。据说是立法者当初出于"公法私法两元论前提之下的有关公法关系的案件"这一考量才决定使用这个概念的。详情请参见宇賀克也『行政法概説Ⅱ行政救済法〔第 6 版〕』(有斐閣、2020 年)100 頁。另外,现行《行政案件诉讼法》在 1962 年制定当初,本来也想比照"民事诉讼法"取名"行政诉讼法",但考虑到当时对于行政诉讼的理解与研究尚未成熟,于是决定将尚未自我完结的该法暂命名为"行政案件诉讼法",但这个法律名称一直惯性地保留至今,即便历经 2004 年大幅修法之后"案件(事件)"的帽子也没有被摘掉。本书中以两者基本用于同义为前提,在表示一般意义上的行政诉讼时使用"行政诉讼",而在强调实定法上的规定时通常使用"行政案件诉讼"。

民事案件和刑事案件相对等的概念。从《行政案件诉讼法》第1条[1]的规定来看，该法为有关行政案件诉讼的一般法。但是，在该法中，并没有就何谓行政案件从内容上加以明确界定，而只是在形式上把若干诉讼类型划归为行政案件诉讼而已。

即，依据《行政案件诉讼法》第2条的规定，行政案件诉讼主要分为以下的四种类型：①抗告诉讼；②当事人诉讼；③民众诉讼；④机关诉讼。

在《明治宪法》下，抗告诉讼（即撤销诉讼）被定义为"因行政机关的违法处分而造成的权利伤害之诉"，只有"因违法处分而受到权利毁损者"才能提起抗告诉讼。当时一般认为，抗告诉讼的目的在于恢复因违法处分而受到损害的权利，因此，判例和通说都对抗告诉讼的提起要求严格意义上的"权利"侵害。[2]而到了第二次世界大战后的现行《行政案件诉讼法》之下，抗告诉讼，被定义为有关行政机关公权力[3]行使的不服之诉（第3条）。如后所述，抗告诉讼在日本行政诉讼制度当中居于核心地位，是其最典型的诉讼形态。

与抗告诉讼论争行政机关的公权力行使合法与否不同，当事人诉讼，主要是针对实体法上的权利义务关系（即公法上的法律关系），由其当事人直接论争的诉讼（第4条）。那么，在

---

〔1〕《行政案件诉讼法》第1条：行政案件诉讼，除其他法律另有特别规定者外，依据本法的规定。

〔2〕参见［日］原田尚彦：《诉的利益》，石龙潭译，中国政法大学出版社2014年版，第135页。

〔3〕日文语境下的"公权力"一词，除《行政案件诉讼法》外《国家赔偿法》中亦见使用。但是，判例及通说主张，后者所说的"公权力"，其主体既包括行政机关也包括立法机关以及司法机关等。其对象，除权力性行为外，还包括行政指导、国公立学校的教学事故等非权力性行为。而《行政案件诉讼法》上的"公权力"，一般则仅限于行政机关，其对象通常不包含上述的非权力性行为。

抗告诉讼之外另行设立这种诉讼形态的必要性何在呢？一般而言，市民与行政之间发生的纠纷，如果在本质上与民间人相互之间发生的纠纷没有差异，这时就可以通过民事诉讼来加以解决。从这个意义上讲，我们也可以把行政诉讼定位为事涉行政特有事宜（即公法上的法律关系）的一种诉讼形态。现行《行政案件诉讼法》从行政特有活动当中抽取出"行政处分"或"处分"（亦即行政行为），并为此单独设计了抗告诉讼。然而，有些纠纷虽然也属于行政特有事宜，但由于并不相当于"行政处分"或"处分"，这时当事人既无法利用民事诉讼也无法利用抗告诉讼，因而《行政案件诉讼法》作为这种情形的应对之策设置了"当事人诉讼"。可见，"当事人诉讼"是专门用于系争"行政处分"或"处分"以外的行政特有活动的一种诉讼形式。

而当事人诉讼又可区分为以下两种："形式上的当事人诉讼"与"实质上的当事人诉讼"。前者是指，有关确认或形成当事者间法律关系的处分或裁决的，以当事者一方为被告的诉讼。其特征在于，虽然发轫于处分或裁决，从这个意义上讲具有抗告诉讼的性质，但是，它是经过法律特别允许，由具有直接利害关系的当事人之间进行论争的诉讼。譬如，针对土地委员会所作的有关土地征收的裁决，若仅就其中的损失补偿金额产生不满时，根据《土地征用法》[1]第133条第2款的规定，允许在土地所有人与实际利用土地的企业等之间提起的当事人诉讼，就是一个非常典型的例子。这种诉讼制度的设计主要基于以下的立法考量：原本应该以行政主体为被告，就裁决亦即行政处分采用抗告诉讼的形式进行论争，但考虑到其争点是损失补偿金额的多寡，因此，莫不如由在损失补偿金关系上处于支付与

---

[1] 土地收用法。

被支付地位的当事者本人直接以当事人诉讼的形式来论争，才更具实际意义。后者的"实质上的当事人诉讼"，是指针对公法上的法律关系等予以确认的诉讼。其特征在于，虽然也被定位为行政案件诉讼的一种形态，但是在诉讼对象上，却与专门以行政处分为对象的抗告诉讼不同，而是以诸如国籍、议员身份、公务员地位、公立学校学生的地位、损失补偿请求权等公法上的权利地位为其对象。

民众诉讼，作为典型的客观诉讼，是指当国家或公共团体[1]的机关出现有违法规的行为时，要求对其予以纠正的诉讼（第5条）。只要具备国民或地方公共团体居民的资格等即可提起，并不需要与自己的权利利益直接相关。譬如，"选举诉讼"[2]就是民众诉讼的一种典型形态。所谓"选举诉讼"，一般是指针对诸如国会议员的选举结果等抱有疑问的选民请求法院予以裁断的诉讼。由于这种诉讼并不与该选民的具体权利义务直接相关，因而即便胜诉，该选民自身的地位也不会发生变化。从这个意义上讲，其不相当于《法院法》第3条第1款所说的"法律上的争讼"[3]，亦即无法成为法院审判的对象。

既然如此，为何民众诉讼被定位为《行政案件诉讼法》所说的四大诉讼类型之一呢？这是因为，在《法院法》第3条第1款中，除了把裁断"法律上的争讼"列为法院的权限之外，亦将"其他法律特别规定的"权限纳入其中。同样以"选举诉

---

〔1〕 日文语境下的"公共团体"除了地方公共团体（都道府县、市町村等）、公共组合（土地区划整理组合、国民健康保险组合）以及独立行政法人之外，还包括"律师协会"等。

〔2〕 "選挙訴訟"。

〔3〕 《法院法》第3条第1款：除宪法上有特别规定的情形外，法院拥有裁断一切法律上的争讼以及其他法律特别规定的权限。

讼"而言，正是由于《公职选举法》[1]中存在相关根据规定才受到认可。再如，地方公共团体的居民就其所在地地方公共团体的执行机关及其职员在财务会计中的违法行为所提起的"居民诉讼"[2]也是一个典型例子。依据《地方自治法》的规定，不必与自己的权利利益直接攸关，只要拥有居民身份任何人都可提起这种诉讼。

机关诉讼，同样作为客观诉讼的一种形态，目的在于处理国家或公共团体的机关相互之间因权限所在或行使而产生的纠纷（第6条）。其特点在于原告与被告均为"机关"，从这个意义上讲，我们或许可以将其定位为行政内部纠纷的一种解决机制。[3]现行法中，允许国家对于地方公共团体的一些事务予以适当干预，但若地方公共团体就这种来自于国家的干预行为产生不服时所提起的诉讼，即为机关诉讼的典型事例。同民众诉讼一样，这种诉讼并不相当于《法院法》所定的"法律上的争讼"，之所以受到认可，是因为《地方自治法》第245条之八等条款中存在相关的根据规定。另外，依据《地方自治法》第176条第1款的规定，同一地方公共团体的行政首长[4]与地方议会之间产生纠纷时所提起的诉讼也被视为机关诉讼的典型事例。但这里需要注意的是，地方的"议会"并不在行政机关之列，尽管如此，由于地方的"议会"也是地方公共团体的"机关"之一，所以才被纳入机关诉讼的范畴。不过，如后所述，尽管

---

〔1〕　公職選挙法。

〔2〕　"住民訴訟"。

〔3〕　作为大学教员面对学生讲解这个"机关诉讼"时，笔者习惯以"此乃窝里斗、狗咬狗，与百姓无关"来说明，尽管言语上略显粗俗，但感觉还算说穿了这种诉讼形态的本质。

〔4〕　即都道府县知事、市町村长等。

"机关诉讼"也被列为"行政案件诉讼"的主要形态之一，实际上几乎不被运用。[1]

抗告诉讼与当事人诉讼是涉及个人权利利益的诉讼，因此通常被称为主观诉讼，而民众诉讼与机关诉讼，由于不与个人权利利益直接相关，其目的在于实现公共利益以及维护法的秩序，通常被称为客观诉讼。现行法上，主观诉讼只要符合《行政案件诉讼法》的规定即可提起，而客观诉讼则只有法律上存在特别规定时方获认可。《行政案件诉讼法》第42条明确规定，仅限于法律有规定且受法律规定者才能够提起民众诉讼和机关诉讼。

此外，与抗告诉讼不同，当事人诉讼、民众诉讼、机关诉讼等三种诉讼形态，均不直接以行政处分为其对象。

三、"抗告诉讼（撤销诉讼）中心主义"

《行政案件诉讼法》从立法当初就采用了"抗告诉讼（撤销诉讼）中心主义"，即对作为抗告诉讼典型形态的撤销诉讼的诉讼程序在法律上予以明确界定之后，针对其他诉讼形态，采取了参照撤销诉讼的相关规定予以处理的态度。可以说，抗告诉讼尤其是撤销诉讼，在日本行政诉讼的所有形态当中是最为传统也是最具典型意义的诉讼形态。尽管2004年修法时，为了更好地应对行政法律关系的多样化、便于国民提起行政诉讼，规定对有关公法领域的纠纷不硬性地以撤销诉讼的框架来处理，并在抗告诉讼中新设了"课予义务诉讼"和"禁止诉讼"，同时还明确了活用作为当事人诉讼的确认诉讼（公法上的确认诉

---

〔1〕 宇賀克也『行政法概説Ⅱ行政救済法〔第6版〕』（有斐閣、2020年）113頁。

讼)等方针,这些举措无疑表明,国民在有关行政案件的司法救济面前,除了传统的撤销诉讼之外又增加了新的选择余地,但从现行法的内容来看,"抗告诉讼(撤销诉讼)中心主义"的基本架构仍然没有改变,得以维持至今。

就此,首先,让我们来审视一下现行《行政案件诉讼法》的条文分布情况。包括"补则"在内,《行政案件诉讼法》由5章共计46条组成。第一章"总则"(第1~7条);第二章"抗告诉讼"(第8~38条)由两节构成,第一节"撤销诉讼"(第8~35条)和第二节"撤销诉讼"以外的"其他抗告诉讼"(第36~38条);第三章"当事人诉讼"(第39~41条);第四章"民众诉讼及机关诉讼"(第42~43条);第五章"补则"(第44~46条)。从法条配置来看,显然,该法是以"抗告诉讼",尤其是以"撤销诉讼"为核心设计的,"总则"中的7个共通规定姑且不论,现行法46个条款当中,至少有31个是专门用来规定"抗告诉讼"的(占条文总数67.4%),而其中多达28个是专门用来规定"撤销诉讼"的(60.9%)。[1]

其次,从《行政案件诉讼法》所定的四种行政诉讼类型在司法实践中的实际应用情况来看,2013年,抗告诉讼在日本全国地方法院新受理的2258件行政诉讼案件当中占81.6%,达1843件。其中,撤销诉讼为1601件(撤销处分诉讼1158件、撤销裁决诉讼443件),占全体总数的70.9%。而当事人诉讼224件

---

〔1〕 在此想请各位读者注意的是,仔细观察本书文末附属资料《行政案件诉讼法》就可以发现,其实在该法第23条处,除了"第23条"外还设有"第23条之一",第37条处,除了"第37条"外还设有"第37条之一""第37条之二""第37条之三""第37条之四"。若这些条文单独计算,可以说,现行法中至少有36个条款是专门用来规定"抗告诉讼"的,而其中33个是专门针对"撤销诉讼"的规定。

（9.9%）、民众诉讼191件（8.5%）、机关诉讼0件。2016年，抗告诉讼在日本全国地方法院新受理的2096件行政诉讼案件当中占82.4%，达1727件。其中，撤销诉讼为1428件（撤销处分诉讼1105件、撤销裁决诉讼323件），占全体总数的68.1%。而当事人诉讼159件（7.6%）、民众诉讼191件（9.1%）、机关诉讼19件（0.9%）。2019年，抗告诉讼在日本全国地方法院新受理的1808件行政诉讼案件当中占79.9%，达1445件。其中，撤销诉讼为1122件（撤销处分诉讼900件、撤销裁决诉讼222件），占全体总数的62.1%。而当事人诉讼161件（8.9%）、民众诉讼188件（10.4%）、机关诉讼14件（0.8%）。[1]

最后，让我们检视一下近年地方法院年度新受理的抗告诉讼案件的具体情况。依据《行政案件诉讼法》第3条的规定，"抗告诉讼"被划分为以下六种：撤销处分诉讼、撤销裁决诉讼、无效等确认诉讼、不作为违法确认诉讼、课予义务诉讼、禁止诉讼。据统计，2013年，日本全国地方法院新受理的抗告诉讼为1843件，其中，撤销诉讼1601件（撤销处分诉讼1158件、撤销裁决诉讼443件），占抗告诉讼总数的86.9%。无效等确认诉讼107件（5.8%）、不作为违法确认诉讼20件（1.1%），其余的115件（6.2%）为课予义务诉讼和禁止诉讼等。2016年，日本全国地方法院新受理的抗告诉讼为1727件，其中，撤销诉讼1428件（撤销处分诉讼1105件、撤销裁决诉讼323件），占抗告诉讼总数的82.7%。无效等确认诉讼92件（5.3%）、不作为违法确认诉讼27件（1.6%），其余的180件

---

〔1〕 有关2013年的详情，请参见宇贺克也『行政法概说Ⅱ行政救济法〔第5版〕』（有斐阁、2015年）129-130页；2016年，宇贺克也『行政法概说Ⅱ行政救济法〔第6版〕』（有斐阁、2020年）125页；2019年，宇贺克也『行政法概说Ⅱ行政救济法〔第7版〕』（有斐阁、2021年）131页。

（10.4%）为课予义务诉讼和禁止诉讼等。2019 年，日本全国地方法院新受理的抗告诉讼为 1445 件，其中，撤销诉讼 1122 件（撤销处分诉讼 900 件、撤销裁决诉讼 222 件），占抗告诉讼总数的 77.6%。无效等确认诉讼 84 件（5.8%）、不作为违法确认诉讼 38 件（2.6%），其余的 201 件（13.9%）为课予义务诉讼和禁止诉讼等。[1]

由此可见，无论从现行《行政案件诉讼法》条文分布还是司法实践中的实际应用来看，抗告诉讼在行政案件诉讼的所有四种形态当中都独占鳌头，近年其占比一直维持在八成左右。相比于抗告诉讼，当事人诉讼和民众诉讼两者合计只占两成左右，机关诉讼几乎形同虚设，其占比甚至可以忽略不计。

而撤销诉讼又是重中之重，若单独以撤销诉讼来计算，在日本全国地方法院新受理的全部行政诉讼案件当中每年都几近七成。同时，在抗告诉讼中，撤销诉讼居于绝对核心地位。以 2013 年、2016 年、2019 年三年平均来计算，撤销诉讼在抗告诉讼所有形态当中占比高达 82.4%，而其他抗告诉讼只停留在很低的水准。无效等确认诉讼 5.6%、不作为违法确认诉讼 1.8%、课予义务诉讼和禁止诉讼 10.2%。[2]

另外，在此想请读者注意的是，因对原告依法令所提出的申请置之不理而被提起的"不作为违法确认诉讼"，其实也可以视为对原告的一种拒绝，亦即不许可处分已被实施。从这个意义上来讲，"不作为违法确认诉讼"具有"撤销诉讼"的色彩，

---

〔1〕 上述数据，依据"宇贺克也『行政法概説Ⅱ行政救済法〔第 5 版〕』（有斐閣、2015 年）129–130 頁、宇賀克也『行政法概説Ⅱ行政救済法〔第 6 版〕』（有斐閣、2020 年）125 頁、宇賀克也『行政法概説Ⅱ行政救済法〔第 7 版〕』（有斐閣、2021 年）131 頁"中的相关统计计算出。

〔2〕 依据本书所列数据算出。

我们也可以把相关的统计数字算入"撤销诉讼"的范畴。若此，撤销诉讼在 2013 年、2016 年、2019 年三年的平均占比则更高，可达 84.2%。

此外，正如笔者在"前言"中曾经指出的那样，日本于2004 年对《行政案件诉讼法》进行大幅修改时，将此前被视为"无名抗告诉讼"典型形态的"课予义务诉讼"和"禁止诉讼"正式升格为"抗告诉讼"，两者已因入法而得以"有名"，从而不能再将它们视为"无名抗告诉讼"的典型了。那么今天，在《行政案件诉讼法》第 3 条作为"抗告诉讼"所定的撤销处分诉讼、撤销裁决诉讼、无效等确认诉讼、不作为违法确认诉讼、课予义务诉讼、禁止诉讼六种形态之外，是否还存在"无名抗告诉讼"或者"法定外抗告诉讼"了呢？对此，学界几乎一致主张这种可能性和空间依然存在。譬如，有观点认为，从《行政案件诉讼法》第 3 条第 1 款的内容来看，它并没有采用"抗告诉讼，是指什么什么"这种结构，而是先把抗告诉讼定义为"不服行政机关的公权力行使行为而提起的诉讼"之后，再列举出撤销处分诉讼等六种具体类型。此举无疑表明，被列举出的六种类型不过是抗告诉讼的典型罢了，而其他类型的有关行政机关公权力行使的不服之诉依然有可能存在。[1]也就是说，第3 条第 2 款到第 7 款属于对抗告诉讼的例示列举而非限定列举。还有观点认为，"课予义务诉讼"和"禁止诉讼"的入法，并不意味着从理论上否定了法定外抗告诉讼存在的可能性。修改后的《行政案件诉讼法》尽管保留了抗告诉讼的概念，但对其外延并没有明确界定，而且，抗告诉讼本身就是一个开放式的

---

〔1〕 宇賀克也『行政法概説 II 行政救済法〔第 6 版〕』（有斐閣、2020 年）117 頁。

观念，也为接纳新型的"无名抗告诉讼"或者"法定外抗告诉讼"预留了充足的空间。[1]而原田教授在表明下述观点（经过此次修法之后，抗告诉讼几乎已经成为一个完善的救济系统，单凭抗告诉讼就差不多可以应对任何纠纷了。因而，理论上姑且不论，至少在现实中几乎已经不存在对无名抗告诉讼再予以承认的余地了）的同时，却强调，现行法上对六种诉讼形态的列举并非限定列举，当向人民提供法律救济之际确实需要这六种形态之外的诉讼时，法院应本着重视向人民提供富有实效的救济之观点，作为无名抗告诉讼或法定外抗告诉讼予以受理并进行审理，没有理由拒绝。[2]可见，他也没有完全否定无名抗告诉讼或法定外抗告诉讼在修法之后依然存在的可能性。

综上，在日本行政诉讼的所有形态当中，抗告诉讼尤其撤销诉讼是最传统也是最具典型意义的诉讼形态。[3]正因如此，包括诉的利益、行政行为等在内，日本行政诉讼法学上的主要理论大多是基于抗告诉讼或撤销诉讼而生成和发展起来的。而且，2004年修法后这种局面不但得以继续维持，如上所述，现行法上甚至还预留了使"抗告诉讼（撤销诉讼）中心主义"进一步强化的可能性与空间。

---

〔1〕 塩野宏『行政法Ⅱ（行政救済法）〔第5版・補訂版〕』（有斐閣、2013年）82頁、251頁。另外，盐野宏教授还就能够设想得到的"无名抗告诉讼"的具体类型作出说明，详情请参见该书第251~253頁。

〔2〕 原田尚彦『行政法要論〔全訂第7版・補訂2版〕』（学陽書房、2013年）376-377頁。

〔3〕 其实对于其他国家的读者而言，我们甚至可以这样来概括日本行政诉讼与抗告诉讼和撤销诉讼之间的关系：在日本，行政诉讼≈抗告诉讼（撤销诉讼）。略显极端，但利于宏观把握。

四、行政诉讼的提起要件与诉的利益

在行政诉讼的制度设计上，如果说允许任何人只要对行政机关的作为或不作为抱有不满都可以随时提起诉讼，法院对于来自原告的任何诉求都需要实施本案审理或实体审理并作出本案判决或实体判决的话，那么，不仅会使法院被诉讼的洪水淹没，还有可能给不得不应诉的行政机关带来过度的负担。因此，为了保障法院发挥正常的功能、行政机关正常行使权力以及向那些真正需要的人提供司法救济，对行政诉讼的提起与审理设置一定的必要条件本在情理之中。严格说来，诉的利益论本身，正是这种思维下的产物。

作为抗告诉讼以及撤销诉讼的提起要件，主要可以列举出以下七种：行政处分性、原告适格、狭义的诉的利益、被告适格、管辖法院、行政复议前置、出诉期。其中最为重要的是行政处分性、原告适格和狭义的诉的利益。我们也可将它们简称为行政诉讼的三大要件。

在日本，作为诉讼要件的诉的利益，一般是从以下三个侧面来判断其存在与否的。①权利保护的资格；②当事者适格；③权利保护的利益。诉的利益作为诉讼法上的原则，贯穿于民事诉讼和行政诉讼。而在行政诉讼中，通常把①权利保护的资格置换为行政处分性；②当事者适格置换为原告适格；③权利保护的利益置换为狭义的诉的利益。[1]

一般情况下，谈及行政案件的"诉的利益"时，主要有以下三种语境：其一，当事人的诉求是否足以具有利用国家司法制度加以审判的实际价值和必要性，即狭义的诉的利益；其二，

----

〔1〕 金子正史「狭義の訴えの利益」法学教室 263 号 21 頁。

将前者和原告适格合称为广义的诉的利益，并将前者视为客观诉的利益（或者诉的客观利益）[1]而将原告适格视为主观诉的利益（或者诉的主观利益）；其三，也是最广义的理解，在狭义的诉的利益和原告适格的基础之上，外加当事人的诉求内容是否适合作为法院审判的对象，即行政处分性之有无。也就是说，在行政案件的世界里，诉的利益存在与否，需要通过行政处分性和原告适格以及狭义的诉的利益这三个不同角度来加以权衡和判断。

正如我们从《诉的利益》当中已经看到的那样，原田教授就站在这种立场，主张行政处分性和原告适格以及狭义的诉的利益，只不过是以不同的角度来判断具体诉求是否具有发动国家审判权的实际价值和必要性而已，从而通盘将它们视为"诉的利益"。应该承认，原田教授的这种"三位一体式"的理解，在对诉的利益做整体认知和把握时有其必要与方便之处，亦不无道理。[2]不过，在此想请各位读者注意的是，当我们围绕诉的利益就具体案件展开论述时不难发现：行政诉讼中，行政处

───────────────

〔1〕　除了"狭义的诉的利益"之外，亦见"客观诉的利益"和"诉的客观利益"等用法，但不及前者常用。譬如，冈田正则等所编的『判例から考える行政救済法』，在其第1版（2014年）中使用了"客观诉的利益"，而到第2版（2019年）时则改为"诉的客观利益"。参见冈田正则ほか『判例から考える行政救済法〔第2版〕』（日本評論社、2019年）「はしがき」ii。

〔2〕　与原田教授相同，也有一部分学者针对"诉的利益"，采用这种"三位一体式"的理解。参见伊藤真「訴えの利益」雄川一郎ほか『現代行政法大系（4）行政争訟』（有斐閣、1983年）237页以下。近年，有学者认为，原田教授的主张，即应该从诉讼对象、当事者适格以及具体利益或必要性等三个角度来判断诉的利益之有无，其所强调的行政处分性和原告适格以及狭义诉的利益之间相互关联的观点，不仅受到后来学术上的认可，而且以2004年修改《行政案件诉讼法》为契机，亦越发获得实定法的肯定。详情请参见稲葉一将「訴えの客観の利益」岡田正則ほか『判例から考える行政救済法〔第2版〕』（日本評論社、2019年）46页注3。

分性的问题，着眼于系争行政活动本身能否成为行政诉讼的对象。原告适格，是在行政处分已经成立的前提下，强调当事人在某一具体案件当中是否具有提起行政诉讼的资格或能力。而狭义的诉的利益，则是在前两个要件均获得首肯的情形下，强调针对某一具体行政行为是否需要通过法院审判来对当事人提供一定的救济。举例来说，当某人就某一土地区划整理事业规划产生异议，从而提起撤销该规划的行政诉讼时，法院首先要看：该规划是否具有行政处分性？若有，则继续审理；反之终止。而当行政当局批准建设核电厂，居住在该电厂周边的居民，因担心自己的生命安全和身体健康受到危害而提起撤销该行政许可的诉讼时，法院则会重点审查：这些居民是否具有提起撤销诉讼的资格或能力？当某人因受到禁驾半年的行政处分而提起撤销诉讼，碰巧在打官司时禁驾期已过，那么此时，法院的审理重点将集中于：是否还具有予以撤销的实际价值和必要性？

可见，即便同栖"诉的利益"语境之下，三者的侧重点并不完全相同。关于三者之间的关系，有学者曾经指出，行政处分性是指在抗告诉讼中"可以攻击什么"的问题，原告适格以行政处分性受到肯定为前提，是指"谁可以攻击"的问题，而狭义的诉的利益则是在行政处分性和原告资格均受到认可的前提下，解决"在什么情况下可以攻击"的问题。[1]这种观点，切中肯綮，对于我们正确理解和梳理行政诉讼三大要件之间的关系，具有参考意义。

---

〔1〕 高木光『行政法』（有斐閣、2015 年）302 頁。

五、抗告诉讼与诉的利益

正如笔者已经指出的那样，在行政诉讼的四种形态亦即抗告诉讼、当事人诉讼、民众诉讼、机关诉讼当中，抗告诉讼与当事人诉讼作为涉及个人权利利益的诉讼，属于主观诉讼，而不与个人权利利益直接相关的民众诉讼与机关诉讼属于客观诉讼。

如前所述，对于诉的利益的理解，仁者见仁，智者见智，但无论对其做狭义还是广义抑或最广义意义上的解释，在判断当事人的诉求是否足以具有利用国家司法制度加以审判的实际价值和必要性这一点上是相通且相同的。若仅就这个意义而言，诉的利益既存在于主观诉讼也存在于客观诉讼。然而，虽然客观诉讼中也存在诉的利益，由于现行法中规定只有法律上存在特别规定时方获允许，与主观诉讼不同，一般不会在诉的利益上产生争议、出现问题，因为其对象、原告资格以及提诉条件等都是明晰且确定的。譬如，《行政案件诉讼法》第42条就明确规定，仅限于法律有规定且受法律规定者才能够提起民众诉讼和机关诉讼。可见，在客观诉讼中探讨诉的利益问题本身没有实际意义。

与此同时，同样作为主观诉讼的当事人诉讼，与抗告诉讼论争行政机关的公权力行使合法与否不同，主要是针对公法上的法律关系由其当事人直接论争的诉讼。作为其构成形态之一的"形式上的当事人诉讼"，虽然发轫于行政处分，从这个意义上讲具有抗告诉讼的性质，但是是经过法律特别允许，由具有直接利害关系的当事人之间进行论争的诉讼，因而与客观诉讼相似，"形式上的当事人诉讼"中一般也不会在诉的利益上产生争议、出现问题。而另一种形态的"实质上的当事人诉讼"则与行政处分无关，不过是针对公法上的法律关系等予以确认的诉讼。可见，在同为主观诉讼的当事人诉讼当中探讨诉的利益问题也意义不大。

综上，诉的利益，只有在抗告诉讼当中才容易发生问题，论证起来才具有实际意义。

六、小结

如前所述，日本的行政案件诉讼当中存在主客观之别。抗告诉讼与当事人诉讼因涉及个人权利利益而被定位为主观诉讼，而民众诉讼与机关诉讼作为客观诉讼旨在实现公共利益和维护法的秩序。主观诉讼只要与"法律上的争讼"相符，任何人都可以依据《行政案件诉讼法》提起，而客观诉讼同"法律上的争讼"无关，仅限于法律有规定且受法律规定者才获例外性准许（同法第42条）。

对诉的利益的理解，尽管仁者见仁，智者见智，但在将其定位为判断某一行政作用或行政活动是否足以具有利用国家司法制度加以审判的实际价值和必要性这一点上，各家学说立场一致。

在日本行政案件诉讼的所有形态当中，抗告诉讼尤其撤销诉讼是最传统也是最具典型意义的诉讼形态。正因如此，包括诉的利益、行政行为等在内，日本行政诉讼法学上的主要理论大多是基于抗告诉讼或撤销诉讼而生成和发展起来的。不仅如此，历经2004年修法之后，这种局面不但没有发生根本性转变，得以继续维持，正如法定外抗告诉讼存在的可能性依然存在等观点所象征的那样，甚至还有可能进一步强化。

可见，即便在 2021 年的今天，抗告诉讼和撤销诉讼依然是日本行政诉讼的最典型形态，居于核心地位。实际上，诉的利益，只有在抗告诉讼当中才容易发生问题，论证起来才有实际意义。这也是笔者之所以选择这些诉讼形态为素材来考察日本行政诉讼诉的利益的理由所在。

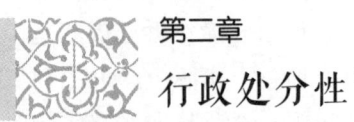

第二章
行政处分性*

作为日本行政诉讼代表形态的抗告诉讼，如前所述，是指有关行政机关公权力行使的不服之诉。一般来讲，若某一行政活动被认为相当于抗告诉讼对象的"公权力行使"行为，它就具有了"行政处分性"。行政处分性，不仅是区分行政活动能否利用抗告诉讼的决定性指标，而且还是判定司法救济时机成熟与否的重要概念。尽管2004年对《行政案件诉讼法》进行修改时，没有如原告适格那样，以明确的法律语言来界定行政处分性的认定基准，但若仅就近年的若干判例而言，最高法院似乎采取了与原告适格相类似的手法来扩大行政处分性的解释。然而，这种扩大，并不意味着对早期判例所确立的"基本公式"的否定。相反，它是在尊重在来判断定式[1]的前提下，通过不断尝试具体的法律构造解释才得以实现的。

本章中，笔者主要以日本行政案件诉讼中的主要形态——抗告诉讼（撤销诉讼）为素材，在对行政处分性做一个整体概观之后，结合20世纪80年代以来具有典型意义的最高法院判

＊ 本章的主要内容曾作为单篇论文以"日本行政诉讼救济范围之拓展——'行政处分性'之理论解析"为标题发表于《行政法学研究》2017年第3期。结合本书体裁，略有修改，敬请谅解。

〔1〕 参见本章"垃圾焚烧场案"。

例，梳理并详细分析日本是如何利用"行政处分性"这一工具概念来不断拓展行政诉讼救济范围的发展历程，找寻其在不同时期、不同领域的特征。

一、抗告诉讼（撤销诉讼）与行政处分

为便于读者更好地领会本章内容，在对行政处分性加以概观之前，暂且说明一下抗告诉讼尤其是撤销诉讼与行政处分之间的关系。

依据《行政案件诉讼法》第 3 条第 1 款的规定，抗告诉讼，是指有关行政机关公权力行使的不服之诉。因此，抗告诉讼的提起，其对象限定于"行政机关的公权力行使行为"。在日本，具备这种性质的行为一般也称为"行政处分"[1]，可见，它是典型的以行政处分为对象的诉讼形态。顺便说一下，这里所说的"抗告"，原本是民事诉讼法上的用语，其本意为针对法院所作的裁定[2]或命令等提出上诉。而"抗告诉讼"，如前所述，第二次世界大战前后，在学说和实务中曾经作为"撤销诉讼"的代名词来使用。战后，"抗告诉讼"经《行政案件诉讼法》采用之后，才首次正式成为实定法上的专业术语[3]，其特征在

---

　　〔1〕　室井敬司「抗告訴訟の対象となる行政処分の範囲」『行政法の争点』（有斐閣、2014 年）110-113 頁。

　　〔2〕　原文为"決定"。

　　〔3〕　斎藤浩『行政訴訟の実務と理論』（三省堂、2007 年）11 頁。另外，在第二次世界大战前的日本，"抗告"一词的原始含义中带有行政行为亦即行政处分本身已经相当于"一审"，而行政诉讼事实上属于针对该行政活动的事后审即"二审"的韵味。也正因如此，在战后已经采用司法国家体制的日本，"抗告诉讼"这个名称本身就有"违宪"之嫌，其正当性受到质疑。日本律师联合会甚至主张，应该把这个与宪法精神不符的用语从行政诉讼当中剔除出去（参见斎藤文献第 11~12 页）。

于并不直接争议权利义务之有无，而是着眼于对行政机关的公权力行使产生不服，即论争是否需要发动或不发动公权力的一种诉讼形态。[1]

而《行政案件诉讼法》第 3 条第 2 款到第 7 款又进一步将"抗告诉讼"划分为以下六种：撤销处分诉讼（第 2 款）、撤销裁决诉讼（第 3 款）、无效等确认诉讼（第 4 款）、不作为违法确认诉讼（第 5 款）、课予义务诉讼（第 6 款）、禁止诉讼（第 7 款）。撤销处分诉讼，是指请求撤销行政机关的处分以及其他相当于公权力行使的行为（裁决、决定等除外）的诉讼。而撤销裁决诉讼，是指请求撤销行政机关针对审查请求等不服申诉所作的裁决、决定等行为的诉讼。由于撤销处分诉讼与撤销裁决诉讼的诉讼对象在学理上都被定位为行政处分，因而通常将两者合二为一简称为"撤销诉讼"。

无效等确认诉讼，是指请求确认处分或裁决的存在与否或效力有无的诉讼。这种诉讼形态之所以被视为必要，是因为考虑到现行法上对于撤销诉讼的提起严格要求出诉期间，依据《行政案件诉讼法》第 14 条的规定，当事人意欲提起撤销诉讼时，一般情况下，应在知悉处分或裁决之日起 6 个月内（不知情时，自处分或裁决之日起 1 年内）具体实施。如果逾越了这个起诉期限，则意味着当事人无法提起撤销诉讼，即便勉强为之法院也有权拒绝审理，亦即意味吃闭门羹[2]。这种情形固然可以归咎于当事人的主观责任，但当某一行政处分违法性极其重大却因受起诉期间所阻而失去司法审查的良机时，立法者当

---

[1] 宇賀克也『行政法概説 II 行政救済法〔第 6 版〕』（有斐閣、2020 年）114 頁。

[2] 原文为"門前払い"。

然不该漠视。于是，作为系争起诉期间已过的行政处分的诉讼形态，《行政案件诉讼法》在抗告诉讼当中设置了"无效等确认诉讼"。可见，无效等确认诉讼，是作为撤销诉讼的补充而设立的一种例外性措施，因而其胜诉条件要比撤销诉讼更加严格，行政处分所带有的违法性必须极其重大且明白无误。

不作为违法确认诉讼，是指对依法令提出的申请，行政机关应当在相当期间内实施某种处分或裁决而未实施时，请求确认其违法的诉讼。需要注意的是，依据《行政案件诉讼法》第37条的规定，只有依法令提出申请者才具有提起这种诉讼的原告资格。另外，这里所说的"依法令提出申请"，作为其前提条件需要在现行法当中业已存在"申请许可"这种框架，如果单纯因向行政方陈情而未获回应则无法利用这种诉讼。再者，不作为违法确认诉讼中若原告胜诉并不当然意味着其申请一定获得行政机关的核准（许可处分）。这是由于在这种诉讼形态当中，法院的使命止于确认行政机关在相当期间内置原告依法令所提出的申请于不顾之状态违法，并在此基础上命令行政机关尽快有所作为。就行政机关而言，经法院判决后对原告的申请予以拒绝（不许可处分）也是可能的。不过，站在原告的立场，恐怕正是出于希望获得行政机关的核准（许可处分）之初衷才勇于提诉的吧。因而，作为一种救济手段，其实不作为违法确认诉讼显得迂回且力道不足，不如撤销诉讼更为直接且彻底。正因如此，2004年《行政案件诉讼法》修改之后，现行法允许不作为违法确认诉讼与接下来将要介绍的课予义务诉讼合并提起（第37条之二）。

课予义务诉讼，简言之，就是请求法院判令行政机关实施一定处分的诉讼。依据《行政案件诉讼法》第3条第6款第1、

2 项的规定，在下述情形中，当事人可以提起这种诉讼：①行政机关应当实施一定的处分而不实施的；②基于法令规定提出申请或审查请求，请求行政机关实施一定处分或裁决者，该行政机关应实施处分或裁决而未实施的。第一种主要是请求行政机关针对第三方适时发动公权力，实施一定的处分，由于与申请无关也被称为"非申请型课予义务诉讼"；第二种因需要申请在先而被称为"申请型课予义务诉讼"。"申请型课予义务诉讼"还可以进一步区分为"不作为型"和"拒绝处分型"两种。前者用于行政机关针对来自于原告的申请尚未作出任何回应的场合，后者用于行政机关业已拒绝了原告申请亦即拒绝处分已被实施的场合。"课予义务诉讼"与接下来马上介绍的"禁止诉讼"相同，在 2004 年修改《行政案件诉讼法》之前，均被视为所谓"无名抗告诉讼"的典型形态，历经此次修法之后才正式升格为"抗告诉讼"的一种。依据《行政案件诉讼法》第 37 条之二第 3 款的规定，"课予义务诉讼"需要与"不作为违法确认诉讼"或"无效等确认诉讼"等合并提起，因此若同时提起的"不作为违法确认诉讼"或"无效等确认诉讼"不合法，则"课予义务诉讼"亦被视为不合法。需要注意的是，在原告适格上，"申请型课予义务诉讼"与"非申请型课予义务诉讼"有异。前者只有依法令提出申请者才有资格提起（"不作为型"与"拒绝处分型"相同）。而后者，依据《行政案件诉讼法》第 38 条的规定，由于准用撤销诉讼的相关规定，因此只有拥有"法律上的利益"者方可提起，至于"法律上的利益"的判断基准也与撤销诉讼相同。

　　禁止诉讼，是指在行政机关不应实施而欲实施一定处分或裁决时，请求判令行政机关不得实施该处分或裁决的诉讼。在这一点上，与请求法院判令行政机关实施一定处分的课予义务诉讼形成鲜明对比。依据《行政案件诉讼法》第 37 条之三规定，在原告适格上，与"非申请型课予义务诉讼"同样，只有拥有"法律上的利益"者才具有提起禁止诉讼的资格。同时，这种诉讼仅限于因作出一定处分或裁决而有可能造成重大损害且为避免此种损害发生没有其他适当方法时，才能提起。而法院在判断是否产生重大损害时，除了应当考虑损害恢复的困难程度、损害的性质、程度之外，还需对处分或裁决的内容和性质等予以考虑。

综上，现行法上尽管撤销诉讼、无效等确认诉讼、不作为违法确认诉讼、课予义务诉讼、禁止诉讼等都被定位为"抗告诉讼"，但在诉讼对象、目的与形态上有所不同。不过，尽管如此，在均是围绕行政处分或其效力而展开的这点上，上述诉讼形态却是相同的。

与此同时，如第一章所述，在日本的行政案件诉讼当中，抗告诉讼之外的其他三种诉讼形态，均不直接以行政处分为其对象。当事人诉讼，主要是针对实体法上的权利义务关系（即公法上的法律关系），由其当事人之间直接论争的诉讼。而民众诉讼，是指当国家或公共团体的机关出现有违法规的行为时，对其要求予以纠正的诉讼。至于机关诉讼，其目的在于处理国家或公共团体的机关相互之间因权限的所在或行使而产生的纠纷。

由此可见，行政处分，在当事人诉讼、民众诉讼和机关诉讼等行政诉讼形态当中不具话题性。行政处分性这个问题，只有放到抗告诉讼中来讨论才有实际意义。

二、何谓行政处分与行政处分性

行政处分，可以说是行政部门所实施的行政作用当中最典型的"行为方式"。它有时也被称为"行政机关的处分"或"处分"。[1]作为贯穿行政组织法、行政作用法以及行政救济法等三大领域的最重要的行为类型，行政处分是了解日本行政法学的最基础也是最重要的概念。[2]这一点，无论是从学理还是从判例的积累甚至从现行法的规定上来看都是十分清楚的。有关行政处分的法理，处于行政法理论的中心，无论质还是量都占据其核心地位。而以行政处分性之有无为争点的判例非常多，如后所述，在围绕行政诉讼要件的判例当中，与行政处分性相关的判例理论积累相当丰厚。

所谓行政处分，并不是指政机关所实施的行为的全部，而是指带有权力性的并且能够使行政相对人的权利义务发生具体变化的法律行为。[3]譬如，课税处分，由于是对作为行政相对人的国民课予纳税义务的行为，因此可以将其视为典型的行政处分。再如，当有人基于国家《行政机关信息公开法》或者地方的信息公开条例等请求公开某个信息，而行政机关经审议

[1] 高木光『行政法〔初版〕』（有斐閣、2015 年）110 頁。尽管"行政处分"与"行政机关的处分""处分"基本用于同义，本章中，为便于读者理解，除非出于强调原文等必要，否则尽量统一使用"行政处分"。

[2] 芝池義一『行政法読本〔第 4 版〕』（有斐閣、2016 年）97 頁。

[3] 一般认为，这个定义是学者基于最高法院在"垃圾焚烧场案"中所作的判决而提炼出来的。即，"行政机关的处分，并不是指行政机关基于法令所实施的行为的全部，而是指，在作为公权力主体的国家和公共团体所实施的行为当中，那些受到法律承认、可以直接形成国民的权利义务以及确定其范围的行为"。有关"垃圾焚烧场案"的详情，接下来将在有关行政处分性的具体判例当中做专门介绍，就此打住。

后认为不宜公开时所作的"不公开决定",由于其是行政机关对当事人基于公开请求权或知情权的申请所作的最终判断(拒绝),当然也属于典型的行政处分。

而所谓行政处分性,是指某一行政活动相当于《行政案件诉讼法》第3条所说的行政机关的处分以及其他相当于公权力行使的行为之意。[1] 若某一行政活动被认为相当于抗告诉讼对象的行政处分,一般我们就说,它具有了"行政处分性"。如后所述,行政处分性,不仅是区分行政活动能否利用抗告诉讼(即决定诉讼的分工与管辖)的决定性指标,而且还是决定司法救济时机等的重要概念。

三、现行法上的规定

以下,我们以行政法中具有代表性意义的《行政案件诉讼法》和《行政程序法》为参考,来看看在现行法上有关行政处分的具体规定如何。

如前所述,《行政案件诉讼法》把行政案件诉讼划分为抗告诉讼、当事人诉讼、民众诉讼、机关诉讼四种类型。然而,我们若仔细观察条文的具体配置就会发现,其重心显然是放在抗告诉讼,尤其是撤销诉讼之上。包括"补则"(第44~46条)在内该法共有46条,其中,有关抗告诉讼的占31条(第8~38条,其中第8~35条共计28条是关于撤销诉讼的规定),当事人诉讼3条(第39~41条),民众诉讼及机关诉讼2条(第42~43条)。可见,在行政案件诉讼制度当中,以"行政处分"为对象的抗告诉讼,尤其是撤销诉讼,居于核心地位。

---

〔1〕 塩野宏『行政法Ⅱ(行政救済法)〔第5版·補訂版〕』(有斐閣、2013年)100頁。

接下来让我们看看《行政程序法》的情况。该法第 1 条第 1 款规定，"本法旨在通过规定处分、行政指导、申报以及制定命令等程序的共通事项，力图确保行政运营的公正性，提高行政的透明性（指对国民而言，行政决策的内容和过程是明晰的，第 46 条亦同），进而保护国民的权利利益"。可见，该法是以行政处分、行政指导、申报以及命令（行政立法）为对象的。然而，该法中，关于行政指导的规定共有 7 条（第 32 条至第 36 条之三）、申报的有 1 条（第 37 条）、有关命令等的程序规定共有 8 条（第 38~45 条），而专门关于行政处分的则占 27 条（第 5~31 条）。也就是说，该法的一多半是专门就行政处分所作的规定。同时，由于第 1~4 条是有关行政处分、行政指导、申报、行政立法的共通规定，而第 36 条之三是有关行政指导与行政处分的共通规定，因此可以把它们也算入到有关行政处分的条款当中。可见，在《行政程序法》中，行政处分同样占据举足轻重的地位。

四、行政处分与行政行为

从前学说主张，在行政机关所实施的行为当中，存在着一种叫作"行政行为"的特殊类型行为（换言之，并不是所有行政机关的行为都属于"行政行为"）。这种特殊行为，带有公定力等特殊效力，若想对这些效力予以否定，必须依靠抗告诉讼（撤销诉讼），而不适合采用民事诉讼。[1]传统上，学界以及实务界，倾向于将行政行为与抗告诉讼的对象联系在一起，以行政行为概念来判断某一行政活动是否会成为抗告诉讼的对象。

---

[1] 高木光『行政法〔初版〕』（有斐閣、2015 年）264 頁。

行政行为，是以公法私法二元论为前提，参照民法上的法律行为与准法律行为而发明出来的概念。传统的行政法学，以行政行为概念为工具，在对属于公法领域的行政机关的各种行为予以统一把握的基础之上，分别对行政行为的内容、行政行为的成立与消灭、行政行为的附款、行政行为的拘束力与不可争力等效力、行政行为的瑕疵等逐一展开详尽的考察。由于行政行为能够使国民的权利利益直接发生变动（产生、变更、消灭），因此，传统行政法理论的关心点在于，应该如何以法律来对这种行政活动方式予以控制。而以上述内容为核心的理论，一般被称作"行政行为论"。[1]

行政行为，曾经是日本行政法学上最为重要的概念。[2]我们即便说传统的行政法学是以行政行为为中心生成和发展起来的恐怕也不为过。然而，关于行政行为的定义，学者间却存在着微妙的差异。譬如，有人把它定义为"行政机关，作为优越意志的发动或者公权力行使（的手段），依法就具体事实对人民所实施的法律规制行为"[3]；也有人把它定义为，"行政机关对私人所实施的权力性、具体性的法律行为"[4]；同时，也有人主张，"所谓行政行为，是指行政机关针对其外部的国民、居民等私人（也包括外国人、法人），依据法律，个别且具体地、

---

　　〔1〕　小早川光郎『行政法（上）』（弘文堂、2007 年）276 頁。
　　〔2〕　阿部泰隆『行政法再入門（下）〔第 1 版〕』（信山社、2015 年）87 頁。
　　〔3〕　田中二郎『行政法総論〔初版〕』（有斐閣、1980 年）262 頁。另外，这本书中针对"行政行为"，从其起源到特征、种类、内容以及效力等，都做了非常详尽的介绍与说明，建议有兴趣的读者参阅该书第二章（第 257～362 页）。同时建议对"行政行为论"尤其是古典的"行政行为论"感兴趣的读者，参见田中二郎『行政行為論〔初版〕』（有斐閣、1969 年）。
　　〔4〕　曽和俊文『行政法総論を学ぶ〔初版〕』（有斐閣、2014 年）134 頁。

单方面地形成其权利义务或确定其权利义务范围的行为"[1]。

不过，尽管行政行为的定义因定义者的不同而出现细微差别，但在主张并非所有的行政机关行为都属于行政行为，要求行政行为应具备外部性、个别具体性、单方面性、法律行为性等要素[2]上，却是大体相通的。

如前所述，行政行为不属于实定法上的概念，而是理论上构想出来的。[3]在个别实定法当中，一般是以"命令""禁止""许可""批准""承认""决定""裁决"等术语来表示行政行为，在一般性法律中所使用的"行政机关的处分"[4]"行政处分"[5]等，大体上相当于行政行为。[6]今天，在学术上，"行政处分"的概念与"行政行为"的概念，内涵上被认为大体相

---

〔1〕 阿部泰隆『行政法解釈学Ⅱ〔初版〕』（有斐閣、2009年）90頁。不过，阿部泰隆教授在其最近的专著当中，又进一步把行政行为明确为，"行政机关，面向处于行政外部的国民或居民等私人（也包括外国人、法人），依据宪法及法律的规定，合法地、个别具体地、单方面地形成其权利义务或确定其权利义务范围的法律行为"，即增加了合宪等要素。参见阿部泰隆『行政法再入門（下）〔第1版〕』（信山社、2015年）87頁。

〔2〕 也有学者主张，行政行为应该具备以下的五大要素：行政作用、对具体事项的规制、发生法律效果、对外行为、权力性行为。然而，这里所说的行政作用，只不过是强调行政行为必须是行政机关的作为之意，并不具有实质性意义，而其余四项，基本等同于个别具体性、单方面性、外部性、法律行为性。参见稲葉馨ほか『行政法〔第3版〕』（有斐閣、2015年）65–67頁。

〔3〕 有趣的是，一般认为，日本的"行政行为"概念来自于德国的"Verwaltungsakt"。但在其母国，该概念不仅是理论上的而且也是实定法上的概念（《德国行政法院法》第42条、《行政程序法》第35条）。参见人見剛「行政処分の意義と分類」『行政法の争点』（有斐閣、2014年）34頁。

〔4〕 参见《行政案件诉讼法》第3条第2款、《行政程序法》第2条第2项、《行政不服审查法》第1条第2款等。

〔5〕 参见《地方自治法》第242条之二第1款第2项。

〔6〕 关于"行政行为"相当于行政处分，即其具有行政处分性这一点，今天学界已经达成共识，不存在任何异议了。参见原田尚彦『行政法要論〔全訂第7版・補訂第2版〕』（学陽書房、2013年）383頁。

同，经常被混用或互换使用。[1]两者的区别主要在于：前者是实定法上的概念，而后者为理论上构想出来的学术概念。最近的一些教科书中，之所以出现以"行政处分"来取代"行政行为"的现象，据说是出于与其绕着弯子使用作为学术概念的"行政行为"还不如直接采用实定法上有根有据的"行政处分"才更有利于学生学习与理解之考虑[2]，但更为根本的是，两者几乎用于同义。

然而，需要我们特别注意的是：上述诸如《行政案件诉讼法》《行政不服审查法》[3]等争讼法上所采用的行政处分概念，除了包括权力性事实行为（《行政不服审查法》第46~47条、第59条等）之外，如后所述，有时甚至还包括带有具体规制作用的行政立法、行政指导、行政计划等，因此，"行政行为"概念与"行政处分"概念未必完全一致。[4]这恐怕也是今天有人

---

〔1〕 在此笔者想举一个既非常典型又特别有趣的例子。前面笔者曾经就行政行为的定义，列举了阿部泰隆教授的"所谓行政行为，是指行政机关针对其外部的国民、居民等私人（也包括外国人、法人），依据法律，个别且具体地、单方面地形成其权利义务以及确定其权利义务范围的行为"。由于是介绍行政行为的，笔者故意省略了一部分，其实它的全文应该是："所谓行政处分或行政行为，是指行政机关针对其外部的国民、居民等私人（也包括外国人、法人），依据法律，个别且具体地、单方面地形成其权利义务以及确定其权利义务范围的行为"。可见，两者完全可以互换。另请参见人见刚「行政処分の意義と分類」『行政法の争点』（有斐閣、2014年）34頁。

〔2〕 高木光『行政法〔初版〕』（有斐閣、2015年）110頁注3；芝池義一『行政法読本〔第3版〕』（有斐閣、2016年）98頁注1。另外，小早川教授也认为"行政行为"是旧的公法私法二元论的产物，已经与时代现状不符，从而主张应该尽量避免使用这一用语，参见小早川光郎『行政法（上）』（弘文堂、2007年）281頁。

〔3〕 行政不服審査法。

〔4〕 稲葉馨ほか『行政法〔第3版〕』（有斐閣、2015年）64~65頁。在此，细心的读者可能已经觉察到，好像行政处分也分为两个似的。的确如此，一个是所谓"理论上的行政处分"（或者叫"狭义的行政处分"），一个是"争讼法上的行政

依然坚持主张区分两者不失去意义，继续使用"行政行为"概念的原因所在。[1]

五、行政处分性的问题所在

第二次世界大战前的《行政审判法》[2]中，由于对可以以诉讼形式抗争的行政活动采用了列举主义，只有被列入起诉范围的才可以成为诉讼对象，而不在其中的，即便是权力色彩浓厚的行政活动，也无法就其提起诉讼。因此当时议论行政处分性本身既无意义又没有必要，当然也就不会围绕行政处分性形成相关的理论。而到了战后，随着《行政案件诉讼法》明确放弃列举主义转而采用概括主义，行政处分性才正式成为行政诉讼要件的主要论点之一，而行政处分性论也才得以作为一种理论逐渐发展成形。

然而，现行法上有关行政处分的定义并不明确。前面我们已经提到，尽管《行政案件诉讼法》第 2 条把行政案件诉讼划分

处分"（或者叫"广义的行政处分"）。前者的行政处分等同于"行政行为"，而出现差异的在于后者（至于"狭义的行政处分"与"广义的行政处分"的关系，请参见本章"行政处分性的问题所在"）。参见人见刚「行政処分の法效果·規律·公定力」『行政法の新構想Ⅱ』（有斐閣、2008 年）71-72 頁。不过，本章的宗旨在于向国内读者介绍行政处分性论的整体情况，因此，对上述概念上的细微差异不做过多介入，一般笼统地称为"行政处分"。

〔1〕 曽和俊文『行政法総論を学ぶ〔初版〕』（有斐閣、2014 年）139-140 頁。曽和俊文教授，就"行政行为"与行政处分的关系，主张如下：一个比较合理的解释是，"行政行为"等于狭义的行政处分。以今天的判例法理来讲，在可以成为撤销诉讼对象的一般所讲的广义的行政处分当中，有时也可包括条例、规划以及行政指导等，而这些行为是作为"其他相当于公权力行使的行为"而受到认可的。从区分这些概念的角度来考虑，以"行政行为"来替代狭义的行政处分，或许会更好一些。并据此主张，即便是在今天仍有必要继续使用"行政行为"概念。

〔2〕 行政裁判法。

为抗告诉讼、当事人诉讼、民众诉讼、机关诉讼四种，但其核心显然在于以论争行政处分违法性为诉讼物的抗告诉讼，尤其是撤销诉讼。而该法第 3 条第 1 款将抗告诉讼定义为有关行政机关公权力行使的不服之诉，即将其对象限定于"行政机关的公权力行使行为"之后，并没有就何谓"公权力行使"作出详细说明。如上所述，由于具备这种性质的行为也被称为"行政处分"，也就是说并没有就行政处分下定义。

取而代之的是，如前所述，该法在第 3 条中进一步把抗告诉讼细分为撤销处分诉讼、撤销裁决诉讼、无效等确认诉讼、不作为违法确认诉讼、课予义务诉讼、禁止诉讼等六种形态（第 2~7 款），并对被视为最典型抗告诉讼的撤销诉讼具体规定如下：

《行政案件诉讼法》第 3 条（抗告诉讼）

第 2 款　本法所称"撤销处分诉讼"，是指请求撤销行政机关的处分以及其他相当于公权力行使的行为（第 3 款规定的裁决、决定等其他行为除外，以下简称为"处分"）的诉讼。

首先，让我们仔细分析一下这个条文的内容结构。第 3 条第 2 款，显然是就何谓"撤销处分诉讼"（以下简称为"撤销诉讼"）所下的定义。但请注意，本条款中并没有就"处分"本身作出说明，而只是把撤销诉讼的对象限定在"行政机关的处分以及其他相当于公权力行使的行为"，并把有关"裁决"等的规定托付给同条第 3 款。从条文的规定形式来看，撤销诉讼的对象应该包括以下两个部分："行政机关的处分"和"其他相当于公权力行使的行为"。如前所述，行政处分也被称为"行政机关的处分"或"处分"。依此看来，我们也可以说，撤销诉讼的对象包括行政处分和"其他相当于公权力行使的行为"。然而，在此需要特别注意的是，第 3 条第 2 款的括弧部分，即在括弧条款中，两者被合称为"处分"。而同样是依据刚才的逻辑，我们当然也可以把"行政机关的处分"和"其他相当于公权力行使的行为"合称为行政处分。

细心的读者或许已经发现，在《行政案件诉讼法》第 3 条第 2 款中，其实存在着两个"行政处分"（"处分"）：一个是包含"其他相当于公权力行使的行为"的广义的行政处分，一个是狭义的行政处分。尽管此前的判例，在承认行政行为以外的行政活动也具有行政处分性时，通常只是笼统地指出该行政活动相当于《行政案件诉讼法》第 3 条第 2 款所说的"行政机关的处分以及其他相当于公权力行使的行为"抑或"抗告诉讼对象的行政处分"，而对于到底是相当于狭义的行政处分还是"其他相当于公权力行使的行为"并未作出具体说明[1]，但是，一个比较合理的解释是，"行政行为"等于狭义的行政处分，而一般我们在行政处分性论中所说的行政处分应该是指广义的行政处分。在行政处分性这个问题上，容易产生问题的往往是事涉广义的行政处分的场合。说得更具体些，就是在判断行政活动是否属于"其他相当于公权力行使的行为"时，容易产生歧义。[2]

正因如此，诸如要求拆除违法建筑物的命令、取消营业执照、对当事人申请许可的拒绝等典型的行政处分，在行政处分性这个问题上一般不会产生争议。论争主要是围绕诸如行政计划（城市开发规划等）、行政立法（政令、内阁府府令、地方公

---

〔1〕 周作彩「処分性の拡大と行政行為概念の今日の存在意義」法学教室 401 号 26 頁注 7。另外，有关这一点，从本章接下来将要介绍的各个具体案例的判决要旨来看，也一目了然。

〔2〕 曽和俊文『行政法総論を学ぶ〔初版〕』（有斐閣、2014 年）138-140 頁。

共团体的规则等)、一般性处分（不具特定相对人的行政处分，如废止公道的使用等)、行政指导（产业指导、劝告等)、行政的内部行为（部门间的通知、指示、同意等)、事实行为（直接对身体或财产所实施的强制等）等所谓行政行为的周边行为而展开的。[1]即，这些行为是否也相当于"公权力行使"或"行政机关的处分以及其他相当于公权力行使的行为"？是否具有"行政处分性"？是否可以以抗告诉讼的形式进行论争？

　　综上所述，行政处分性之所以会产生问题，固然离不开《行政案件诉讼法》放弃列举主义转而采用概括主义这一大的时代背景，然而更为主要的是由于现行法上的规定不明确，没有就"行政处分"（"处分")、"公权力行使"、"行政机关的处分以及其他相当于公权力行使的行为"作出明确的界定。也正因为如此，在某种意义上说，这也使得行政处分性论本身，转化为"公权力行使"或者"行政机关的处分以及其他相当于公权力行使的行为"的解释论。[2]

　　其次，对于由一系列行政过程所组成的行政活动，当其尚处于中间阶段（如规划或通告的阶段）时，是否可以对其承认行政处分性，也容易成为争点。这是因为，一方面，这种行政活动尚处于运行过程当中，以这个意义来讲它还没有成熟，没有到达最终阶段，也没有给当事人的权利义务带来终局性的影响。另一方

---

　　〔1〕　实际上，往往是那些处于典型的行政处分与典型的非行政处分之间的所谓"灰色地带"的行政活动，容易在行政处分性的解释时产生歧义。参见高木光ほか『行政救济法〔第2版〕』（弘文堂、2015年）307頁。

　　〔2〕　其实，行政处分性的认定问题，从某种意义上来说就是对法令的解释问题。指出这一点的有大橋洋一『行政法Ⅱ〔初版〕』（有斐閣、2012年）56頁、原田大樹『例解行政法〔初版〕』（東京大学出版会、2013年）103頁、芝池義一『行政法読本〔第4版〕』（有斐閣、2016年）296頁。

面，尽管如此，但若不在中间的某个阶段允许当事人提起抗告诉讼则难以实现富有实效的救济，如后所述，也是客观存在的。

最后，行政处分性问题也有可能会在以下的场合间接地成为议论的焦点。如前所述，抗告诉讼的对象，被限定于"行政机关"〔1〕的行政处分。可是，行政机关的概念本身并不严密。与通常的理解不同，一般认为，这里所说的"行政机关"，并不是指"形式意义上的行政机关"，而是指拥有实施行政处分权限的组织。因此，除了典型的行政机关之外，有时甚至还会包括律师协会、医师会、地方议会、国会以及作为公法人的国家和自治团体等。〔2〕

六、认定行政处分性的意义

行政处分性的认定本身有何意义？换言之，当行政活动一旦被认定为相当于"公权力行使"，也就是说行政处分性一经获得认可，那么，与其遭到否定时相比会出现什么不同呢？

第一，认定行政处分性，在诉讼的管辖与分工上，具有重要意义。由于现行法规定，当某一案件是否应该以抗告诉讼的形式来加以处理时，主要以其诉讼的对象是否相当于《行政案

---

〔1〕 原文为"行政厅"。其正式含义为，"具有对行政主体的意向加以决策和对外表示权限的行政机关"，即重要的行政机关之意。譬如，国家层级的"大臣"（相当于我国的部长）、地方层级的"知事"（省长等）以及"市长"等就属于典型的"行政厅"。

〔2〕 参见室井敬司「抗告訴訟の対象となる行政処分の範囲」『行政法の争点』（有斐閣、2014 年）110 頁。顺便补充一下，在日本，所谓"行政机关"的概念有两种："形式意义上的行政机关"和"实质意义上的行政机关"。前者专指行政部门的机关，而后者则指具有实质意义上的行政机能的机关，因此，有时立法机关、司法机关也有可能成为其对象。但行政法学上，通常是以"形式意义上的行政机关"为自己的研究对象。

件诉讼法》第 3 条第 1 款所讲的"公权力行使"以及第 2 款所讲的"行政机关的处分以及其他相当于公权力行使的行为"为判断基准。换言之，是以行政处分性之有无来加以判定的。因此，若行政处分性受到认可，则意味着需要采用抗告诉讼并适用《行政案件诉讼法》的规定，反之，应以民事诉讼、刑事诉讼等应对，并适用《民事诉讼法》《刑事诉讼法》等的规定。而一旦采用抗告诉讼，由于现行法上适用抗告诉讼的排他性（专门）管辖原理，则意味着该案件无法再以民事诉讼、刑事诉讼等形式来抗争。[1]也就是说，行政处分性的认定，肩负着区分抗告诉讼与民事诉讼、刑事诉讼等的功能。[2]

---

　　[1]　首先，就抗告诉讼与民事诉讼的关系，在此介绍两个非常具有代表性意义的判例。在"大阪国际机场案"，即一个机场周边居民要求中止商业飞机深夜时间段起降而提起的民事诉讼中，最高法院主张，本案机场之所以能够供于飞机起降使用，是基于运输大臣所拥有的机场管理权与航空行政权的两种权限的不可分割的一体式行使的结果。因此，原告的请求，理所当然会不可避免地包含着要求对航空行政权的行使予以撤销、变更或者发动之意，因而，原告居民以民事诉讼的形式来请求中止不合法（最高法院 1981 年 12 月 16 日判决，民集 35 卷 10 号 1369 页）。在另一个"厚木基地案"中，同样是机场周边居民要求中止美国军机、自卫队飞机深夜时间段起降而提起的民事诉讼，最高法院主张，这种请求必然地包含着对防卫厅长官所肩负的有关自卫队飞机运行权限的行使予以撤销、变更或者发动之意，因此该民事请求不合法（最高法院 1993 年 2 月 25 日判决，民集 47 卷 2 号 643 页）。即，两个判决都是以系争的行政机关行为带有"公权力行使"色彩、具有行政处分性，从而否定了各自适用民事诉讼来解决的可能性（有关"大阪国际机场案"和"厚木基地案"的详情请参见本章"具体案例分析"）。接下来，让我们看看抗告诉讼与刑事诉讼的关系。在一个原告请求撤销交通违章罚款的缴纳通告而提起的抗告诉讼中，最高法院指出，缴纳通告的法律效果，只不过停留于被通告人任意缴纳了交通违章罚款就可以避免公诉的提起；反之，刑事程序则会以检察官提起公诉的形式开始启动而已。如果允许当事人提起抗告诉讼，那么，将会使本来预计应以刑事诉讼程序来审判的事项成为行政诉讼的审理对象，从而混淆了刑事诉讼程序与行政诉讼程序之间的关系，这无论如何都是《道路交通法》所没有预想得到的，也是不被允许的（详情请参见本章"具体案例分析"中的"违章罚款通告案"）。
　　[2]　大桥洋一『行政法Ⅱ〔初版〕』（有斐閣、2012 年）53-55 頁。

第二，认定行政处分性，在确保争讼的成熟性这个意义上非常重要。这里所说的争讼的成熟性包含两个层面的意义：其一，纷争是否足以成熟到争点明确，法院已经可以对其违法性加以判断的地步？其二，若不在此时予以司法救济，是否将来难以向原告提供富有实效的救济？在具体的行政案件当中，行政处分性一旦获得认可，意味着该案件作为争讼案件已经成熟，适合司法机关适时介入加以审理。反之，则意味着该案件尚未成熟，需要等待后续的行政活动，待其完全成熟之后再予以介入。当由一系列行政过程所组成的行政活动尚处于中间阶段（如规划或通告）时，一般认为，这种行政活动尚处于运行过程当中，没有到达最终阶段，也没有给当事人的权利义务带来终局性影响，因此，作为争讼的对象尚未成熟。例如，在如后所述的一个论争土地区划整理事业规划的判例中，最高法院就曾经主张，尚处在决定或公告阶段的事业规划，只不过处于蓝图状态，土地所有者的具体权利不会因之直接受到影响，因而，作为诉讼案件不具有成熟性。[1]

第三，认定行政处分性，在判断诉的利益的有无上，也具有重要意义。正如笔者反复指出的那样，在日本，谈及抗告诉讼尤其是撤销诉讼的"诉的利益"时，主要有以下三种语境：其一，当事人的诉求是否具有足以利用国家审判制度加以撤销的实际价值和必要性，即狭义的诉的利益；其二，将前者和原告资格合称为诉的利益，并将前者视为客观诉的利益，而将原告资格视为主观诉的利益；其三，也是最广义的理解，在狭义的诉的利益和原告资格的基础之上，外加当事人的诉求内容是否适合作为法院审判的对象，即行政处分性之有无。可见，行

---

〔1〕 参见本章"蓝图案"。

政处分性也是构成最广义诉的利益的重要因素之一。它一旦遭到否定，则意味着诉的利益不复存在，同时也意味着抗告诉讼无法延续下去。

综上所述，行政处分性，不仅是区分行政活动能否利用抗告诉讼（即决定诉讼的分工与管辖）的决定性指标，而且还是判定司法救济的时机、诉的利益存在与否等的重要概念。

七、如何认定行政处分性

在抗告诉讼中，能够攻击的行政活动，必须是"公权力行使行为"（《行政案件诉讼法》第 3 条第 1 款）。当某个行政活动被认定为相当于"公权力行使行为"时，它就具有了行政处分性。那么，《行政案件诉讼法》第 3 条第 1 款所说的"公权力行使"到底是指什么样的活动、行政处分性又是如何认定的呢？

一般来讲，学说上，作为判定行政处分的指标，主要可以列举出以下几项：权力性或公权力性、对外性、法律效果性、具体性等。[1]只有具备了上述属性的行政活动，方能称为行政处分。

---

〔1〕　在此有必要加以说明的是，有关认定行政处分性的指标与基准，包括用语在内因人而异。譬如，有人主张应以"权力行为性、具体行为性（纷争的成熟性）、外部行为性"来审视，参见室井敬司「抗告訴訟の対象となる行政処分の範囲」『行政法の争点』（有斐閣、2014 年）112–113 頁；有人认为应以"公权力性、法律效果性、直接具体性"来认定，参见周作彩「処分性の拡大と行政行為概念の今日的存在意義」法学教室 401 号 26–33 頁；有人主张以"法的效果性（规律性）、个别具体性（直接具体性和终局性以及成熟性）、外部性（对外性）、（公）权力性"为认定基准，参见下井康史「『処分性』拡張と処分性概念の変容」法律時報 85 巻 10 号 11–16 頁；有人主张以"公权力性、个别且具体的法律地位的变动、立法者是否拥有将该项行政活动纳入到撤销诉讼对象的考虑"等来认定，参见桜井敬子・橋本博之『行政法〔第 4 版〕』（弘文堂、2014 年）278–279 頁；还有人主张以"具有某种法律效果的行为、以国民为对象的行为、带有权力性的行为、产生具体法律效果的行为"为基准认定，参见中川丈久「土地区画整理事業計画決定の処分性」法学教室 341 号 30 頁。不过，正如中川丈久教授所指出的那样，尽管指标和用语不尽

这里的权力性或公权力性是指，不以国民的意志为转移，单方面地使其权利义务发生变更或者单方面地对其身体、财产实施强制之意。在这一点上，行政处分与以同国民的合意为基础的行政契约、希望得到国民任意合作的行政指导等区别开来。

对外性，即必须是面向国民的行为。在这一点上，行政处分与行政机关上下级间的内部训令、通知等区别开来。

行政机关所实施的行为包含法律行为与事实行为[1]。一般来讲，事实行为并不直接给国民的权利义务带来变动，因此不能称为行政处分。而行政处分，必须是法律行为，能够直接形成国民的权利义务或者确定国民权利义务的范围。在是否具有法律效果这个指标上，行政处分与事实行为相互区别开来。

行政自身所订立的规章等一般属于抽象性的规范，而行政处分是对法律、政令的具体执行。在具体性这个指标上，它与行政立法区别开来。

与理论界强调行政处分的权力性或公权力性、对外性、法律效果性、具体性等形成对比，实务界主张，行政机关的某一行为是否具有行政处分性，取决于它是否具备"行为的公权力性"和"对法律上的地位的影响"等特征。[2]具体而言，最高法院主张，所谓的"公权力行使"行为，必须是：其一，行政机关基于法律而实施的行为；其二，作为公权力主体的国家或公共

相同，其实见解上并无本质性差异（参见中川文献第30页注解9），而且，皆为对如后所述的"垃圾焚烧场案"就行政处分（行政行为）所下定义进行理论分析与提炼的结果，因此，笔者在此选择了被一般教科书所广泛接受的体例。

〔1〕 行政法学上的"事实行为"，一般是指，诸如公共设施的设置与管理（公共工程）、行政指导等不直接形成国民的权利义务以及确定其权利义务范围的行政活动。

〔2〕 司法研修所编『改訂行政事件訴訟の一般の問題に関する実務の研究』（2000年）15頁；高木光ほか『行政救済法〔第2版〕』（弘文堂、2015年）307頁。

团体所实施的行为；其三，该行为直接形成了国民的权利义务或者确定了国民权利义务的范围。[1]

八、有关行政处分性的学说

学说上，在应以何种视点来认定行政处分性以及应该如何划定行政处分性的范围上，存在意见分歧。[2]

第一种，也是判例和通说所采用的传统见解，我们可以称之为行政处分性限定说。这种观点主张，由于抗告诉讼（撤销诉讼）是为解除行政行为的公定力而设的类似于上诉的特殊诉讼程序，因此，其对象必须限定在具有公定力的行政机关行为。反过来讲，不带有公定力的行政机关行为，难以成为抗告诉讼（撤销诉讼）的对象。所谓"不服行政机关的公权力行使"，是指行政相对人对基于法所承认的优越地位，作为法的执行而实施的具有公定力的意思活动产生不服之意。[3]而"行政机关的公权力行使"是指，"行政机关，基于法所承认的优越地位，作为法的执行而实施的权力性活动"。这种观点强调，考虑到具有行政权的公权力行为被实施以后或许会有人主张该行为违法或不正当，而抗告诉讼，正是为了满足这些人重新审查公权力行为的要求而设立的诉讼。即，把抗告诉讼视为一种复审式的诉讼形态。[4]

在这种思维之下，认定行政处分性之际，首先，对于传统

---

〔1〕　这个判定基准来源于最高法院在"垃圾焚烧场案"中所作的判决。有关本案的详情，将在本章"具体案例分析"当中做专门介绍，就此打住。

〔2〕　原田尚彦『行政法要論〔全訂第7版・補訂第2版〕』（学陽書房、2013年）384-386頁。

〔3〕　田中二郎『新版行政法（上）〔全訂第2版〕』（弘文堂、1982年）304-305頁。

〔4〕　田中二郎『新版行政法（上）〔全訂第2版〕』（弘文堂、1982年）224頁。

上被视为带有公定力的实体性行政行为概念加以严格界定，并以此为基础，只对符合这个定义要求的行政机关行为才承认行政处分性。长期以来，最高法院就是站在这种立场，把作为抗告诉讼对象的行政处分，严格限定于"在作为公权力主体的国家和公共团体所实施的行为当中，那些受到法律承认、可以直接形成国民的权利义务以及确定其范围的行为"[1]，从而把其他与此概念不相符的行政机关行为排斥在抗告诉讼的对象之外。

第二种，是对前一种持否定态度的见解，我们也可称之为行政处分性扩张说。这种见解主张，在历史沿革上，抗告诉讼（撤销诉讼）的确是作为否定行政行为公定力，也可称之为类似于上诉的制度而生成的，因此，伴有公定力的"行政行为"属于撤销诉讼的排他性（专门）管辖，非经撤销诉讼不得否认其效力。但是今天，完全没有必要再把撤销诉讼的作用限定于否定行政行为的公定力，反而应该将其视为保护国民生活免受违法行政活动侵害的工具（救济手段）来加以活用。也就是说，对于行政处分以外的亦即不带有公定力的行为，若该行为在实质上单方面地对国民生活产生制约，现实中国民由此受到不利影响或者有可能受到不利影响，但却难以利用民事诉讼等其他诉讼形式来加以救济时，就应该考虑把这种行为也纳入撤销诉讼的对象当中，允许以撤销诉讼来抗争。[2]应该说，这种观点，在主张只要存在救济的必要性就应该采取灵活应对的态度，即便是针对行政处分以外的本身不带有公定力的行为也承认行政处分性，允许借用撤销诉讼的形式来加以抗争这一点上，有其

---

〔1〕 参见本章"垃圾焚烧场案"。

〔2〕 原田尚彦『行政法要論〔全訂第 7 版·補訂第 2 版〕』（学陽書房、2013年）376-377 頁。

独到之处。在司法实践中，一般认为，东京地方法院的"国立市人行天桥案"[1]就采用了行政处分性扩张说的见解。

行政处分性限定说与行政处分性扩张说，尽管存在着如上所述的差别，但是，由于行政处分性限定说主张，对于无法以抗告诉讼（撤销诉讼）抗争的行政活动，应该通过活用"当事人诉讼"或者"确认诉讼"等来应对，因此，两学说的根本性差异最终收敛为：在应该利用何种诉讼形态应对上意见相左。[2]即，前者主张应把抗告诉讼（撤销诉讼）的对象纯化于行政处分，而不相当于行政处分的行政活动，应该以"当事人诉讼"等应对。与之相反，后者认为，抗告诉讼（撤销诉讼）的对象不必拘泥于行政处分，出于救济的必要，完全可以对行政处分以外的行政活动也广开门户。

第三种，被称为"综合性行政处分说"。[3]本学说不把行政处分划分为"实体上的行政处分"和"形式上的行政处分"，而是主张，以以法律为代表的法规范是否就行政机关的一定行为赋予了应以抗告诉讼来抗争的公权力性为判断行政处分性的基准。也就是说，不再把抗告诉讼视为针对具有公定力的行政行为的诉讼形式，而是主张与公定力无关，以公权力是否受到法规范的认

---

〔1〕　这是一个由当地居民要求取消东京都国立市的过街人行天桥建设工程而提起的抗告诉讼。超出当时大多数人的想象，东京地方法院在把人行天桥的设置视为抗告诉讼的对象，即在"相当于公权力行使的行为"（《行政案件诉讼法》第3条第2款）的基础之上，对原告居民承认了请求撤销设置人行天桥的原告资格等，引起当时舆论以及学界的广泛注目。有关本案详情，请参见东京地方法院1970年10月14日裁定（東京地決昭和45・10・14），行集21卷10号1187页。有关本案的案例评析等，请参见［日］原田尚彦：《诉的利益》，石龙潭译，中国政法大学出版社2014年版，第119~134、142~144页。

〔2〕　芝池義一『行政法読本〔第4版〕』（有斐閣、2016年）298-299页注2。

〔3〕　室井敬司「抗告訴訟の対象となる行政処分の範囲」『行政法の争点』（有斐閣、2014年）111-112页。

可作为行政处分性的判断基准。不过，这种划分似乎并不常见。

九、具体案例分析[1]

所谓"公权力行使"抑或"行政机关的处分以及其他相当于公权力行使的行为"，立法当初命令和强制的色彩极其浓厚，简单地说，就是对国民的权利予以限制、对国民课予新的义务的代名词。然而近年却在观念上出现巨大转变，有关行政处分性的判例，开始呈现出对其加以扩大解释的态势。[2]与此同时，学说中也出现了强调"救济本位的诉讼观"，要求放宽解释行政处分性的呼声越来越高。[3]

在行政作用不断呈现多样化、行政过程中国民的权利利益调整日益复杂化的今天，单靠以撤销诉讼为主的抗告诉讼，已经难以保证能够为国民提供富有实效的救济了。为了顺应上述现代社会的新需求，切实提高救济国民权利利益的实效性，如前所述，日本于2004年对《行政案件诉讼法》进行了大幅修改。在讨论该法修正案的过程中，尽管也有意见主张，应该扩大行政处分性，将行政立法、行政计划、行政指导、行政通知等多种多样的行政活动也纳入到抗告诉讼的对象当中来，但最终

---

〔1〕 以下将要介绍的，皆为有斐阁《行政判例百选》中作为"行政处分性"的典型案例而收录的判例。

〔2〕 塩野宏『行政法Ⅱ（行政救済法）〔第5版・補訂版〕』（有斐閣、2013年）118頁；阿部泰隆『行政法解釈学Ⅱ〔初版〕』（有斐閣、2009年）91頁；同『行政法再入門（下）〔第1版〕』（信山社、2015年）89頁；周作彩「処分性の拡大と行政行為概念の今日的存在意義」法学教室401号25-33頁；大久保規子「処分性をめぐる最高裁判例の展開」ジュリスト1310号18-24頁；下井康史「『処分性』拡張と処分性概念の変容」法律時報85巻10号11-16頁。

〔3〕 譬如，原田教授就一直主张，应该把行政行为以外的行政机关行为也纳入到撤销诉讼的对象当中来。参见原田尚彦『行政法要論〔全訂第7版・補訂第2版〕』（学陽書房、2013年）376-377頁。

没有被立法者采纳。取而代之的是，在该法第 4 条即有关"当事人诉讼"的条款中，加入了"确认公法上的法律关系等有关公法上法律关系的诉讼"（以下简称为"公法上的确认诉讼"）。也就是说，该法在保留了有关抗告诉讼的行政处分性的原有框架从而不对其采取扩大态度的同时，把论争上述通常不被视为行政处分的各种行政活动的任务交给了公法上的确认诉讼。[1]

　　由于包括修改后的《行政案件诉讼法》在内，历代的立法当中，都没有明确界定"行政处分"（"处分"）、"公权力行使"或"行政机关的处分以及其他相当于公权力行使的行为"等的具体内容，因此，经过这次修法之后，行政处分性的范围，不仅没有被明确，反而更加错综复杂了。有关行政处分性的判断，依然要靠对法令的解释。[2]

　　鉴于这次修法在表面上并没有对行政处分性采取扩大的态度，有学者曾经预言，由于本次修法旨在行政处分概念的纯化，因此今后没有必要再对那些适合适用公法上的确认诉讼的行政

---

　　〔1〕　这次修法之前，力主应该扩大行政处分性的观点的主要论据如下：其一，由于各级法院对行政处分性加以严格解释的结果，致使很多行政活动都被从抗告诉讼中排斥出来，与此同时，现行法上却没有为这些行政活动提供合适的诉讼类型，从而无法提供救济。其二，与传统行政不同，现代行政中，难以对行政处分性加以识别的情形居多，即便当事人勉强将其当作行政处分提起抗告诉讼，但在其后的法院审理中被无情驳回的情形屡见不鲜。其三，也不敢保证这些行政活动在其他诉讼形态中就一定能够获得救济。但是，2004 年修法时，考虑到若扩大行政处分性的话，就会给原告带来出诉期的限制等不便，于是放弃了这种策略，如文中所述，改为活用作为当事人诉讼之一的公法上的确认诉讼（这种态势，被学界称为"公法上的当事人诉讼活用论"）。参见阿部泰隆『行政法再入門（下）〔第 1 版〕』（信山社、2015 年）88 页。另外，关于早期行政法学上的行政处分性的扩大要因，原田教授也曾经做过精辟的分析，详细情况请参见〔日〕原田尚彦：《诉的利益》，石龙潭译，中国政法大学出版社 2014 年版，第135～164 页。

　　〔2〕　参见室井敬司「抗告訴訟の対象となる行政処分の範囲」『行政法の争点』（有斐閣、2014 年）110 页。

活动承认行政处分性了。[1]但是，若仔细观察一下 2004 年《行政案件诉讼法》修改前后的最高法院判例我们就会发现，行政处分概念不仅没有被纯化，反倒出现了逐渐扩大解释的倾向。[2]具体而言，就是最高法院在司法实践中开始显现出相当柔软的身段，接连对那些通常不被视为行政处分的行政活动也承认带有行政处分性，将其纳入到抗告诉讼的对象当中来。

如前所述，以行政处分性之有无为争点的判例相当多，判例理论的积累也要比围绕其他诉讼要件的丰厚。以下，限于篇幅，暂且从最高法院就行政处分性所作的判决当中，选出一些在行政处分性的认定以及行政处分性论的发展史上具有重要意义的典型案例[3]，以这些判例为素材，梳理并详细分析行政处

---

〔1〕 橋本博之「行政事件訴訟法改正と行政法学の方法」自治研究 80 巻 8 号 52-54 頁。然而，阿部泰隆教授主张，尽管这次《行政案件诉讼法》修改时没有对行政处分性做任何调整，但从该法新设了充实救济制度、缓和制定法遵循主义等规定（第 9 条第 2 款）来看，不应该把这次修法的宗旨视为对扩大行政处分性的拒绝。参见阿部泰隆『行政法解釈学 Ⅱ〔初版〕』（有斐閣、2009 年）135 頁。

〔2〕 塩野宏『行政法 Ⅱ（行政救済法）〔第 5 版・補訂版〕』（有斐閣、2013 年）118 頁；阿部泰隆『行政法解釈学 Ⅱ〔初版〕』（有斐閣、2009 年）91 頁；同『行政法再入門（下）〔第 1 版〕』（信山社、2015 年）89 頁；周作彩「処分性の拡大と行政行為概念の今日的存在意義」法学教室 401 号 25-33 頁；大久保規子「処分性をめぐる最高裁判例の展開」ジュリスト 1310 号 18-24 頁；下井康史「『処分性』拡張と処分性概念の変容」法律時報 85 巻 10 号 11-6 頁。

〔3〕 由于拙文肩负着填补原田教授《诉的利益》成书之后的理论空白之使命，因此在判例的选择上，除个别（如"垃圾焚烧场"）外，皆为 20 世纪 80 年代以后的判决，下同。而此处之所以选用"垃圾焚烧场"，主要是出于以下的两个考量：其一，如文中所述，本案就行政处分所下的定义以及由此而确立的认定行政处分性的"基本公式"，对其后的同类判决产生了巨大而深远的影响；其二，尽管本案发生于原田教授《诉的利益》成书之前，但该书对此泼墨不多（好像只有一处提到本案，参见〔日〕原田尚彦：《诉的利益》，石龙潭译，中国政法大学出版社 2014 年版，第 119~120 页）。另外，以下将要介绍的，除个别外，皆为有斐阁《行政判例百选》中作为"抗告诉讼的对象"的典型案例而收录的判例。其中，出自 2012 年第 6 版的有 8 个、2006 年第 5 版的有 3 个。在介绍和解析各个案例时，参考了由每个案例的担当者所作的解说，在此谨表谢意。

分性论的发展脉络，找寻其在不同时期、不同领域的特征，并逐一加以点评。

另外，考虑到最高法院的判例在 2004 年修法前后出现了对行政处分性加以扩大解释的倾向，为便于论述，以下暂将判例划分为"早期的判例"和"2004 年修法前后的判例"两种，分别加以介绍和评析。[1]

（一）早期的判例

1. 垃圾焚烧场案[2]（1964 年）

被告 Y（东京都）为了设置垃圾焚烧场，先在大田区矢口町购买了土地，然后于 1957 年 5 月 28 日，向都议会提交了有关设置垃圾焚烧场的规划方案。后经都议会于同月 30 日审议通过，于是 Y 将此方案对外公布，并与建筑公司签订了建筑承包合同。对此，原告 X（近邻居民）认为，本案垃圾焚烧场在选址上，从环境卫生的角度来看，选在了最不适宜的土地，有违《清扫法》[3]第 6 条的规定。而且，自己将会因煤烟、臭气而在卫生保健上受到重大威胁，经济上遭受重大损失。于是提起诉讼，要求确认 Y 在设置本案垃圾焚烧场过程中所实施的一系列行为无效。

---

〔1〕　正如笔者在文中已经说明的那样，这次修法并没有对行政处分以及行政处分性加以改动，从这个意义上说，以 2004 年划界本身意义不大。然而，由于在本次修法前后，如文中所述，最高法院的判例当中出现了对行政处分性加以扩大解释的倾向，为便于论述以这次修法划界也不失为一个权宜之计。在此想请各位读者注意的是，与原告适格不同，这里所说的 2004 年，只不过是一个相当模糊的时间界限罢了。

〔2〕　最高法院 1964 年 10 月 29 日判决（最判昭和 39・10・29），民集 18 卷 8 号 1809 頁。

〔3〕　廃棄物の処理及び清掃に関する法律，一般被简称为"清掃法"。

最高法院判决要旨[1]：

《行政案件诉讼特例法》第1条所说的行政机关的处分，并不是指行政机关基于法令所实施的行为的全部，而是指，在作为公权力主体的国家和公共团体所实施的行为当中，那些受到法律承认、可以直接形成国民的权利义务以及确定其范围的行为。具备这种属性的行政机关行为，其目的在于，为增进与维持公共福祉而对法律所规定的内容予以具体的贯彻和落实。它是由具有正当权限的行政机关依法所实施的行为，与社会的公共福祉密切相关。有鉴于行政机关的这种行为的特殊性，考虑到一方面要力所能及地尽快使上述行政目的得以实现，另一方面，也要向因这种行为而在权利利益上遭受侵害者提供救济，因此法律承认，即便上述行政机关的行为违法，但在由具有正当权限的机关正式撤销之前，暂且允许其接受合法性的推断并视为有效。对权利利益遭受侵害者的救济，不应以通常的民事诉讼而应依据特殊的规定予以处理。

本案中的垃圾焚烧场，是在Y从私人手中先行购买的土地上，依据站在与私人对等的立场上所签订的私法契约而设置的。应该承认，原审法院所作的判断正确。即，Y筹划、制作以及向议会提交有关设置垃圾焚烧场的规划方案等一系列行为属于行政机关自身的内部程序性行为。

因此，即便X因设置本案垃圾焚烧场而受到了一些不利影

---

〔1〕 为了准确传达判决的精神，对要旨部分尽量采取直译的方式翻译，是笔者的基本想法。但是，由于日本的判决书一般比较冗长，有的论点又相当分散，为了单刀直入地进入话题以及简洁明快地刻画出判决的轮廓，又不得不做必要的调整。因此，对虽几近直译但并非直译的要旨部分，为保持严谨，不加引号，下同。

响，我们也无法断定，本案垃圾焚烧场的设置相当于如下所述的行为：在法律上，因 Y 行使公权力而直接形成了 X 的权利义务或者确定了其权利义务的范围。因而，原告 X 在本案中要求确认一系列行为无效的请求不合法。

本案是近邻居民要求确认垃圾焚烧场的设置行为无效而提起的抗告诉讼，发生在《行政案件诉讼特例法》〔1〕时代。其焦点在于：垃圾焚烧场设置行为是否具有行政处分性以及何为行政处分性的判断基准？本案中，最高法院将该法第 1 条所说的"行政机关的违法处分"理解为讲学上的"行政行为"，主张东京都的垃圾焚烧场设置行为不具有行政处分性，从而判定本案抗告诉讼不合法。由于此处有关行政处分性的判断，一般认为，同样适用于现行《行政案件诉讼法》第 3 条所说的"公权力行使"或"行政机关的处分以及其他相当于公权力行使的行为"等的解释，因此，本案判决也成为《行政案件诉讼法》之下，有关抗告诉讼的行政处分性认定要件的代表性先例。〔2〕

本案中，最高法院指出，"行政机关的处分，并不是指行政机关基于法令所实施的行为的全部，而是指，在作为公权力主体的国家和公共团体所实施的行为当中，那些受到法律承认、可以直接形成国民的权利义务以及确定其范围的行为"。可见，行政处分（行政行为）必须是行政机关基于法律而实施的行为、作为公权力主体的国家或公共团体所实施的行为、能够直接形

---

〔1〕　现行《行政案件诉讼法》的前身。1948 年制定，1962 年废止。

〔2〕　根据高木光教授的研究，其实，本案判决的内容也是引用了此前最高法院若干判例的结果。参见高木光『行政法〔初版〕』（有斐閣，2015 年）264 页。但不知何故，学界普遍认为，文中所述的判定行政处分性之有无的"基本公式"，是经本案判决之后才正式确立的。

成国民的权利义务或者确定国民权利义务范围的行为。简言之，某行政活动能否称为行政处分（行政行为），取决于它是否具备公权力性、直接具体性、法律效果性等。[1]这个判断基准，成为后来判断行政活动是否具有行政处分性的"基本公式"[2]。如后所述，对其后包括今天在内的相关判例产生了巨大而深远的影响，在行政处分性论中占有相当重要的地位。

本案，不仅确立了上述判断行政活动是否具有行政处分性的"基本公式"，而且还在阐明行政处分（行政行为）具有公定力，以及当有人因带有公定力的行政处分（行政行为）而受到权利利益侵害时，不能以民事诉讼而必须以抗告诉讼来请求救济（抗告诉讼和撤销诉讼的排他性原则）等两点上，具有重要意义。即，"即便上述行政机关的行为违法，但在由具有正当权限的机关正式撤销之前，暂且允许其接受合法性的推断并视为有效。对权利利益遭受侵害者的救济，不应以通常的民事诉讼而应依据特殊的规定予以处理"。

正如本章业已指出的那样，抗告诉讼的对象必须具备行政处分性。本案中，垃圾焚烧场的设置，属于复合型行为，由一连串的活动组成（收买土地、制作设置垃圾焚烧场的规划、审

---

〔1〕 在本章"如何认定行政处分性"中，笔者曾经指出，学说上把权力性或公权力性、对外性、法律效果性、具体性等列举为判定行政处分的指标。由于在对外性上，本案中没有成为争点，因此议论这个话题本身意义不大。在此，参照周作彩教授的手法，把本案认定行政处分性的指标简单归纳为公权力性、直接具体性、法律效果性。参见周作彩「処分性の拡大と行政行為概念の今日の存在意義」法学教室401号26-30頁。

〔2〕 这里所说的"基本公式"，来自于对日文"従来の公式""従来の定式"的翻译。若仅从字面来看或许也可以译成"从来的公式或定式""以前的公式或定式""旧公式或定式""截至目前的公式或定式"等，但考虑到这个公式至今依然有用，所以笔者依自己的理解译成了"基本公式"。

议及公布设置垃圾焚烧场的规划、与建筑公司签署建筑合约、建筑及设备安装等）。最高法院针对这种复合型行为，没有将其以整体相待，而是采用了如下的手法：先将行政过程中的法律行为分解为个别的具体行为，然后再对各个具体行为是否具有行政处分性加以具体分析和判断。接下来分析指出，收买土地与签署建筑合约属私法上的契约行为，制作与审议、公布设置垃圾焚烧场的规划是行政的内部程序性行为。最后依据自己订立的判断公式得出结论，本案垃圾焚烧场的设置行为没有在法律上给 X 直接形成权利义务或者确定其权利义务的范围，从而否定了行政处分性。

由于本案中垃圾焚烧场设置行为的行政处分性遭到了否定，那也意味着，今后人们无法就诸如火葬场、下水处理厂、粪便处理厂等"不愉快设施"的设置行为，提起抗告诉讼，而只能依靠民事诉讼的形式来抗争了。[1]

2. 蓝图案[2]（1966 年）

被告 Y（东京都），于 1950 年 6 月 26 日经建设大臣核准后，开始着手高元寺火车站附近地区的开发。其后，迫于需要对原设计进行了修改（第一次变更）。变更后的事业规划经上报建设大臣并于 1954 年 5 月 12 日获得大臣的认定，该工程得以延续。可是，由于后来该工程完全没有取得进展，Y 不得不再一次对该事业规划予以修改（第二次变更），1960 年 3 月 31 日，建设大臣对变更后的事业规划予以认定，于是 Y 就该事业规划作出决定并对外公告。对此，原告 X（在施工区域内拥有或租借宅

---

〔1〕　北原仁「ゴミ焼却場の設置」『行政判例百選〔第 6 版〕』（有斐閣、2012 年）324 頁。

〔2〕　最高法院 1966 年 2 月 23 日判决（最判昭和 41・22・3），民集 20 卷 2 号 271 頁。

地、建筑物者）以 Y 为被告提起诉讼，要求确认该事业的设计已经被废止，但被一审法院拒绝。二审时，X 要求确认第二次变更后的事业规划无效，同样遭到驳回，遂上告至最高法院。

最高法院判决要旨：

根据相关法律的规定，本案事业规划一经公告，在施工预定区域内拥有宅地和建筑物者，如欲变更土地形状以及新建、改建或增建建筑物等时将会受到一定的限制（《土地区划整理法》第76条第1款）。然而，这种限制，完全出于为圆满完成该工程而防患未然之必要，不过是伴随公告而生的附随性效果而已，并非是对作为事业规划的决定或公告本身效果而生成的权利限制。因此，本案事业规划，在公告阶段，并不是直接以特定个人为对象的行政处分。我们必须承认，它不属于能够给宅地和建筑物的所有人以及租借人等的权利带来具体变动的行政处分。

事业规划，在有关土地区划整理事业的一系列程序中居于核心地位。随着其后各种程序的展开，行政机关将依次实施暂时换地的指定处分、建筑物的移转、拆除命令等具体处分，这些处分有时会带来具体的权利侵害。但是，就事业规划本身而言，如上所述，它不是以特定个人为对象的行政处分，作为一般性的、抽象性的规划，只不过是土地区划整理事业的蓝图而已。

土地区划整理事业，是经过一系列的程序而实施的行政作用。针对这种事业，应该在哪一个阶段允许提起诉讼，属于立法政策的问题。但是，我们不能够说，如果不允许在任何一个阶段都可以提起诉讼，就会剥夺当事人的获得裁判权。同样，也不能够说，在有关事业规划的决定或公告的阶段不允许提起诉讼，就意味着针对土地区划整理事业所产生的权利侵害关闭了所有的救济之门。事实上，当行政机关为了排除土地区划整理事业的障碍，命令土地所有人等恢复土地的原状、移转或拆除建筑物等时，当事人若认为这些命令违法，可以要求予以撤销或者确认其无效。同时，作为实施换地计划的一环，当行政机关作出暂时换地的指定或正式换地的处分等时，若当事人主张其违法，同样可以请求撤销这些具体处分或者确认其无效。应该讲，依靠如上所述的救济手段，为具体权利侵害提供救济的法律初衷，完全能够得以实现。《土地区划整理法》的宗旨恐怕也在于，只要在实施具体处分的阶段能够提供如上所述的救济手段即可。而在并不对具体权利产生直接影响的事业规划的决定或公告阶段，不仅理论上缺乏足以作为诉讼案件来处理的成熟性，而且实际上在这个阶段允许提起诉讼也不妥当。另外，也没有这个必要。

本案是土地区划整理事业对象区域内的土地所有人等，要求确认该事业规划无效等而提起的抗告诉讼。其焦点在于：对于由一系列过程所组成的行政活动，到底应该在哪一个阶段允许提起抗告诉讼？换言之，这种行政活动在哪一个阶段才具有行政处分性？

所谓土地区划整理事业，是指为了加强和改善公共设施以及增进宅地的利用等，而在城市规划区域内所实施的土地区划形态的变更、公共设施的新设等活动。地方公共团体在实施该事业时，应依据如下程序来具体操作：①对事业规划的设计概要予以认可；②就事业规划作出决定；③实施暂时换地的指定处分；④命令并实施建筑物的拆除与移转或施工；⑤对换地计划实施认可与决定；⑥实施换地处分；⑦征收与交付清算金。[1]

本案中，最高法院针对土地区划整理事业规划，主张土地所有人等在该事业规划的公告或决定阶段所受到的限制，止于随公告而生的附随性效果（附随性效果论），而带有这种附随性效果的事业规划，不属于以特定个人为对象的行政处分，不会给宅地和建筑物的所有人以及租借人等的权利带来具体变动。与此同时，针对土地区划整理事业这种由一系列程序而构成的行政作用，最高法院认为，在并不对具体权利产生直接影响的事业规划的决定或公告阶段，只不过处于蓝图状态，不仅理论上缺乏足以作为诉讼案件来处理的成熟性，而且在实际上也不妥当、没有必要，对当事人的救济，完全可以通过对后续的暂时换地指定处分或者正式的换地处分等提起的撤销诉讼来加以实现（后续行为论）。[2]

可见，在认定行政处分性的有无上，本案除了依照"垃圾焚烧场案"所确立的"基本公式"之外，还考虑到由一系列过

---

[1] 安本典夫『都市法概説』（法律文化社、2009 年）189 頁。

[2] 但是，学界针对"蓝图案"否定行政计划的行政处分性时所采用的论据，即"附随性效果论"以及"后续行为论"等，大多持批评态度。首先，就"附随性效果论"来看，效果是附随性的还是本质性的问题与效果是具体的还是抽象的问题无关，在认定行政处分性上，比较而言后者更为重要。本案中，正如判决中所指出的那样，事业规划被公告之后，在施工预定区域内如果有人想要变更土地形状等将会受到来自于《土地区划整理法》第 76 条第 1 款的限制，而这种限制是否具有个别且具体的法律效果，最高法院没有从正面给予回答。其次，从"后续行为论"来看，按照最高法院的论理，即便当事人针对行政计划抱有不满也只能等待其后续行为。可是，由于当事人在等待期间，很多事情都已既成事实，恐怕到头来只能得到法院的"情况判决"（有关"情况判决"的详情，请参见本书第四章"土地改良案"）。参见山下竜一「土地区画整理事業計画」『行政判例百選〔第 5 版〕』（有斐閣、2006 年）329 頁。

程所组成的行政活动的特殊性，要求系争的行政活动必须具备成熟性。而本案事业规划的行政处分性之所以遭到否定，其主要原因，除了缺乏"基本公式"当中的法律效果性和直接具体性要件之外，也在于本案最高法院主张，事业规划在决定与公告阶段，缺乏行政诉讼案件的成熟性。

3. 大阪国际机场案[1]（1981 年）

大阪国际机场，是由第二次世界大战前的通信部航空局于1936 年作为"大阪第二机场"而设立的。后经美军接收与返还之后，于 1959 年被指定为《机场整备法》[2]上的"第一种机场"（即国际机场）并改为现名。原告 X（机场周边居民）主张，自己的利益因飞机起降带来的噪音而受到损害，人格权以及环境权也受到显著侵害，于是以机场的设置与管理者 Y（国家）为被告提起了民事诉讼，基于人格权以及环境权等要求中止深夜时间段（每日午后 9 点到翌日午前 7 点）的飞机起降。

最高法院判决要旨：

构成营造物管理权本质的是，不以公权力的行使为实质内容的非权力性权能。在性质上，这种权能与基于同类私人设施所有权的管理权并没有什么不同。我们必须承认，在有关本案国营机场的管理事项当中，有些与民营机场相同，适合适用私法规制。

本案机场的管理工作，由于其内容多种多样，因此我们不能草率地把它们定性为法律性质完全相同。不仅如此，就机场

---

[1]　最高法院 1981 年 12 月 16 日判决（最判昭和 56·12·16），民集 35 卷 10 号 1369 頁。

[2]　空港整備法。

而言，作为与其运行紧密相关的事项之一，还存在着航空行政权这一以公权力行使为本质内容的权限行使等问题。这里所说的航空行政权，是指根据《航空法》以及其他有关航空行政的法令规定，赋予运输大臣的航空行政上的权限。

《机场整备法》之所以把一些公用机场指定为国营机场并责成运输大臣亲自设置与管理，其考量在于，想借此保障作为航空行政权行使的政治决策能够切实得以贯彻落实以及国家航空行政政策的高效实施。也就是说，《机场整备法》，正是为了制定保障飞机飞行安全和防止发生飞行事故的措施，确立航空运输业的良好秩序，调整伴随社会与经济发展以及国际交流的活跃而带来的不断增长的航空运输业的需求与供给关系，制定并实施与其他领域政策相互协调的航空行政政策等，才把行政上有关飞机及其运行、航空业者、航路、机场以及航空保安设施、航运事业甚或外国飞机等的广泛规制权限授予运输大臣，并通过运输大臣行使这些权限，作为与此相关的公共设施依据《航空法》的规定设置了公用机场。其中，私营或公营的公用机场，在法规上，由设置者个人、法人或地方公共团体来进行管理，而运输大臣的权限只停留于，是否准许机场的设置以及关闭或废止、是否认可管理规程的制定或变更以及行使其他行政上的监督权限等，以便把这些机场也纳入到国家的整体航空规划当中，能够加以适当的规制。与此相反，针对国际航线或者国内主要航线所需要的重要枢纽机场，法规则规定，由运输大臣亲自或通过依法设立的服从于运输大臣特别指示与监督的特殊法人"新东京国际机场公团"，作为国营或公团经营的机场来设置和管理，以保证其运营符合公共利益。这些规定，之所以因民营或国营而不同，无非是考虑到，上述重要枢纽机场的设置与管理，同国家的政治、外交、经济、文化等紧密相关，对国民生活影响巨大，因此非经全局性的国家综合决策考量，无法决定在哪些地区设置何种规模的机场、如何管理等。

如上所述，从机场国营化的宗旨亦即国营机场的性质来看，在有关本案机场的管理事项当中，至少应该说，诸如规制飞机起降等与本案机场的本来功能直接相关的事项，对其基于机场管理权的管理与基于航空行政权的规制，是由作为机场管理权人的运输大臣与作为航空行政权主管的运输大臣，依据不同的判断，分别且独立地实施的。可以说，两者处于不即不离的状态，只有依靠不可分割的一体式行使，才能避免相互之间产生矛盾和乖离，从而抹杀了把本案机场指定为国营机场的本意或者给本案机场的管理运营带来不良影响。

如上所述，应该讲，本案机场之所以能够供于飞机起降使用，是基于运输大臣所拥有的机场管理权与航空行政权的两种权限的不可分割的一体式行使的结果。因此，X 的请求，理所当然会不可避免地包含着要求对航空行政权的行使予以撤销、变更或者发动之意。正因如此，X 能否依据行政诉讼的方式提起何种请求姑且不论，至少应该说，那种主张作为通常民事上的请求可以向 Y 提出自己具有私法上的给付请求权的观点不成立。

表面上，本案是由居住在大阪国际机场周边的居民以国家为被告要求中止机场的夜间使用而提起的民事诉讼，但其实质在于，公共设施的设置与管理行为是否属于"公权力行使"、具有行政处分性？一般认为，公共设施的设置与管理，不属于公权力的行使行为，可以基于人格权等以民事诉讼的形式提起禁止诉讼。然而，最高法院认为，本案中止请求不合法，由此表明，今后针对国营机场无法再以民事诉讼来要求使用中止。

针对本案的上述判决，学说上几乎全部持批评态度，其问题点主要可以归纳为以下几点：第一，最高法院在指出营造物管理权的本质属于非权力性权能，有关本案国营机场的管理事项中，有些适合适用私法规制的同时，却以机场国营化的宗旨等为根据主张，与本案机场的本来功能直接相关的事项，是基于运输大臣所拥有的机场管理权与航空行政权的两种权限的不可分割的一体式行使的结果。可是，上述观点，与法治主义的要求，即行政机关行使公权力或者把特定的行政活动视为公权力的行使时需要"具体的法律根据"，并不相符。

第二，本案中，最高法院认为，X 的请求理所当然地包含着要求对航空行政权的行使予以撤销或变更等内容，因此，X 作为通常民事上的请求向 Y 提出私法上的给付请求权的主张不成立。可是，即便这种观点正确，本案中，由于 X 在与航空行政权行使的关系上，本应处于相对人以外的第三人的立场，因此，以上述观点来作为认定 X 不能以民事诉讼来要求本案机场中止使用的论据，显然不够明确。[1]

第三，本案中最高法院在主张民事诉讼不合法从而否定了以民事诉讼来提供救济的可能性的同时，却没有就原告 X 能够提起的行政诉讼的具体类型与要件作出说明。

4. 用途地域指定案[2]（1982 年）

原告 X 在岩手县一个被通称为"东见前地区"的地方经营医院，就在其欲扩大自己的医院规模之际，Y（岩手县知事）

---

〔1〕 深澤龍一郎「国営空港の供用差止め」『行政判例百選〔第 6 版〕』（有斐閣、2012 年）327 頁。

〔2〕 最高法院 1982 年 4 月 22 日判决（最判昭和 57 · 4 · 22），民集 36 卷 4 号 705 頁。

于 1973 年 5 月，根据《城市规划法》[1]第 8 条第 1 款的规定，决定将 X 所在的"东见前地区"指定为工业开发区域。X 认为，本案 Y 的决定，将造成医院等建筑物的建筑无法施工，其他建筑物也将在容积率、建筑面积等上受到限制，与上述基准不符的建筑物将无法获发建筑许可，最终将使自己无法扩建医院。此外，如果在医院附近允许大量建设工厂，其所经营的精神病院的周边环境势必遭到破坏。于是，X 以上述决定在程序上存在诸如没有召开公听会等瑕疵，以及 Y 将该地区指定为工业开发区域时在裁量上存在恣意为由，提起请求确认本案决定无效的抗告诉讼（无效确认诉讼）。与此同时，预备性地提起请求取消本案决定的撤销诉讼。一审、二审法院均以工业开发区域的指定，不相当于以个人为对象的具体行政处分为由，判定原告的诉求不合法，于是，X 上诉至最高法院。

最高法院判决要旨：

有关城市规划的工业开发区域指定的决定，依据《城市规划法》第 8 条第 1 款的规定，乃城市规划决定之一。该决定一经告示产生效力，在其对象区域内，建筑物的用途、容积率、建筑面积等将适用不同于此前的基准（《建筑基准法》第 48 条第 7 款、第 52 条第 1 款第 3 项、第 53 条第 1 款第 2 项等），与上述基准不符的建筑物，将无法获得建筑许可，进而最终无法施工（同法第 6 条第 4、5 款）。因此，该决定对其对象区域内的土地所有人等在建筑法上课予了新的规制，若仅就此而言，我们无法否认，该决定使当事人的法律状态产生了一定的变更。

---

[1]　都市計画法。

然而，这种效果，与制定以课予上述制约为内容的法令时所产生的效果相同，只不过是针对不特定多数者的一般性、抽象性的效果而已，不能够单纯地以产生如此效果就立即主张，其相当于对该区域内的个人产生具体权利侵害的行政处分，允许以抗告诉讼来抗争。

本案是医院经营者要求确认有关城市规划用途地域指定的决定无效等而提起的抗告诉讼。其焦点在于：由行政方所作的用途地域的指定在其决定阶段是否具有行政处分性？最高法院在本案中首次表明，该决定不具有行政处分性，无法成为抗告诉讼的对象。

在本案之前的下级法院判决中，关于用途地域指定的决定是否具有行政处分性，存在着赞成与反对两种意见。[1]在前者的赞成意见中，有的直接主张，基于《城市规划法》的用途地域指定，是对其对象区域内的所有权、租赁权等土地利用权的行使直接课予制约，因此具有行政处分性。还有的在承认——作为城市规划而实施的用途地域指定本身，并不是以特定个人为对象的行政处分，只是把一定范围内的某个区域指定为用于某种用途，在被指定的区域内拥有土地、建筑等的权利人与其他人相同，都会受到来自于《城市规划法》之外的相关法律的不利影响——的基础之上主张，这些权利人与在该区域内对土地、建筑等不拥有权利的普通第三人不同，他们的权利行使会因用途地域的指定而受到实际限制，因而用途地域的指定至少相对地具有行政处分性。而后者的反对意见，在判例中居于多

---

[1] 草薙真一「用途地域の指定」『行政判例百選〔第6版〕』（有斐閣、2012年）332-333頁。

数和主导地位，如本案一审、二审法院的判决那样，主张用途地域的指定，并没有直接给特定个人的权利利益带来影响，因此不相当于以个人为对象的具体行政处分。

本案中，最高法院就基于《城市规划法》的用途地域指定的决定首次表明，其不具有行政处分性，无法成为抗告诉讼的对象。其论据主要在于，用途地域的指定，与法律的制定行为相同，只具有一般性的、抽象性的效果，没有对当事人的权利义务产生具体影响。也就是说，系争的行政活动在其决定阶段尚未最终完结，不具有成熟性，不应该在用途地域指定这个节点上允许当事人主张行政活动的违法，而应该在其后的针对建筑确认（即建筑许可）所作的拒绝处分当中予以主张。可见，最高法院的基本出发点在于，行政计划、行政立法等，虽然也属于权力性行为，但当它作为中间性行为而在其后续行为当中预计会被更加具体化时，在中间性行为的阶段，由于纷争尚未成熟，不应该对其承认行政处分性。[1]

本案中，在认定行政处分性的有无上，可以说完全参照了"蓝图案"的判断模式。即，除了依照"垃圾焚烧场案"所确立的"基本公式"之外，还要求系争的行政活动必须具有成熟性。而本案用途地域指定的行政处分性之所以遭到否定，也与"蓝图案"相同，其主要原因，除了缺乏"基本公式"当中的法律效果性和直接具体性等要件之外，也在于本案最高法院主张，用途地域的指定在决定这个阶段，缺乏诉讼案件的成熟性。

然而，这种明知有关建筑许可的申请会因建筑物违法而被驳回，却强迫当事人硬着头皮去申请，然后允其在收到拒绝处

---

〔1〕　草薙真一「用途地域の指定」『行政判例百選〔第 6 版〕』（有斐閣、2012 年）333 頁。

分之后再提起撤销诉讼的观点，实在是有些无视现实流于形式了。因此，学界中出现了主张应该在用途地域的指定阶段承认纷争具有成熟性的见解。[1]有人甚至提议：以2004年修改《行政案件诉讼法》为契机，作为抗告诉讼的一种新形态，应该增设有关"行政立法与行政计划的违法确认诉讼"，而不是一味地扩大行政处分性的概念，过度倚重行政处分的撤销诉讼。[2]

5. 违章罚款通告案[3]（1982年）

原告X因违反停车规则而被警察拘捕并接受调查，在暂行缴纳了交通违章罚款之后被释放。其后，从被告Y（大阪府警察本部长）处收到交通违章罚款的缴纳通告，该通告具有将暂时缴纳视为正式缴纳的效果。由于X主张警察抓错人，即违反停车规则的是他人而非自己，遂提起抗告诉讼，请求撤销本案交通违章罚款的缴纳通告等。

最高法院判决要旨：

即便接到交通违章罚款的缴纳通告，也不意味着当事人会立即因通告而在法律上产生应缴纳罚款的义务。其法律效果只不过停留于：只要被通告人任意缴纳了交通违章罚款就可以避免公诉的提起。反之，刑事程序会以检察官提起公诉的形式开启，通告所说的违章事实存在与否将在刑事程序中予以审理。一般认为，《道路交通法》的出发点在于，当被通告人在其自

---

〔1〕 山村恒年「都市計画法 8 条 1 項 1 号の規定に基づく工業地域指定の決定と抗告訴訟の対象」民商法雑誌 88 巻 3 号 341-357 頁。

〔2〕 芝池義一「抗告訴訟の可能性」自治研究 80 巻 6 号 3 頁。

〔3〕 最高法院 1982 年 7 月 15 日判決（最判昭和 57・7・15），民集 36 巻 6 号 1169 頁。

主判断下选择了以缴纳罚款的形式来了结时，就不再允许当事人事后主张交通违章行为的不存在，争论通告本身的正当性，并以抗告诉讼的形式来推翻通告的法律效果了。如果当事人想提出如上所述的主张，应拒绝缴纳违章罚款，待到公诉被提起时，在随之启动的刑事程序中予以论争，请求法院加以裁断。

如果允许当事人提起抗告诉讼，那么将使本来预计应由刑事诉讼程序来审判的事项成为行政诉讼的审理对象，从而混淆了刑事诉讼程序与行政诉讼程序之间的关系，这无论如何都是《道路交通法》所没有预想得到的，也是不被允许的。

本案是一个请求撤销交通违章罚款的缴纳通告而提起的抗告诉讼。其焦点在于：交通违章罚款的缴纳通告是否具有行政处分性？

20 世纪五六十年代，随着家庭用车的快速普及，交通违章的现象也急剧增加。为了简易且迅速地处理大量发生的交通违章事件、减轻检察院以及法院的负担，日本于 1967 年在修改《道路交通法》时，导入了交通违章罚款的缴纳通告制度。[1] 具体而言，就是从违反《道路交通法》的诸多行为当中，选择出一些比较轻微的、定型的行为（如 10 公里~20 公里的超速、违停等），先将其视为违章行为，然后由警察本部长通告违章者缴纳定额罚款，而当违章者在其自主判断之下缴纳完罚款之后，

---

〔1〕　有关交通违章罚款的缴纳通告制度的概要及其问题点等，参见西津政信「行政上の義務違反に対する制裁」『行政法の争点』（有斐閣、2014 年）100 頁；木村琢磨「行政上の過料・反則金」『行政法の争点〔第 3 版〕』（有斐閣、2004 年）74 頁；来生新「課徴金・反則金・違反の公表」『行政法の争点』（有斐閣、1980 年）113 頁。

则不再对违章行为予以刑事追究（《道路交通法》第 127、128
条等）。这种制度的特点在于：以非刑罚的方式来处理犯罪行
为[1]，若当事人满足了行政上的要求就此了结，反之则转入正
式的刑事程序。

关于本案中的交通违章罚款的缴纳通告制度，立法当局以
及判例皆主张其性质属于"私了"。即，通过罚款通告与任意缴
纳罚款两个行为，国家与被通告人之间达成和解，从而免除处
罚。[2]而有关本案通告本身的法律性质以及是否可以成为抗告
诉讼的对象，学说上存在着以下两种相互对立的观点："处分
说"和"观念上的通知说"。[3]

"处分说"主张，《道路交通法》规定，当事人缴纳完罚款
时可以免除刑事追责，反过来讲，若不缴纳则追究刑事责任并
加以处罚。可见，通告具有命令缴纳罚款的性质。由于命令即
相当于行政处分，因此可以以抗告诉讼的形式进行论争。

与此相对，"观念上的通知说"则认为，《道路交通法》规
定，当事人缴纳完罚款时可以免除刑事追责，但并没有说若不
遵从通告就追究刑事责任。可见，通告只不过是把相当于违章
行为这一行政机关的判断通知给当事人而已，因此，这种观念
上的通知，无法成为抗告诉讼的对象。

本案中，一审法院基于"处分说"的立场，主张通告单方

---

〔1〕 因此，这种手法通常被称为"犯罪的非刑罚化处理"。

〔2〕 参见西津政信「行政上の義務違反に対する制裁」『行政法の争点』（有
斐閣、2014 年）100 頁。不过，小早川教授认为，这种制度，有违"刑事处罚的强
行性原理"（值得处罚的应该加以处罚），无异于国家通过收受金钱（罚款）来替违
章行为颁发免罪符。参见小早川光郎「通告処分の法律問題」租税法研究 5 号 51、
53 頁。

〔3〕 古城誠「反則金の通告」『行政判例百選〔第 6 版〕』（有斐閣、2012
年）350-351 頁。

面地使当事人产生了缴纳交通违章罚款的义务，因此可以成为抗告诉讼的对象，而二审法院则予以全面否定。从本案判决的要旨来看，即本案通告并不意味着当事人在法律上产生应该缴纳罚款的义务，当事人一旦选择了缴纳罚款就不再允许事后主张交通违章行为的不存在和以抗告诉讼来推翻通告的法律效果，若对通告有异议可待公诉被提起之后在刑事诉讼程序中予以论争等，可见，最高法院是站在"观念上的通知说"的立场上的。而通告的行政处分性之所以遭到否定，以"垃圾焚烧场案"所确立的"基本公式"来看，主要是由于其不具有法律效果性，没有使当事人发生缴纳罚款的义务。

　　从前学说曾经主张，之所以没有必要承认通告具有行政处分性，主要是基于以下的考量：其一，是否依照通告行事，乃当事人的自由，当事人法律上的地位不会因通告而受到任何积极的影响；其二，至于是否存在违章事实，完全可以在接下来预定的刑事诉讼当中据理力争，而不必以通告为对象提起抗告诉讼。考虑到《道路交通法》并没有预设以抗告诉讼来抗争交通违章罚款的缴纳通告，以及依通告缴纳完罚款之后若允许当事人再提起抗告诉讼，则难以实现事件处理的简易迅速性、减轻检察院与法院的负担等制度初衷，应该承认，这种主张也颇具说服力。然而，问题是，在如本案的交通违章罚款制度中，尽管现行法上不存在有关交通违章罚款的强制征收规定，交与不交完全取决于当事人的任意，但当事人接获罚款通告后，一般都会因慑于刑事诉讼而选择缴纳罚款了事。也就是说，该通告事实上具有威慑力。可是，尽管该制度拥有如上所述的强制力，事实上发挥着行政制裁的作用，但当事人在面对交通违章罚款的缴纳通告时，作为其事先程序，在法律上却没有被赋予为自己进行辩护的机会。而且，即便在事后，作为争讼的手段，正如我们在本案最高法院判决中所看到的那样，判例也不承认通告具有行政处分性，不允许以抗告诉讼的形式来论争，反倒主张，若认为通告违法，可以先拒绝缴纳罚款，然后待公诉被提起后再在刑事诉讼当中来主张自己的正当性。可见，当事人的正当权益在事先以及事后都没有受到充分的保障，而这，正是交通违章罚款缴纳通告制度最大的问题所在。[1]

6. 海关关长通知案[2]（1984 年）

原告 X 欲通过邮局进口外国的 8 毫米电影、书籍等，于是向国外商社订购了上述物品。当这些物品作为国际邮包被邮送到札幌中央邮局时，海关职员检查后认定，这些物品属于《关税固定比率法》[3]第 21 条第 1 款第 3 项所规定的违禁品（有碍风化的书籍、图画、雕刻以及其他物品），于是札幌海关分署长根据该法第 21 条第 3 款的规定，将上述认定结果通知给 X。接到通知后，X 依据该法第 21 条第 4 款的规定，向札幌海关分署

---

〔1〕 西津政信「行政上の義務違反に対する制裁」『行政法の争点』（有斐閣、2014 年）100 頁。依笔者看来，造成当事人的权利利益在事先以及事后都无法受到保障这一局面的根本原因，恰恰存在于交通违章罚款通告制度的设计本身。即，在现行《道路交通法》上，交通违章行为被定位为"犯罪"，而既然是犯罪当然应以刑罚论处。可是，考虑到每天都会大量发生又不得不做变通处理。其结果，当事人要么缴纳罚款息事宁人，要么硬着头皮等着挨告。由于通告本身的行政处分性遭到司法机关的否定，这也意味着当事人无法就通告提起行政复议和行政诉讼，若有不服只能等待刑事诉讼被提起之后再据理力争。若想彻底改变这种被动局面，在理论上，或许去犯罪化处理是条捷径。即，不再把违章行为视为"犯罪"，而是把它定位为扰乱行政秩序的行为等，对其采取行政上的措施。如此一来，若当事人不服就有可能提起行政复议和行政诉讼了。

〔2〕 最高法院 1984 年 12 月 12 日判决（最判昭和 59・12・12），民集 38 卷 12 号 1308 頁。

〔3〕 関税定率法。

的上级机关被告 Y（函馆海关关长）申请复议但遭驳回。X 认为，海关检查相当于受宪法所禁止的对报纸、出版物等的事先审查，违反了《日本国宪法》第 21 条第 2 款的规定，遂提起抗告诉讼请求撤销本案通知等。

最高法院判决要旨：

在实际的通关手续中，针对《关税固定比率法》第 21 条第 1 款所定的违禁品的处理，已经确立了如下所示的固定模式：对于属于第 1、2、4 项的物品，可以命令没收、废弃或者退运，而对于第 3 项的物品，当有相当理由可以认定为违禁品时，可通知当事人。不过，在进口程序上，针对第 1、2、4 项的物品，在对进口申告不核发许可之后，针对第 3 项的物品，在向当事人发出通知之后，均不再另行实施不许可处分。

该法第 21 条第 3 款的通知，是海关关长首次正式对外公开表示不允许进口某一货物，而且，此后不再实施不许可处分。在这个意义上讲，应该说，行政机关所表明的对进口申报的拒绝态度无异于最终拒绝。同样，对于没有附带进口申报以及许可程序的邮递物品的进口，该款的通知也代表着行政机关的最终拒绝。另外，实际上该款的通知一经作出，进口申报人则无法将一般货物从保税区取出，而对于邮寄物品而言，邮政机关则不会投递，收件人也无法自行去邮局签收。

综上所述，从通关手续的实际运作情况来看，可以说，海关关长的通知，实际上具有拒绝处分（不许可处分）的效果。因此，本案通知，相当于抗告诉讼对象的行政处分。

本案是一个请求撤销违禁品通知而提起的抗告诉讼。其焦点在于：由海关关长所作的违禁品通知是否具有行政处分性、能否成为抗告诉讼的对象？

　　海关有关违禁品的检查，依据《关税固定比率法》的规定，其运作机制与具体操作方式大致如下：当有人想从国外进口货物时，必须向海关关长申报，经过必要的检查获得许可之后方可具体实施（第 67 条）。若检查的结果证明不属于违禁品，申报人在缴纳完关税之后即可进口。擅自进口违禁品抑或非经许可输入货物等行为，将受到处罚（第 109、111 条）。本案当时的《关税固定比率法》第 21 条第 1 款，将"鸦片以及其他麻药""假币"等界定为违禁品，并在该款第 3 项中，作为违禁品明确列举了"有碍风化的书籍、图画、雕刻以及其他物品"等。起初，第 3 项与其他各项的规定相同，一经发现便可由海关关长采取没收、废弃、退运等措施，但后来，由于考虑到宪法上所保障的表达自由可能会因此而受到限制，于是在 1961 年修改《关税固定比率法》时改为当海关关长针对某一物品，有相当的理由足以认定为违禁品时应向当事人通知，而当事人不服该通知时，可申请行政复议（第 21 条第 3、4 款）。

　　另外，与一般的货物进口不同，当通过邮局以国际邮包的形式进口时，该法规定无须进口申报、许可等程序，而只对非书信类邮包实施开封检查，若发现违禁品时，在通知与行政复议等程序处理上，与一般进口货物相同。实务中，由于相当于违禁品的通知一经作出，在法律上当然就无法进口了，因此，一般认为，不需要再另行作出禁止进口的行政处分。

　　关于海关关长的通知有无行政处分性的问题，学界存在两种观点："事实行为说"和"不许可处分说"。"事实行为说"认为，通知作为一种观念上的概念，并不产生禁止或不许可进口的效果，只不过是向当事人通知相当于违禁品这一行政判断的结果，并要求当事人自发地进行妥善处理罢了。这种观点被实务界所广泛接受。

与此相对，"不许可处分说"主张，尽管法律区别对待形式上的通知与不许可处分，但是，由于通知一经作出，当事人就无法获得进口许可，因此在实质上，它具有拒绝处分或者不许可处分的效果。

本判决强调，通知是行政机关首次正式对外公开表示禁止货物的进口，而且此后实务上也不再另行实施不许可处分，行政机关在这个阶段所表明的拒绝无异于最终拒绝，因此，本案通知实质上相当于拒绝处分，从而肯定了通知的行政处分性。从最高法院重视通知的法律效果以及终局性这一手法来看，本案并没有就认定行政处分性的有无采用新的判断基准，而是依旧采用了此前最高法院在"垃圾焚烧场案"中所确立的"基本公式"。[1]

7. 厚木基地案[2]（1993 年）

位于神奈川县东部住宅区的厚木基地（厚木海军机场），是海上自卫队与美军共同使用的航空基地。自 1971 年机场管制业务和着陆诱导管制业务被移交到海上自卫队的管制部队以来，美军飞机也同样需要接受该部队的管制。原告 X（机场周边居民）认为，自己的安全因受到来自海上自卫队飞机和以航母中途岛号舰载机为主的美军军机所带来的噪音、振动、排气以及飞机与物品的坠落等影响，而经常处于非常危险的境地，遂

〔1〕　川内劦「輸入禁制品該当の通知」『行政判例百選〔第 6 版〕』（有斐閣、2012 年）345 頁。

〔2〕　最高法院 1993 年 2 月 25 日判决（最判平成 5・2・25），民集 47 卷 2 号 643 頁。須藤陽子「航空基地の供用差止め」『行政判例百選〔第 6 版〕』（有斐閣、2012 年）328 頁。

以机场的设置与管理者 Y（防卫大臣）为被告提起了民事诉讼。依据环境权和人格权，要求中止海上自卫队飞机以及美军军机在每日深夜时间段（午后 8 点到翌日午前 8 点）的起降，同时管控其他时间段的噪音水准等。

最高法院判决要旨：

根据《自卫队法》的规定（第 8 条、第 107 条第 5 款等），为了保障自卫队圆满完成自己所肩负的国防等任务，保障自卫队飞机的飞行安全以及预防飞行事故的发生等，防卫厅长官具有对自卫队飞机的运行加以统筹管理以及在必要时予以一定限制的权限。自卫队飞机的安全飞行，正是在防卫厅长官的上述权限之下得以实现的。当然，自卫队飞机的飞行，在其性质上必然会产生噪音等，防卫厅长官在行使其权限时，应该在考虑到噪音会给周边居民带来影响的同时对自卫队的飞机运行加以适当的规制和统筹管理。但是，我们必须承认，伴随自卫队飞机飞行而产生的噪音等，将不可避免地给机场周边带来影响，防卫厅长官有关自卫队飞机运行的权限行使，也对周边居民课予了忍受随飞行而必然产生的噪音等义务。因此，应该讲，该权限的行使，在同受噪音等影响的周边居民的关系上，相当于公权力行使的行为。

X 的有关要求自卫队飞机中止飞行的请求，是作为民事上的请求，要求 Y 中止自卫队飞机于本案机场在一定时间段（每日午后 8 点到翌日午前 8 点）的起降以及在其他时间段（每日午前 8 点到当日午后 8 点）对飞机噪音予以控制。但是，如上所述，必须承认，这种请求必然地包含着对防卫厅长官所肩负的有关自卫队飞机运行权限的行使予以撤销、变更或者发动之意，因此，能否依据行政诉讼的方式提起何种请求姑且不论，应该说 X 的请求不合法。

与本案机场相关的 Y 与美军的法律关系，是基于条约的关系。除非条约或基于条约的国内法令有特别规定，否则 Y 无法对美军在本案机场的管理运营权限予以制约并限制其活动，而有关条约以及国内法令中并不存在上述特别规定。X 有关中止美军飞机起降的要求，等于是向不受 Y 支配的第三人行为提出的中止要求，因此，本案有关美军飞机的中止请求，其主张本身有失正当。

与"大阪国际机场案"相比，在被请求中止的对象为自卫队飞机运行这一点上两者有别，但在以民事诉讼要求中止飞行这点上两者相同。同时，与"大阪国际机场案"相似，表面上本案为机场周边居民请求中止飞行的民事诉讼，但其焦点却在于防卫厅长官有关自卫队等飞机运行的管理与管制行为是否相当于"公权力行使"、具有行政处分性？

在"大阪国际机场案"中，最高法院主张，机场之所以能够供于飞机起降使用，是非权力性的机场管理权与权力性的航空行政权（即以公权力的行使为本质内容的航空行政上的权限）等两种权限的不可分割的一体式行使的结果。以民事诉讼来要求中止起降，由于不可避免地包含着要求变更、撤销或者发动航空行政权的行使，因此不合法。

本案中，最高法院并没有采用广受诟病的"机场管理权"与"航空行政权"的"不可分割的一体式行使"那种逻辑，也没有言及机场供于使用行为的法律性质，而是在同周边居民的关系中，找出认定防卫厅长官有关自卫队飞机运行的权限行使

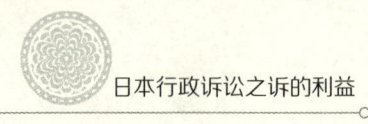

的突破口，在这些点上有其独自特色。[1]

　　然而本判决，却存在着以下的若干疑点：首先，由于在与周边居民的关系上，把防卫厅长官有关自卫队飞机运行的权限行使视为"相当于公权力行使的行为"，并判定以民事诉讼来请求中止不合法。这种逻辑，难免使人产生为关闭司法救济大门而故意操弄"公权力行使"概念之疑，从而遭到学界的强烈批评。

　　其次，本案中，周边居民被课予的忍受噪音这一义务的法律根据，并不明确。本判决，以《自卫队法》第8条为根据，认定防卫厅长官具有统筹管理自卫队飞机运行的权限，并以该条要求必须制定有关确保飞行安全的各种基准，该法第107条第5款所定的必须采取必要措施以预防飞机灾害的发生以及确保公共安全等为论据，导引出防卫厅长官具有保障飞行安全以及预防飞行事故发生的权限。然而，《自卫队法》第8条属于内部性规定，而第107条第5款则是对防卫厅长官所肩负的责任与义务（预防灾害、确保公共安全）所作的规定。即便可以依据第107条第5款主张防卫厅长官也肩负着对周边环境予以考虑的义务，但无法从这种一般性的抽象性的责任义务规定当中导引出个别且具体的权力性作用。因此，上述条款，都无法成为周边居民被课予了忍受噪音这一义务的法定根据。

　　再次，作为局外人的居民，无法探知自卫队内部的命令发布情况。针对既无法对外表示又无从从外部知晓的事项，承认外部法律效果并要求外部对其予以忍受，是否可行？非常值得怀疑。

---

〔1〕　須藤陽子「航空基地の供用差止め」『行政判例百選〔第6版〕』（有斐閣、2012年）328-329頁。

最后，本案中最高法院在主张民事诉讼不合法，否定了以民事诉讼来提供救济的同时，却没有就能够提起的行政诉讼的类型与要件作出具体说明，同"大阪国际机场案"一样，只停留于"能否依据行政诉讼的方式提起何种请求姑且不论"的境地。[1]

（二）2004年《行政案件诉讼法》修改前后的判例

接下来，以2004年修法前后的若干最高法院判例为素材，让我们看一看，在行政处分性的认定基准上到底有没有变化、有何变化？

1. 道路指定案[2]（2002年）

被告Y（奈良县知事）于1962年对外告示，把某区域内宽度从1.8米到4米的小径，一律指定为《建筑基准法》第42条第2款所定的道路（以下简称为"第2款道路"[3]）。由于原告X所拥有的通道恰巧位于这个区域，于是向建筑部门（建筑主事）确认是否属于"第2款道路"，在得到肯定的答复之后提起抗告诉讼，主体上要求确认该建筑主事以自家通道属于"第2款道路"为内容的回答无效，与此同时，预备性地要求确认本案"第2款道路"的指定不存在。

---

〔1〕　须藤阳子「航空基地の供用差止め」『行政判例百選〔第6版〕』（有斐阁、2012年）329页。针对本案判决，学界基本持批评态度，详情请参见宇贺克也『行政法概説Ⅱ行政救済法〔第5版〕』（有斐阁、2015年）187-188页。

〔2〕　最高法院2002年1月17日判决（最判平成14·1·17），民集56卷1号1页。

〔3〕　1950年施行的《建筑基准法》所说的"道路"，依据该法第42条第1款的规定，一般是指幅宽4米以上的道路。但由于该法制定之前即已形成的市街中存在很多未满4米的小径，为此，该法第42条第2款特别规定，该法施行之前业已存在的道路即便幅宽未满4米，也可经由都道府县知事或市长等指定之后视为《建筑基准》上的"道路"，这种道路被称为"第2款道路"，俗称"准道路（みなし道路）"。

最高法院判决要旨：

本案告示，将宽度从 1.8 米到 4 米的小径，一律指定为第 2 款道路，由此在适用《建筑基准法》第 3 章的规定这一点上，将使那些布满建筑物但宽度在 4 米以内的道路当中，与本案告示所定的 1.8 米以上这一条件相符的所有道路，都被指定为第 2 款道路，使相关道路产生被指定的效果。本案二审法院强调，本案告示，不是针对特定的土地个别且具体地指定第 2 款道路，因此不会因告示本身而立即产生对私权的限制效果。然而，如果说其宗旨在于强调，在实施告示的节点上，并没有产生第 2 款道路的指定效果，那么无异于是说，即便道路与本案告示所定的条件相符，但除非经过个别指定的方式指定，否则无法成为经特定行政机关指定的第 2 款道路。显然，这种见解不正确。

既然本案告示带有指定第 2 款道路的效果，那么，这种指定效果所波及的每一条道路都将成为第 2 款道路，其用地所有者的具体私权将会受到限制。譬如，不得随意在道路内施工（《建筑基准法》第 44 条）、不得随意变更或废止私道（同法第 45 条）等。因此，特定行政机关对第 2 款道路的指定，即便是以一揽子的方式进行，也会作为其本来效果对个别土地的私权产生限制，对个人的权利义务产生直接影响。

正因如此，采用如本案的一揽子方式来对第 2 款道路所作的指定，也相当于抗告诉讼对象的行政处分。

本案是因请求确认基于《建筑基准法》第 42 条第 2 款的道路指定无效而提起的抗告诉讼。其焦点在于：采用一揽子方式所作的道路指定是否具有行政处分性、成为抗告诉讼的对象？

有关第 2 款道路指定的行政处分性问题，当个别指定时，由于因指定会给私权带来建筑限制等制约，因此其行政处分性一般会受到认可。但当采取一揽子指定的方式时，由于缺乏指定对象的特定性，在下级法院的判决中意见并不一致。本案作为最高法院的判决，首次肯定了一揽子指定的行政处分性。

第 2 款道路的一揽子指定，由于不具有特定的相对人，属于典型的一般性处分。本案最高法院主张，本案的指定，针对所有与告示所宣告的条件相符的道路都产生了指定的效果，即便是以一揽子的方式进行，也会作为其本来效果对个别土地的私权产生限制，对个人的权利义务产生直接影响，从而肯定了一揽子指定的行政处分性。[1]

可见，即便是一般性处分，但当特定个人的权利义务因此而直接受到影响时，其行政处分性依然可能受到认可。从本案的上述判断框架尤其是强调指定给当事人所带来的法律效果来看，可以说依然遵照了"垃圾焚烧场案"以来的"基本公式"。[2]

2. 就学补助案[3]（2003 年）

基于《工伤补偿保险法》[4]的规定领取遗属补偿年金的原告 X，于 1993 年 6 月，为支持当时正在东京某都立高中上学的孩子 A 完成学业，依据该法第 23 条第 1 款第 2 项以及有关文件

---

〔1〕　但也有学者指出，本案最高法院并没有就一揽子指定为何会产生与个别指定相同的法律效果作出说明。参见洞澤秀雄「建築基準法 42 条 2 項の道路指定」『行政判例百選〔第 6 版〕』（有斐閣、2012 年）335 頁。

〔2〕　大久保規子「処分性をめぐる最高裁判例の展開」ジュリスト 1310 号 20 頁。

〔3〕　最高法院 2003 年 9 月 4 日判决（最判平成 15・9・4），判时 1841 号 89 頁。

〔4〕　労働者災害補償保険法。

等的规定，向被告 Y（中央劳动基准监督署署长）提交了领取就学补助的申请书。Y 经审查后作出给付补助的决定并正式开始支付补助金。1994 年 4 月，由于 A 升入到相当于高等专科学校的其他都立学校，为了继续领取补助，X 向 Y 提交了"工伤补偿保险就学等补助领取者定期报告书"，Y 收到报告书后，作出就学补助的给付决定。可是后来，由于 A 于 1996 年升入某国外大学，于是 Y 以该国外大学"不相当于《学校教育法》第 1 条所定的学校等"为由，于同年 8 月 9 日，作出中止给付就学补助的决定并通知给 X。X 认为，本案的中止给付就学补助决定相当于《行政案件诉讼法》第 3 条第 2 款所说的处分，遂提起请求撤销该决定的抗告诉讼。

最高法院判决要旨：

《工伤补偿保险法》第 23 条第 1 款第 2 项规定，为了扶助受害职工及其家属，作为劳动福利事业之一，政府可以以提供就学援助等形式向遗属等实施必要的支援。根据上述规定，作为劳动部部令的《〈工伤补偿保险法〉实施细则》第 1 条第 3 款进一步明确，由工作单位所在地的劳动基准监督署署长来具体负责工伤补偿保险的就学补助等业务。同时，在劳动部下发的"关于工伤补偿保险就学补助的给付通知"中，除了阐明该项就学补助属于《工伤补偿保险法》第 23 条第 1 款第 2 项作为劳动福利事业而特设的制度之外，还在附带下发的"工伤补偿保险就学等补助给付纲要"中，就该项就学补助的给付对象、给付金额、给付期间、失格事由、给付手续等作出规定，并要求对于符合条件者必须给付所定金额的就学补助。当有人欲领取工伤补偿保险的就学补助时，必须向管辖工伤单位所在地的劳动基准监督署署长提交"工伤补偿保险就学等补助申请书",而该署长接到申请书后,必须作出给付或不给付的决定,并通知申请人。

基于作为工伤补偿保险的就学补助制度具有如上所述的特点,应该说,《工伤补偿保险法》的宗旨在于,当职工在工作中发生工伤等损害时,为了弥补基于该法第3章所实施的保险给付的不足,政府可以作为劳动福利事业之一,采取与保险给付相同的手续,向受害职工及其家属给付工伤补偿保险的就学补助等。如上所述,当受害职工及其家属符合给付要件时就被赋予了可以领取法定金额的就学补助这一抽象地位。但是,必须承认,为了具体获得补助,受害职工及其家属,需要向劳动基准监督署署长提出申请,并就是否具备法定给付要件接受审查,经劳动基准监督署署长的给付决定之后,才开始正式获得该项就学补助的给付申请权。可见,劳动基准监督署署长,就给付或不给付该项就学补助所作的决定,是基于来自法律的优越地位单方面所实施的公权力行使行为,具有给受害职工及其家属的上述权利直接带来影响的法律效果,因此,可以将其解释为,相当于抗告诉讼对象的行政处分。

本案中,原告申请工伤补偿保险的就学补助遭到拒绝,在收到行政机关的中止给付补助决定之后,请求法院对其予以撤销。其焦点在于:就学补助的中止给付决定是否具有行政处分性、成为抗告诉讼的对象?

在"垃圾焚烧场案"中,最高法院主张,所谓"行政机关的处分,并不是指行政机关基于法令所实施的行为的全部,而是指,在作为公权力主体的国家和公共团体所实施的行为当中,那些受到法律承认、可以直接形成国民的权利义务以及确定其范围的行为"。从本案判决所作的，"劳动基准监督署署长，就给付或不给付该项就学补助所作的决定，是基于来自法律的优越地位单方面所实施的公权力行使行为，具有给受害职工及其家属的上述权利直接带来影响的法律效果"，即强调本案中止给付决定具有公权力性、直接具体性、法律效果性这一判断来看，应该讲，其判断框架与"垃圾焚烧场案"所确立的"基本公式"一脉相承。[1]

通常，判断某一法律具有何种宗旨，是以该法律本身为出发点来加以判断的。而本案的独特之处在于，最高法院采取了"倒算"[2]的方式，即先以行政的内部通知（劳动部下发的"关于工伤补偿保险就学补助的给付通知"）为依据，来认定该项就学补助的机理，然后从中导引出，与保险给付采取同样手续的就学补助，也是《工伤补偿保险法》的宗旨所在这一结论。[3]

对于本案所采用的这种"倒算"手法，即不以法律而是以下位的行政机关内部通知为出发点来反推和解释法律宗旨并认定行政处分性之有无，学界不乏批评和担忧之声。[4]但是，若从保障救济的实效性这个角度来看，笔者认为，反倒应该对最

---

〔1〕 塩野宏『行政法概念の諸相』（有斐閣、2011 年）315–316 頁。

〔2〕 塩野宏『行政法概念の諸相』（有斐閣、2011 年）316 頁。

〔3〕 太田匡彦「労災就学援護費の支給に関する決定」『行政判例百選〔第 6 版〕』（有斐閣、2012 年）341 頁。

〔4〕 譬如，有学者批评本案在认定行政处分性之际，论据和论证过于笼统、草率，参见太田匡彦「労災就学援護費の支給に関する決定」『行政判例百選〔第 6 版〕』（有斐閣、2012 年）341 頁。也有学者担心，如果单凭行政机关的内部通知来认定行政处分性，似乎也意味着公权力的行使可以依据行政机关的内部规范，从依法律行政的原理来看恐怕不得不画个问号，参见山本隆司「行政処分性（1）」法学教室 331 号 113 頁。

高法院在本案中所显现出的柔软身段和灵活姿态予以积极评价。正如一位学者所指出的那样，本案中，最高法院除了《工伤补偿保险法》《〈工伤补偿保险法〉实施细则》外，还通过对包括行政的内部通知等在内的制度结构以及法规的宗旨、目的等进行综合分析之后，才导引出中止给付决定具有行政处分性这一结论。可见，本案在维持"基本公式"的同时，通过对公权力性和法律效果性要件加以灵活解释，实质上起到了扩大行政处分性的效果。[1]

3. 富山行政指导案[2]（2005 年）

原告 X 为开设医院向 Y（富山县知事）申请许可。Y 认为，该县"地区医疗规划"所定的"需确保病床数"已经达到既定目标，于是基于《医疗法》第 30 条之七的规定，提出以中止医院开设为内容的劝告。由于 X 拒绝接受该劝告，Y 在不得不许可 X 开设医院的同时，通告如下：一旦医院建成开业，将拒绝将其指定为医疗保险适用机关。X 不服，遂提起请求撤销本案劝告以及通告的抗告诉讼。

最高法院判决要旨：

基于《医疗法》第 30 条之七的医院开设中止劝告，是作为行政指导而设置的规定，在《医疗法》上是否遵从该劝告内容取决于被劝告人的任意。然而，若被劝告人不服从劝告，后果很可能就是，即便成功开设了医院，但无法获得医疗保险适用

---

〔1〕　大久保规子「処分性をめぐる最高裁判例の展開」ジュリスト1310 号 21 頁；周作彩「処分性の拡大と行政行為概念の今日的存在意義」法学教室 401 号 31 頁。

〔2〕　最高法院 2005 年 7 月 15 日判决（最判平成 17・7・15），民集 59 卷 6 号 1661 頁。

机关的指定。

在采用所谓全民皆保险制度的国家，几乎任何人都是利用健康保险或国民健康保险等到医疗机构就医。众所周知，几乎不存在不受医疗保险适用机关的指定而开展诊疗行为的医院。换言之，当无法被指定为医疗保险适用机关时，实际上也就不得不放弃医院开设本身。

从基于《医疗法》第 30 条之七的医院开设中止劝告给医疗保险适用机关指定所带来的影响，以及医疗保险适用机关的指定对医院经营所具有的意义来看，将本案劝告视为相当于《行政案件诉讼法》第 3 条第 2 款所说的"行政机关的处分以及其他相当于公权力行使的行为"，是正当的。

本案是原告请求撤销基于《医疗法》第 30 条之七的医院开设中止劝告等而提起的撤销诉讼。其焦点在于：医院开设中止劝告亦即行政指导是否具有行政处分性、可否对其提起抗告诉讼？

《医疗法》第 7 条第 1 款规定，若有人想开设医院时，必须事先经过开设地所在的都道府县的知事许可。与此同时，该法第 7 条第 4 款规定，当第 21、23 条所定的结构设备、人员配备等要件获得满足时，必须核发许可。同时，该法第 30 条之七规定，当确有必要（如，病床数已满足了需求等）时，知事在听取都道府县医疗审议会的意见之后，可就医院的开设实施（中止）劝告。不过，在实务中，即便基于《医疗法》第 30 条之七的劝告已经实施，也不对核发开设许可本身构成影响，正如本案所显示的那样，只要满足法定要件，无视劝告强行开设医院也是可行的。但是，在这种情况下，很可能会被拒绝指定为医疗保险的适用机关。[1]

本案中，X 若想最后成功开设并经营医院，以行政机关和当事人的两个平行角度来看，需要经过以下的几个步骤：第一步，制定地区医疗规划（行政机关），提出开设医院的申请（当事人）。第二步，实施（中止）劝告（行政机关），拒绝劝告并申请开设许可（当事人）。第三步，许可开设医院（行政机关），开建医院并申请医疗保险适用机关的指定（当事人）。第四步，拒绝指定（行政机关），以非医疗保险适用机关的身份强行开诊（当事人）。[2]

可是，正如本案判决所指摘的那样，在一个全民皆保险的国度，未经医疗保险适用机关指定下的医院经营近乎天方夜谭，上述路径对于 X 而言，仅剩下理论上的可能性而不具现实意义。因此，这里就提起了如下的一个疑问：到底应该在哪个阶段允许 X 提起行政诉讼以确保其正当的权利利益？在最后的第四阶段，即在 X 的申请遭到行政机关拒绝时，由于这种拒绝属于典型的行政处分，因此当然可以就其提起撤销诉讼。也就是说，在这个阶段行政处分性本身不存在任何疑问。然而，若等到这个阶段才向 X 提供司法救济，从保障当事人的正当权益以及司法救济的实效性这个角度来看，是否合适？[3]

---

　　〔1〕　这是因为，当时的《健康保险法》第 43 条之三第 2、3 款规定，当知事认为申请人不适宜作为保险医疗机构时，经向"地方社会保险医疗协议会"咨询之后，可以拒绝指定。而在当时的行政机关的内部通知中，明确写明了"不服从劝告"为拒绝事由之一。另外，1998 年修改《健康保险法》时，"不服从劝告"被列为法定拒绝事由（第 43 条之三第 4 款第 2 项）。

　　〔2〕　角松生史「病院開設中止勧告」『行政判例百選〔第 6 版〕』（有斐閣、2012 年）347 頁。

　　〔3〕　等到这个阶段才允许提起撤销诉讼，若当事人败诉，由于无法获得医疗保险适用机关的指定，只能要么硬着头皮经营下去要么选择放弃（选择前者面临着

本案中，最高法院考虑到，其一，尽管中止劝告属于行政指导，但根据当时《医疗法》《健康保险法》等法规的规定以及实际的制度运用情况来看，如不服从劝告，几乎可以断定无法获得医疗保险适用机关的指定；其二，前述指定，在一个全民皆保险的国度，往往决定着医疗设施的生死，医院无法在未经指定的前提下维持经营。因此主张，应该在第二阶段亦即劝告阶段提供救济，从而承认了行政指导具有行政处分性。从救济的时机以及实效性的角度来看，应该受到肯定。

然而本案中，最高法院虽然也主张应该对行政处分性加以综合判断，但是针对法律效果性的有无，却没有作出明确说明。从这个意义上来讲，或许也可以把本案视为，为了灵活解释行政处分性而没有套用"基本公式"的一个例外，由此可见，最高法院对行政处分性予以扩大解释的倾向愈发显明。[1]

4. 供水条例案[2]（2006 年）

山梨县高根町曾经建有很多别墅，自从 1988 年《高根町简易自来水供水条例》[3]实施以来，一直对没在当地落户的别墅所有人收取相对较高的水费。1998 年该条例修改，进一步提高水费，规定自来水管直径 13 毫米的用户水费由 3000 日元调整至 5000 日元，而对其他用户则由 1300 日元调整为 1400 日元。由于

如何维持经营的问题，选择后者则存在如何处理前期投入的问题）。而即便胜诉，由于日本的审判非常耗时，在判决正式确定之前，还是处于同样的窘地。因此，无论当事人胜诉与否，恐怕都会遭受相当大的经济损失。

〔1〕 大久保规子「処分性をめぐる最高裁判例の展開」ジュリスト1310 号 23 頁；塩野宏『行政法Ⅱ（行政救済法）〔第 5 版·補訂版〕』（有斐閣、2013 年）113-114 頁。

〔2〕 最高法院 2006 年 7 月 14 日判决（最判平成 18·7·14），民集 60 卷 6 号 2369 頁。

〔3〕 高根町簡易水道事業給水条例。

不在当地落户的别墅所有人的水管直径大多为 13 毫米，因此，别墅所有人与当地居民之间，在水费的负担金额上出现了很大的差异。

对此，原告 X（别墅所有人）认为，新条例有关水费的规定，与当地居民相比，对别墅所有人采取了不正当的歧视态度，使自己处于非常不利的地位。此举有悖于《日本国宪法》第 14 条第 1 款、《水道法》第 14 条第 4 款第 1 项以及第 4 项、《地方公营企业法》第 21 条第 2 款的规定，遂提起请求确认本案条例无效的抗告诉讼。

最高法院判决要旨：

X 等请求确认本案条例无效的诉求，是以本案条例的制定行为相当于作为抗告诉讼对象的行政处分为前提，作为《行政案件诉讼法》第 3 条第 4 款的"无效等确认诉讼"而提起的。然而，能够成为抗告诉讼对象的行政处分，一般是指行政机关的处分以及其他相当于公权力行使的行为。本案修改后的条例，针对旧高根町所经营的简易自来水水费的一般性调整，原本就不是只以特定人士为对象而实施的。由于我们无法在性质上把本案条例的制定行为，与行政机关作为法律的执行而实施的行政处分等同视之，因此应该说，其不相当于抗告诉讼对象的行政处分。

本案是别墅所有人要求确认针对自己的水费上涨条例无效而提起的抗告诉讼。其焦点在于：作为地方公共团体立法机关的议会所制定的条例是否具有行政处分性、可否对其提起抗告诉讼？

有关条例的行政处分性，学说上存在着两种观点：一种主张由于其属于立法行为，因此不具有行政处分性（否定说）。一般认为，法律、法规命令以及地方公共团体的条例、规则等，尽管面对国民也具有法的拘束力，但却难以成为抗告诉讼的对象。这是因为，其一，法规的制定，通常属于抽象性的规范订立行为，只有在后续作为其执行的行政处分当中才能够对特定人士的权利义务产生具体影响。其二，由于无法将基于议会立法作用的法规制定行为视为"行政机关"的行为，因而，当然也不应该对其承认行政处分性。

而另一种意见认为，没有必要一律否定，看条件，有时也可以考虑对其承认行政处分性（有限肯定说）。

最高法院在先于本案的"千代田区小学废校案"[1]中，针对以"废止 14 所区立小学、重新设立 8 所区立小学"为内容的条例，曾经主张，该条例只不过是一般性的规范而已，儿童家长不具有让其子女在特定的区立小学接受教育的权利或法律上的利益，从而否定了条例的行政处分性。本案中，从最高法院强调，本案条例"原本就不是只以特定人士为对象"来看，应该说，最高法院的判决逻辑是一致的。即，两案都是站在否定说的立场上，依照从前的"基本公式"强调，条例的制定属于抽象性的规范订立行为，并不对特定人士的权利义务产生具体影响。

5. 事业规划案[2]（2008 年）

被告 Y（浜松市），作为远州铁路连接新浜松站到西鹿岛站的西鹿岛线连续立体交叉化工程的一环，计划实施西远广域都

---

［1］ 最高法院 2002 年 4 月 25 日判决（最判平成 14·4·25），判自 229 号 52 页。

［2］ 最高法院 2008 年 9 月 10 日判决（最判平成 20·9·10），民集 62 卷 8 号 2029 页。

市规划工程，以期实现上岛站的高架化，从而改善该站周边的公共设施等。上述规划经静冈县知事基于《土地区划整理法》[1]第52条第1款的规定，于2003年11月17日核准后，Y于同月25日，对本案土地区划整理事业规划作出决定并对外公告。对此，原告X（在本案土地区划整理事业的施工区内拥有土地者）主张，本案土地区划整理事业，与《土地区划整理法》所定的加强与完善公共设施、增进宅地的利用等目的不相符，遂提起撤销诉讼请求撤销Y就本案规划所作的决定。

最高法院判决要旨：

有关土地区划整理事业规划的决定一经对外公告，直至为正式实施换地处分而发布公告之前，除非事先征得都道府县知事的同意，否则当事人不得在施工预定区域内随意变更土地的原有形状，新建或增改建筑物等地上设施以及设置或堆积政令所定的不易移动的物品，以免妨碍实施土地区划整理事业（《土地区划整理法》第76条第1款）。若出现违反，都道府县知事可以命令违反者本人或其继承人，恢复相关土地的原状等（同条第4款），当有人不遵守上述命令时可对其课予刑罚（同法第140条）。

在本案土地区划整理事业的施工区内拥有土地者，随着事业规划的正式决定，依照伴有上述各种限制的土地区划整理事业的程序，将被迫处于最终接受换地处分的地位。从这个意义上讲，其法律地位直接受到了影响。我们无法说，与事业规划的决定相伴而生的法律效果，只不过是一般性的、抽象性的效果而已。

---

〔1〕　土地区画整理法。

接受换地处分的宅地所有人以及此前接受暂时换地指定处分者等，当然可以以该换地处分等为对象提起撤销诉讼。但是，到了换地处分等阶段，由于事实上工程已经取得相当进展，换地计划也到了具体实施的阶段，因此在这个环节来主张事业规划违法而提起撤销诉讼，可能会给整个工程带来相当大的混乱。正因如此，即便在有关换地处分等的撤销诉讼当中，宅地所有人主张事业规划违法并获得认可，也极可能因撤销该换地处分与公共利益不符而招致法院作出情况判决[1]。也就是说，即使在换地处分实施阶段允许就其提起撤销诉讼，也难以保证能够对宅地所有人的被侵害权益提供充分的救济。因此，应该讲，当因规划事业正当与否产生纠纷时，为了实现富有实效的权利救济，在事业规划的决定阶段，允许以该决定为对象提起撤销诉讼有其合理性。

综上所述，有关土地区划整理事业规划的决定，使施工区内宅地所有人的法律地位发生了变动，已足以具有将其视为抗告诉讼对象的法律效果。另外，从实现富有实效的权利救济这个角度来看，允许以该决定为对象提起撤销诉讼也合情合理。因而，我们可以把有关上述事业规划的决定，视为相当于《行政案件诉讼法》第3条第2款所说的"行政机关的处分以及其他相当于公权力行使的行为"。

本案是土地区划整理事业对象区域内的土地所有人，请求

---

[1] 日本特有的判决制度，原文为"事情判决"。根据《行政案件诉讼法》第31条第1款的规定，所谓"情况判决"，是指在撤销诉讼中，当法院认为，尽管系争的行政处分等违法，但若予以撤销则会给公共利益带来显著损害时，在综合权衡了所有应该予以考虑的情况之后作出的驳回判决。另外，根据同款的规定，当法院作出情况判决时，必须在判决书主文中宣告该系争行政处分等违法。

撤销有关该事业规划的决定而提起的撤销诉讼。其焦点在于：土地区划整理事业规划在其决定阶段是否具有行政处分性、可否就其提起抗告诉讼？

在同类的"蓝图案"中，最高法院主张，土地区划整理事业的规划，只不过处于蓝图状态，土地所有者等因事业规划的公告或决定而受到的限制，止于随公告而生的附随性效果，而带有这种附随性效果的事业规划，不是以特定个人为对象的行政处分，不会给宅地和建筑物的所有人以及租借人等的权利带来具体变动，而且，针对当事人的权利利益的救济，完全可以通过对后续的暂时换地指定或正式换地处分等提起的撤销诉讼来实现，从而否定了事业规划的行政处分性。

本判决的意义在于，变更了如上所述的饱受学界诟病的"蓝图案"判决，全面否定了"蓝图案"所主张的附随性效果论、后续行为论（即争讼未成熟论），转而承认事业规划在决定阶段具有行政处分性。[1]在本判决中，处于决定阶段的事业规划的行政处分性之所以获得认可，主要是因为：其一，事业规划的决定，使宅地所有人的法律地位发生了变动。具体表现在，随着事业规划的正式决定，施工区内拥有土地者，不得不面对诸如建筑行为的限制等各种规制，且不得不处于最终接受换地处分的境地。其二，若在事业规划的决定阶段允许提起撤销诉讼，可以实现更加富有实效的权利利益救济。[2]

本判决与"蓝图案"的不同之处在于，首先，关于受到诸如建筑行为的限制等规制这点，"蓝图案"认为，这些规制只不

---

〔1〕　山下竜一「土地区画整理事業計画」『行政判例百選〔第6版〕』（有斐閣、2012年）331頁。

〔2〕　塩野宏『行政法Ⅱ（行政救済法）〔第5版・補訂版〕』（有斐閣、2013年）109頁。

过是附随性的效果而已，而本判决则否定了这种附随性效果论的观点，反将这些规制视为判断事业规划决定具有行政处分性的主要论据之一。其次，"蓝图案"主张，只要在后续的行政处分阶段允许提起诉讼即可实现权利救济的目的，与之相反，本判决认为，即使在这个阶段违法性获得认定，由于极易遭致情况判决，因此难以充分保证权利救济的实效。最后，尽管两个判例都依据早期判例所确立的"基本公式"以及争议的成熟性基准来认定行政处分性，但得出的结论却截然相反，前者被否定而后者受到认可。

可见，两判决不仅在看待随土地区划整理事业规划的决定公告而产生的规制的法律性质以及应该在何种时机提供司法救济上意见相左，而且更为重要的是，在行政处分性的解释姿态上不同，前者拘泥于此前的"基本公式"，而后者从保障救济的实效性出发，显现出更为灵活和宽松的态度。[1]

6. 横滨市立托儿所案[2]（2009 年）

Y（横滨市）根据当时的《儿童福利法》[3]第 35 条第 3 款的规定，制定了《横滨市托儿所条例》[4]，并依此来设立与经营托儿所。后来，由于 Y 受财政等条件限制打算把 4 所市立托儿所民营化，于是向议会提交了以此为内容的条例修正案，经市议会审议通过后新条例对外公布。以新条例的实施日为基准，

---

〔1〕 有观点认为，本判决之所以主张应该在早期阶段提供救济，主要是因为受到了 2004 年《行政案件诉讼法》的修法理念（实现富有实效的权利救济）的影响。参见中川丈久「土地区画整理事業計画決定の処分性」法学教室 341 号 22 頁。

〔2〕 最高法院 2009 年 11 月 26 日判决（判例平成 21·11·26），民集 63 卷 9 号 2124 頁。

〔3〕 児童福祉法。

〔4〕 横浜市保育所条例。

上述的 4 所市立托儿所被废止并以民间托儿所的形式继续经营。原告 X（在 4 所托儿所入托的儿童及其家长）认为，本案的条例制定行为，相当于《行政案件诉讼法》第 3 条第 2 款所定的抗告诉讼对象的行政处分，对自己的托儿所选择权等构成侵害，遂提起撤销诉讼请求撤销以废止本案托儿所为内容的条例等。

最高法院判决要旨：

1997 年修改《儿童福利法》时，之所以采用依据家长的意愿来决定儿童入托的体制，是因为想从制度上保障家长的选择权。而且该法同时规定，Y 在批准儿童入托时，必须注明实施保育的期间。可见，在托儿所的使用关系上，Y 需要根据家长的意愿来确定托儿所以及保育的实施期间，除非保育的实施被解除，否则在保育的实施期满了之前，Y 必须持续地提供保育。因而，可以说，在特定的托儿所内接受保育的儿童及其家长，在保育的实施期满了之前，具有可以期待在同一托儿所内接受保育的法律地位。

现行法上，作为公共设施的托儿所的废止，尽管被视为市町村长负责的事务（《地方自治法》第 149 条第 7 项），但却必须通过条例来具体实施（《地方自治法》第 244 条之二）。一般来讲，由于条例的制定归属于普通地方公共团体议会的立法作用，因此，无须赘言，这种行为无法相当于作为抗告诉讼对象的行政处分。然而，本案新条例，以废止本案托儿所为内容，无须等待行政机关的处分即可产生废止托儿所的效果，给正在托儿所入托的特定儿童及其家长带来了直接剥夺其如上所述的可以期待在同一托儿所内接受保育的法律地位的后果。因此，

本案的条例制定行为，在实质上无异于行政机关的处分。综上所述，我们可以把本案的条例制定行为视为相当于抗告诉讼对象的行政处分。

本案是入托儿童及其家长请求撤销以废止公立托儿所为内容的条例而提起的抗告诉讼。与"供水条例案"相同，其焦点也在于：作为地方公共团体立法机关的议会所制定的条例是否具有行政处分性、可否对其提起抗告诉讼？

如前所述，有关条例的行政处分性，学说上存在着两种观点：一种主张由于其属于立法行为，因此不具有行政处分性（否定说），另一种认为，没有必要一律否定，也取决于条件，有时也可以考虑对其承认行政处分性（有限肯定说）。在同类的"供水条例案""千代田区小学废校案"等中，最高法院一直站在否定说的立场，对条例制定行为的行政处分性坚持否定的态度。

本案判决作为最高法院的判例，历史上首次承认了条例制定行为具有行政处分性[1]，显然是站在有限肯定说的立场。对于最高法院的这种变化，我们应该做何解读呢？

首先，让我们来看看两者有什么不同。在"供水条例案"中，系争条例在也适用于该条例实施以后缔结供水合同的新居民（即后来居民）这个意义上，可以说受其影响的当事人（法律地位）的范围，在该条例的制定之际尚未特定。与此相对，本案中，直接受废托影响的范围非常有限，就是正在入托的儿

---

〔1〕 也是唯一的一次，详情请参见中川丈久「条例の行政訴訟対象性」『地方自治判例百選〔第4版〕』（有斐閣、2013年）66-67頁。

童及其家长。[1]另外，关于公共设施的废止，通常是以行政机关通过行政处分的方式进行的，但由于本案中现行法要求必须通过条例来具体规定，可见本案条例在内容上也有其特殊之处[2]，而"供水条例案"则无此特征。再者，1997 年《儿童福利法》的修改，保障家长对托儿所的选择，家长在保育的实施期内，具有可以期待子女在同一托儿所接受保育的法律地位，而废止条例在结果上产生了剥夺这种法律地位的效果，这也是"供水条例案"中所不见的要素。

其次，综合两案的不同，我们可以发现，条例制定行为的行政处分性受到例外认可的前提条件，即有限肯定说所主张的条件有二：其一，条例的适用范围比较特定（对象的特定性），其二，无须等待后续的行政处分，单凭条例即可给当事人的权利义务、法律地位带来直接影响（法律效果性、直接具体性）。

最后，从"供水条例案"主张"原本就不是只以特定人士为对象"，以及本案最高法院强调本案条例无须等待行政机关的处分即可产生废止托儿所的效果，因而给特定儿童及其家长的法律地位带来直接影响来看，前者正是由于不具备对象的特定性与法律效果性等要件其行政处分性才遭到否定，而后者正是因为兼具上述的所有要件才受到认可。可见，两案的判决在判断基准上，既不相互抵触也不能说后者是对前者的修正。[3]

---

〔1〕　石塚武志「判例研究」法学論叢 168 巻 5 号 84-98 頁。不过，宇贺教授认为，"供水条例案"争议的焦点在于以规定上调别墅所有人水费为内容的条例的有效性，因此其对象也相当特定。参见宇贺克也「平成 19 年度主要民事判例解説」判例タイムズ増刊 22 号 297 頁。

〔2〕　高橋滋「横浜市立保育園廃止条例制定行為取消請求事件」自治研究 87 巻 2 号 143-157 頁。

〔3〕　大田直史「水道料金を定める条例」『行政判例百選〔第 6 版〕』（有斐閣、2012 年）337 頁。

（三）点评

以上，大致以 2004 年《行政案件诉讼法》修改为分界点，将有关行政处分性的典型判例划分为"早期的判例"和"2004 年修法前后的判例"后，分别加以了介绍和分析。接下来，笔者想对前述的分析成果先做一个简单的总结，然后进行综合点评。

1. 早期判例的总体特征

早期判例的总体特征或许可以用下面的一句话来概括：最高法院自从"垃圾焚烧场案"以来，一直坚持，只有"在公权力主体的国家和公共团体所实施的行为当中，那些受到法律承认、可以直接形成国民的权利义务以及确定其范围的行为"，才是行政处分，对扩大解释行政处分性持审慎态度。[1]

在"垃圾焚烧场案"和"蓝图案"中，最高法院指出，抗告诉讼的对象需要具备以下的两个条件：其一，该行为必须是行政机关行使公权力的权力性法律行为，带有单方面地形成或确定国民的权利义务这一法律效果。换言之，抗告诉讼的对象必须具有公权力性、直接具体性、法律效果性（"基本公式"）。其二，即便是具有上述法律效果的行政机关行为，也不会被一律视为抗告诉讼的对象，而是严格要求争议的成熟性

---

〔1〕 但是，即便是早期在下级法院的判决中亦见例外。譬如，本章中业已提到过的 1970 年"国立市人行天桥案"就是一个扩大行政处分性认定范围的著名案例。有关本案的详情、案例评析等，请参见〔日〕原田尚彦：《诉的利益》，石龙潭译，中国政法大学出版社 2014 年版，第 119~134、142~144 页。不过在此想请各位读者注意的是，尽管本案针对人行天桥的设置，在通过把行政机关一系列的行为做整体把握之后肯定了公权力性的存在这一点上，有其独到与可圈可点之处，但是这种手法，在其后的判决中并没有得到传承和延续，几乎成为绝响。参见高木光ほか『行政救済法〔第 2 版〕』（弘文堂、2015 年）308 頁；周作彩「処分性の拡大と行政行为概念の今日の存在意義」法学教室 401 号 28 頁。

（成熟性要件）。即，对于那些由一系列行政过程所组成的行政机关行为，要求必须是能够最终决定当事人权利义务的终局阶段的行为，否则，不予以承认行政处分性。正因如此，行政立法、一般性处分、行政计划等，尽管也属于权力性的法律行为，但由于是处于中间阶段的行为，预计在其后续的行为当中权利关系会被进一步具体化，因而争议的时机尚未成熟。

　　受上述判例理论影响，在"用途地域指定案"中，最高法院针对基于《城市规划法》的用途地域指定的决定首次表明，它不具有行政处分性，无法成为抗告诉讼的对象。而其主要论据正是在于，其一，用途地域的指定只具有一般性、抽象性的效果，没有对当事人的权利义务产生具体的影响。其二，不应该在用途地域指定这个节点上允许当事人主张行政活动的违法，而应该在其后的针对建筑许可所作的拒绝处分当中予以主张。换言之，用途地域的指定在决定阶段，既缺乏"基本公式"中的法律效果性等要件，又不具备诉讼案件的成熟性。

　　同样，在"违章罚款通告案"中，最高法院针对原告撤销交通违章罚款缴纳通告的请求，之所以站在"观念上的通知说"立场，无视通告事实上具有相当强的威慑力和拘束力，主张通告不具有行政处分性从而无法成为抗告诉讼的对象，其根本原因正是在于，最高法院认为，即便接获通告也不意味着当事人会在法律上产生应该缴纳罚款的义务，通告并没有给当事人的权利利益、法律地位带来直接影响。

　　而即便是在"海关关长通知案"中，尽管通知的行政处分性受到了肯定，但从最高法院强调，通知是行政机关首次正式对外公开表示禁止货物的进口，行政机关在这个阶段所表明的拒绝无异于最终拒绝，实质上相当于拒绝处分等来看，本案并没有就认定行政处分性的有无采用新的判断基准，而是依旧遵循了此前的"基本公式"。

表面上"大阪国际机场案"和"厚木基地案"与其他案件不同，是由原告基于人格权等所提起的民事诉讼。最高法院主张，机场的设置、管理以及提供使用等带有"公权力行使"色彩、具有行政处分性，从而否定了适用民事诉讼的可能性。但从其两案中对"公权力行使"以及行政处分性的判断基准来看，似乎没有走出此前"基本公式"所确立的范式。同时，通过这两个判例我们还可以发现，在最高法院的视觉中，作为国民权利利益救济手段的民事诉讼与行政诉讼是严格区分开来的，两者不能混淆。然而，最高法院仅以上述逻辑就轻而易举地向原告关闭了救济大门之举，从保障国民救济的实效性等角度来看不得不画个问号。

可见，早期的判例，其大体特征在于，以"垃圾焚烧场案"和"蓝图案"为起点，在确立了判定行政处分性的"基本公式"和基本框架之后，严格按照上述的基准来认定行政处分性之有无，针对行政行为以外的行政活动（行政计划、行政通告等），即便这些活动给国民的权利利益带来重大影响，也毫不犹豫地否定行政处分性，对其关闭行政诉讼的大门。[1]

2. 2004 年《行政案件诉讼法》修改前后判例的总体特征

在 20 世纪 60 年代，也就是行政案件诉讼制度确立之初，一般认为，《行政案件诉讼法》第 3 条所说的"行政机关的处分"

---

〔1〕 周作彩「処分性の拡大と行政行為概念の今日的存在意義」法学教室 401号 25 頁。当然，这里所说的早期判例的整体特征并不绝对，只不过是一个相对的、大致的倾向而已。

（狭义的行政处分），基本上相当于理论上的"行政行为"。正如我们从"垃圾焚烧场案"等中所看到的那样，当时的最高法院就立足于如此的立场。在当时的传统行政法理论的基本思维框架之下，抗告诉讼和撤销诉讼的目的被定位于：为实现依法律行政原理而保驾护航，保护私人的法律利益免受行政主体的侵害。如果我们立足于这种立场，上述思维方式以及当时最高法院所采用的判决逻辑当然也有其合理之处。然而进入20世纪70年代以后，针对上述的传统思维，学说与判例都提出了诸多质疑。概括地讲，人们开始注意到：有很多行政活动，虽然并未满足原本的传统理论上的行政处分要件，却在现实当中给国民的权利利益带来重大影响，而为了向国民提供更加富有实效的权利利益救济，需要将这些行为也纳入抗告诉讼的对象当中来，允许对其提起抗告诉讼。

于是，行政法学上"形式上的行政处分"[1]概念登场了。这种思想，立足于向国民提供富有实效的救济的观点，主张把那些虽然不相当于传统行政法学理论中的行政处分，但却给国民的权利利益带来重大影响的行政活动也视为《行政案件诉讼法》第3条所说的"处分"。具体来讲，所谓"形式上的行政处分"，与传统意义上的撤销诉讼对象（实体上的行政处分）不同，完全是出于救济的必要而被视为撤销诉讼的对象，它既不带有公定力与不可争力等特殊效力，也不服从撤销诉讼的排他性（专门）管辖，甚至还可以对其提起包括民事上的假处分在

---

〔1〕　同"行政处分"与"行政行为"的关系一样，所谓"形式上的行政处分"与"形式上的行政行为"也处于混用或者说互换状态。参见原田尚彦『行政法要論〔全訂第7版·補訂第2版〕』（学陽書房、2013年）138、387頁。

内的民事诉讼。[1]

以上述思潮等为背景，最高法院的判决于 2004 年《行政案件诉讼法》修改前后开始出现积极变化，呈现出扩大解释行政处分性的倾向。顺便说一下，这里所说的对行政处分性予以扩大解释的倾向，是指最高法院对于按照从前"基本公式"无法认定为行政处分的行政活动，也承认其具有行政处分性之意。具体表现在，从前，最高法院基本上只对满足了"基本公式"当中的所有条件的行政活动才承认行政处分性，但最近，似乎即便缺少了个别要件也予以认可。[2]接下来，让我们结合前面已经介绍过的修法前后的若干判例，看一看在行政处分性的认定基准上，到底有何变化。

如前所述，对于基于《建筑基准法》第 42 条第 2 款的道路指定是否具有行政处分性，下级法院的认识并不一致。在"道路指定案"中，最高法院针对这种以一揽子方式进行的缺乏特定对象的指定，并没有采取一味否定的态度，而是在强调因指定而产生的法律效果以及对个人的权利义务产生直接影响的基础上，承认了行政处分性。

在"就学补助案"中，最高法院除了《工伤补偿保险法》《〈工伤补偿保险法〉实施细则》外，还通过对包括行政的内部

---

[1] 兼子仁『行政争讼法』（筑摩書房、1973 年）274 頁。然而，藤田宙靖教授认为，所谓"形式上的行政处分"，是相当于《行政案件诉讼法》第 3 条第 2 款所说的"行政机关的处分"（即狭义的行政处分），还是"其他相当于公权力行使的行为"，其实并不明确。不过从该概念与传统行政法学理论的关系来看，由于它不是真正的行政行为，显然无法相当于"行政机关的处分"，而属于"其他相当于公权力行使的行为"范畴。参见藤田宙靖『行政法総論〔初版〕』（青林書院、2013年）413-414 頁。

[2] 下井康史「『処分性』拡張と処分性概念の変容」法律時報 85 巻 10 号 11-12 頁。

通知等在内的制度结构以及法规的宗旨、目的等进行综合分析之后，最终导引出就学补助的支付决定具有行政处分性这一结论。从这个意义上来讲，本案在维持"基本公式"的同时，通过对公权力性和法律效果性等要件加以灵活解释，实质上扩大了行政处分性的认可范围。

在"富山行政指导案"中，最高法院站在保障当事人正当权益以及司法救济实效性的立场，针对行政指导承认了行政处分性。而从其就"基本公式"当中的最重要要素即法律效果性的有无几乎没有做任何说明的判决姿态来看，最高法院在认定行政处分性之际，似乎并没有受到"基本公式"的束缚，反而显示出灵活的身段。从保障救济时机以及实效性的角度而言，其判决姿态应该受到肯定。

在"供水条例案"中，最高法院之所以否定条例的行政处分性，其论据主要有两点：其一，不具有对象的特定性，即本案条例"原本就不是只以特定人士为对象"；其二，不具有法律效果性等，即没有给当事人的权利义务、法律地位带来直接影响。由此可见，本案中，最高法院的判决逻辑完全依照了从前的"基本公式"。

在"事业规划案"中，最高法院变更了饱受学界诟病的"蓝图案"，转而以事业规划的决定，使宅地所有人的法律地位发生了变动以及若在事业规划的决定阶段允许提起撤销诉讼可以实现更加富有实效的权利利益救济为由，承认事业规划在决定阶段具有行政处分性。在行政处分性的解释姿态上，立足于保障救济的实效性的立场，显现出更为灵活和宽松的态度。

在"横滨市立托儿所案"中，最高法院考虑到条例的适用范围比较特定，而且，无须等待后续的行政处分，单凭条例即可给当事人的权利义务、法律地位带来直接影响等，在历史上，首次承认条例制定行为具有行政处分性。

可见，除个别案件（如"供水条例案"）外，2004年修法前后的最高法院判例的总体特征可以大致概括为：其一，在维持"基本公式"的同时，通过对认定基准加以灵活解释、强调救济的时机以及实效性等，实质上行政处分性的范围正在逐步拓宽。具体表现在，最高法院对于一般性处分没有采取一味否定的态度（"道路指定案"），不拘泥于行政活动所依据的法律，还把视野放大到相关的法规甚至行政的内部规定等（"就学补助案"），从保障救济的时机以及实效性出发，针对行政指导不受"基本公式"的束缚（"富山行政指导案"）、针对行政计划勇敢地变更了自己的早先立场（"事业规划案"）、针对地方议会的条例制定行为首次承认其具有行政处分性（"横滨市立托儿所案"）。其二，在判断手法上，除了依据系争行为所基于的法规之外，还着眼于与其目的相通的相关规定、制度等。[1]如"富山行政指导案"中，最高法院除了《医疗法》第30条之七外，还把视野扩展到在目的上与其有关联的《健康保险法》（第43条之三第2、3款）、当时行政机关的内部通知等。自不待言，"就学补助案"，如文中所述更是如此。

然而，在此需要特别提醒注意的是，正如我们从上述的具体判例分析当中业已发现的那样，若以1964年"垃圾焚烧场案"所确立的"基本公式"为基准，可以说，在行政处分性的认定上，的确最高法院呈现出逐步扩大解释的姿态。但是，这种扩大，并不意味着对早期判例所确立的"基本公式"的否定。相反，它是在尊重在来判断定式的前提之下，通过不断尝试具

---

[1] 亘理格「行訴法改正と裁判実務」ジュリスト1310号8頁。

体的法律构造解释才得以逐步实现的。[1]同时，这种扩大，并不"剧烈"，也并非没有限度。[2]正如"供水条例案"所揭示的那样，即便是在修法之后对行政处分性予以断然否定的判例依然存在。

十、小结

综上所述，我们可以发现，行政机关的行为，如果不对特定的国民产生直接且具体的法律效果，那么其行政处分性就不易获得认可。行政计划，是行政机关为了有计划地开展自己的活动而制定的。譬如，基于《城市规划法》所订制的城市规划即是一例。行政计划多种多样，既有长期短期之分，也有国家与地方间的地域之别、工业与农业的领域之别，另外，有的具有法律拘束力而有的则没有。一般而言，当行政计划尚处于规划的阶段亦即尚未付诸实施时，由于其本身并不直接给国民带来什么具体的影响，因此行政处分性很难受到认可。最高法院早期就站在这种立场，主张土地区划整理事业规划处于蓝图状态，不会给当事人带来具体的权利利益变动，从而否定了行政处分性（"蓝图案""用途地域指定案"）。然而，令人瞩目的是，在2008年的"事业规划案"中，最高法院变更了自己的上述见解，转而立足于保障救济实效性的立场，承认土地区划整理事业规划在决定阶段具有行政处分性。可见，即便是行政计划，但当对相关法令结构的整体加以解释的结果，能够认定相

---

〔1〕　塩野宏『行政法Ⅱ（行政救済法）〔第5版·補訂版〕』（有斐閣、2013年）118頁。

〔2〕　下井康史「『処分性』拡張と処分性概念の変容」法律時報85巻10号16頁。

对人的法律地位已经或即将发生变动时，其行政处分性也有可能受到认可。

地方议会机关的条例制定行为、行政机关的法规订立行为等，由于没有对特定的具体权利义务产生影响，所以通常不具有行政处分性。在"供水条例案"中，最高法院秉持这种见解，否定了以别墅所有人为对象的水费上涨条例的行政处分性。但是，即便是法规制定行为，当法规适用者的范围特定，而且不必等待对其具体执行的行政处分，单凭法规就能直接给当事人的权利义务带来影响时，其行政处分性有时也会受到承认。历史上首次承认条例制定行为具有行政处分性的"横滨市立托儿所案"，正是基于此理。

《行政程序法》第2条第6项〔1〕明确规定，行政指导不相当于行政处分，不过是为了实现某种行政目的，由行政机关在其权限和业务的范围内，请求特定的人士给予某种合作（一定的作为或不作为）时所实施的指导、劝告、建议等，而相对人是否愿意配合完全取决于本人的自愿。可见，行政指导属于典型的事实行为，一般无法成为抗告诉讼的对象。然而，在"富山行政指导案"中，最高法院在指明中止劝告属于行政指导的同时，考虑到当时《医疗法》等法规的规定以及实际的运用情况，承认了行政指导具有行政处分性。从救济时机以及实效性保障的角度来看，最高法院所作的努力应该受到肯定。

行政机关的内部行为或者行政机关相互之间的行为，即便对行政机关产生拘束力，但由于不会在与国民的关系上产生直

---

〔1〕《行政程序法》第2条第6项（行政指导）：指行政机关在其任务或所辖事务范围内，为了实现一定的行政目的，要求特定人作出一定的作为或不作为的指导、劝告、建议以及其他不属于处分的行为。

接且具体的法律效果，所以其行政处分性通常不会获得认可。如"垃圾焚烧场案"中，最高法院就把制作以及向议会提交有关设置垃圾焚烧场的规划方案，视为行政机关的内部行为。可是今天，有关这些行为的行政处分性的判定，不会因行政机关的内部行为就采取一律否定的态度，其判断基准主要是依据，在法律解释上该行为是否会对特定人士产生具体的法律效果。

一般认为，公共设施的设置与管理行为，不属于公权力的行使行为，可以以民事诉讼的形式，基于人格权等提起禁止诉讼，但也并非不存在例外。在"大阪国际机场案"和"厚木基地案"中，最高法院就以系争的行政机关行为（机场的设置、管理以及提供使用）带有"公权力行使"色彩、具有行政处分性，从而否定了适用民事诉讼的可能性。

由此可见，尽管一般而言，行政计划、行政立法、一般性处分、行政指导、行政的内部行为等所谓行政行为的周边行为不具有行政处分性，但是，这只不过是一个大致的标准而已。行政处分性的有无，最终取决于法令对行政活动赋予了何种法律效果，应依据个别事例进行具体分析。[1]

同时，针对争讼的成熟性的判断基准，最高法院似乎也显现出灵活的姿态。在"事业规划案"中，最高法院对有关事业规划的决定承认了行政处分性，在"富山行政指导案"中，考虑到劝告给医疗保险适用机关的指定所带来的影响和这种指定对医院经营上的意义，主张应该在第二阶段亦即劝告阶段提供救济。以这些判例来看，最高法院并没有因为是中间阶段的行为就理所当然地否认行政处分性，而是采取了就各个具体行为

---

[1]　大橋洋一『行政法Ⅱ〔初版〕』（有斐閣、2012 年）57 頁。

所具有的法律效果进行详细且个别的分析的态度。最高法院的上述姿态，从保障救济的时机以及实效性等角度来看，应该受到欢迎与肯定。

第三章

原告适格[*]

如第一章所述，抗告诉讼，尤其撤销诉讼，可以说是日本行政诉讼当中，最为传统也是最具典型意义的诉讼形态。[1]而撤销诉讼的提起，必须具备一定的"诉的利益"（行政处分性、原告适格、狭义的诉的利益）。原告适格，探讨的是行政诉讼中当事人是否具有提起诉讼的资格与能力的问题。撤销诉讼中，

---

　　* 作为中日之间特有的文化现象，两国都使用"原告适格"一语。日文语境中的"原告适格"，正如文中所述，是指提起行政诉讼的资格与能力。从这个意义上来讲，其语意与中文"原告资格"最为贴近。但在笔者看来，其实两者似是而非。原因在于，日文的"原告适格"除了与中文"原告资格"对等这一用法之外，也用于表示"原告在何种情形下是适格的"亦即原告适格之意。譬如，本书反复提及的《行政案件诉讼法》第9条的条文名称即为"原告适格"。换言之，由于日文中不见"原告资格"这种用法，在表示"原告资格"和"原告在何种情形下是适格的"时均使用"原告适格"。因此，本书中，笔者依自己的理解区别采用"原告资格"与"原告适格"，但皆基于日文原始词汇"原告適格"的翻译。毕竟一家之见，望各位读者批判吸收。另外，本章的主要内容曾作为单篇论文以"原告适格论"为标题发表于《财经法学》2016年第4期。结合本书体裁，略有修改，敬请谅解。

　　[1] 在日本，由于撤销诉讼的原告适格最具典型意义，因此相关理论大多以此为对象展开。譬如，原田教授的《诉的利益》，尽管针对撤销诉讼以外的抗告诉讼也有所言及（参见该书第60~87页），但基本上是以撤销诉讼为主。另外，在有斐阁的《行政判例百选》中，被选为"原告适格"典型判例的基本上属于撤销诉讼。本章也沿袭此一传统，除非特别说明，否则一般是指撤销诉讼当中的原告适格问题。

当有人具有请求撤销某一行政处分的资格与能力时，我们就可以说其作为原告是适格的，即原告适格。尽管现行《行政案件诉讼法》第 9 条第 1 款规定，对请求撤销处分或裁决具有法律上的利益者具有提起撤销诉讼的原告资格，但是，由于该法并没有明确界定何谓"法律上的利益"，因此，原告适格论实际上就演变成为"法律上的利益"的解释论。对此，传统上存在着两种对立的观点："法律上保护的利益说"和"值得保护的利益说"。

本章中，笔者在对原告适格的相关理论做一个整体概观之后，以当今最高法院有关原告适格尤其是行政处分相对人之外的第三人的原告适格的典型判例为素材，梳理并详细分析该理论的发展脉络，找寻其在不同时期、不同领域的特征。

一、何谓原告适格

撤销诉讼的原告适格，是指原告是否具有提起撤销诉讼的资格与能力的问题。在《明治宪法》下，以撤销诉讼为代表的抗告诉讼被定义为"因行政机关的违法处分而造成的权利伤害之诉"，只有"因违法处分而受到权利毁损者"才能提起抗告诉讼。当时一般认为，抗告诉讼的目的就在于恢复因违法处分而受到损害的权利，因此，判例和通说都对原告资格要求严格意义上的"权利"侵害。[1]简言之，只有法律上所保护的具体权利受到侵害时，被害人才具有提起行政诉讼的原告资格。

而到了今天，如本章所述，在原告适格的认定上，即便系争的行政处分所直接依据的行政法规当中不存在明文规定，判

---

〔1〕 参见 〔日〕原田尚彦：《诉的利益》，石龙潭译，中国政法大学出版社 2014 年版，第 135 页。

例也倾向于通过对包含相关法规在内的法体系整体加以灵活解释等手法来相对宽泛地承认当事人具有原告资格。[1]

二、现行法上的规定

第二次世界大战结束，日本经历短暂的空白期后进入《行政案件诉讼特例法》[2]的时代。当时，尽管在特例法中没有对原告资格予以明确界定，但判例和学说站在对第二次世界大战前思想反思的立场上，逐步摒弃了那种追求严格意义上的"权利"侵害的思维[3]，转而倾向于对那些拥有"法所保护的权利利益（有时也称之为'足以受到法律上保护的正当利益''法律上的利益'等）"者承认原告资格。而紧接其后出台的现行《行政案件诉讼法》，也继承了上述思想[4]，并以明确的法律语言，在其第9条（即现行第9条第1款）中规定，只有"请求撤销该处分或裁决具有法律上的利益者"，才具有提起撤销诉讼的原告资格。

第9条（原告适格）

撤销处分诉讼及撤销裁决诉讼（以下称"撤销诉讼"），限于就请求撤销该处分或裁决具有法律上的利益者（包括处分或裁决的效果由于期间的经过或其他理由丧失后，依

---

　〔1〕　『法律学小辞典〔第5版〕』（有斐閣、2016年）326頁。

　〔2〕　现行《行政案件诉讼法》的前身。1948年制定，1962年废止。

　〔3〕　根据原田教授的研究，在制定《行政案件诉讼特例法》的当初，人们的行政诉讼观，依然停留于"司法权乃实体法上的权利的守护者"这一命题，并以此为基本前提，严格认定撤销诉讼所保护的法律利益，将其限定于实体权利的侵害之上。参见原田尚彦「行政事件訴訟における訴えの利益」公法研究37号88頁。

　〔4〕　稲葉馨「行政訴訟の当事者・参加人」『行政法の新構想Ⅲ（行政救済法）』（有斐閣、2008年）69頁。

然对处分或裁决的撤销具有应当恢复的法律上的利益者），才能提起。

三、问题的所在

但是，由于《行政案件诉讼法》中并没有明确定义何谓"法律上的利益"，因此，对其如何解释成为原告适格论的重大课题。[1]坦白地讲，"法律上的利益"这一用语本身，具有相当大的开放性，给专家学者尤其是实务界人士提供了很大的解释空间，使他们能够灵活应对纷繁复杂的诉讼环境。然而，正如杉本良吉氏所指出的那样，关于"法律上的利益"的具体内容，即便是在本条款的起草者之间也莫衷一是，最后只能交由判例和学说的发展。[2]

行政处分的相对人具有提起撤销诉讼的原告资格，对此似乎已经不存在什么异议了。譬如，当某人受到于己不利的行政处分或者申请某项行政许可遭拒时，若不服当然可以抗告。事实上存在问题的，往往是行政处分相对人以外的第三人或者那

---

〔1〕 顺便提一句，阿部泰隆教授将原告适格问题与"法律上的利益"等同视之。他说道，"诉讼的提起，需要'法律上的利益'（《行政案件诉讼法》第9条第1款），这就是原告适格（的问题）"。参见阿部泰隆『行政法解釈学Ⅱ〔初版〕』（有斐閣、2009年）143頁。同样，盐野宏教授也主张，"现行法下的原告适格论，（其实）就是对《行政案件诉讼法》第9条所定的'具有法律上的利益者'的解释论"。参见塩野宏『行政法Ⅱ（行政救済法）〔第5版・補訂版〕』（有斐閣、2013年）126頁。而芝池义一教授，则一语道破原告适格与"法律上的利益"的关系："何种情形下才承认原告适格，就是'法律上的利益'的解释问题"。参见芝池義一『行政救済法講義〔第3版〕』（有斐閣、2006年）40頁。高木光教授也认为，"法律上的利益"这个用语本身是空的、没有内容，因此，必须依靠"解释"来认定到底谁具有"法律上的利益"。参见高木光『行政法〔初版〕』（有斐閣、2015年）283頁。

〔2〕 杉本良吉『行政事件訴訟法の解説』（法曹会、1963年）37頁。

些在表面上不具有特定相对人的行政处分。[1]例如，当行政机关核准某民间法人设置垃圾处理设施时，那些主张因该设施排出有害气体会损害自己健康的附近居民，是否可以请求撤销该行政许可？若可以，其范围如何确定？是限制在半径200米以内还是500米？再如，针对小学的废校处分，学生家长可否请求撤销？

四、学说上的主要见解

原告资格的范围应该如何界定，换言之，应该如何解释"法律上的利益"，传统上，存在着以下的两种对立观点："法律上保护的利益说"和"值得保护的利益说"。[2]

---

〔1〕　其实，这一点，从最具权威性的有斐阁《行政判例百选》来看，也是一目了然的。譬如，2012年第6版中，作为"原告适格"的代表判例共有9个，但皆为有关行政处分相对人以外的第三人有无原告资格的判决。而最新的2017年第7版所选的10个"原告适格"判例，同样如此。

〔2〕　有关这两个学说的名称，有许多版本。除了①"法律上保护的利益说（法律上保護された利益説）"和"值得保护的利益说（保護に値する利益説）"之外，还有②"法律上保护的利益说（法律上保護された利益説）"和"值得法保护的利益说（法的な保護に値する利益説）"、③"法律上保护的利益说（法律上保護されている利益説）"和"值得法律上保护的利益说（法律上保護に値する利益説）"、④"法所保护的利益说（法の保護する利益説）"和"值得保护的利益说（保護に値する利益説）"等。①的用例参见高橋滋「行政訴訟の原告適格」『行政法の争点』（有斐閣、2014年）116頁；②芝池義一「取消訴訟の原告適格判断の理論的枠組み」『京都大学法学部創立百周年記念論文集（2）』（有斐閣、1999年）71頁；③塩野宏『行政法Ⅱ（行政救済法）〔第5版・補訂版〕』（有斐閣、2013年）127頁；④原田尚彦『行政法要論〔全訂第7版・補訂第2版〕』（学陽書房、2013年）392-394頁。尽管在用语上略有差别，但内涵大体相同，因此，本章统一为当前较为多用的①的用法。另外，顺便说一下，芝池义一教授认为，由于两学说都主张只有"法律上的利益受到（或者可能受到）侵害"时才承认原告适格，因此，"法律上保护的利益说（法律上保護された利益説）"和"值得法保护的利益说（法的な保護に値する利益説）"这种命名法本身有失严密。正确的说法应该是，"'侵害法律上所保护的利益'说（「法律上保護された利益の侵害」

(一) 法律上保护的利益说

本学说主张，只有受到实定法即法律所保护的才是 "法律上的利益" [1]，而那些不受法律保护的，即便再重要也只不过是反射性或者事实上的利益而已，无法成为 "法律上的利益"。本学说的特点在于，以法律上的规定亦即通过法律解释，来判断 "法律上的利益" （原告资格）之有无。[2]一般认为，原告资格若想获得认可，必须满足以下的三个条件：其一，原告因行政处分而蒙受了某种不利影响（不利要件）。这是因为，撤销诉讼属于主观诉讼，而作为主观诉讼当然会要求与自己的权利利益攸关。其二，原告免受这种不利影响的利益受到法令上的保护（被保护要件）。这里的要点在于，原告的利益，并不是法官认为应该保护的利益，而是立法者在立法时主张应在法律中予以保护的利益。其三，在法令解释上，原告所蒙受的这种不利影响，无法消解于一般性公共利益当中，作为个人利益，其受到了个别且具体的保护（个别保护要件）。之所以要求这个条件，主要是考虑到，若不对个别保护要件予以限定，则人人都可以一般性公共利益受到侵害为由而提起诉讼，我们也就无法再将撤销诉讼称为有关具体权利义务纷争的主观诉讼了。[3]

説）" 和 " '侵害值得法保护的利益' 说 （「法的な保護に値する利益の侵害」説）"。此种观点，有一定的说服力，但并不常用，参见前揭芝池文献第 71 页注解 1。

〔1〕 原田尚彦『行政法要論〔全訂第 7 版・補訂第 2 版〕』（学陽書房、2013 年）391 頁。

〔2〕 芝池義一『行政救済法講義〔第 3 版〕』（有斐閣、2006 年）41 頁。

〔3〕 小早川光郎「抗告訴訟と法律上の利益・覚え書き」西谷剛ほか編『成田頼明先生古稀記念・政策実現と行政法』（有斐閣、1998 年）46 頁以下；高橋滋「行政訴訟の原告適格」『行政法の争点』（有斐閣、2014 年）116 頁；原田大樹『演習行政法〔初版〕』（東京大学出版会、2014 年）55 頁。

与《明治宪法》时代的行政诉讼观，亦即抗告诉讼的目的在于恢复因违法处分而受到损害的权利，判例和通说都对原告资格要求严格意义上的"权利"侵害相比，"本学说没有将撤销诉讼当作固有意义上的权利的实现手段，而是把它理解为，当'法律为人民所保护的利益'受到违法处分的侵害时，当事人以此进行防卫的手段。因而，根据本学说的见解，当处分违反了旨在保护人民利益的强行性法规而给相关人民带来不利影响时，即使该利益不能称为权利，也照样允许提起撤销诉讼"。〔1〕可见，在本学说下，原告资格的认定范围变宽了。

由于本学说所采用的"法律上保护的利益"这一观念，与《行政案件诉讼法》第9条、第10条所说的"法律上的利益"，在文理上最为吻合。加之，这种观念，与在行政法学上给日本带来深刻影响的德国传统公权概念相近。再者，审判实务中依据实定法上的规定来判断原告适格与否，可有效防止撤销诉讼因原告资格的无限扩大而转化为尽人皆可提起的民众诉讼。〔2〕因而，在判例和学说上获得了大多数的支持，我们可以将其视为通说。

但是，针对本学说也并非不存在疑问。其一，以法律文言来决定司法救济的可否，这种手法本身不够合理。正如原田教授已经指出的那样，本学说将诉的利益的认定完全交由实定法意解释的结果，被违反的法规如果旨在保护人民利益则允许提起诉讼，而当该法规并非旨在保护人民的利益，只不过基于公益目的加以规制时，则无论人民因公权力的违法行使而蒙受多

─────────

〔1〕参见［日］原田尚彦：《诉的利益》，石龙潭译，中国政法大学出版社2014年版，第7页。

〔2〕原田尚彦「行政事件訴訟における訴えの利益」公法研究37号91頁。

大损失都将被视为对反射性利益的侵害，从而无法获得司法救济。[1]其二，制定法律之际，先对行政处分相对人以外的第三人是否应该提供救济进行缜密分析之后再以明确的法律语言来加以界定的情形，毕竟鲜见。其三，在诸如环境保护、消费者保护等需要对行政处分相对人以外的第三人也积极提供救济的领域，立法上对于通过行政诉讼来加以保护的手法一直消极。[2]

（二）值得保护的利益说

为了克服"法律上保护的利益说"的上述局限，有人提议，不以是否受到实定法的保护为判定"法律上的利益"（原告资格）的基准，而是着眼于当事人在现实生活中所蒙受（也包括即将蒙受）的不利影响或者风险本身，若这种不利影响值得司法予以保护，则对当事人承认原告资格，反之予以否定。在学界，这种观点被称为"值得保护的利益说"。[3]本学说，以值得司法上保护的利益为"法律上的利益"，其特征在于，不以法律而是以当事人所受影响的实际状态来判断"法律上的利益"（原告资格）。[4]

本学说，将对原告适格的判定从纷繁的实定法意解释当中解放出来，通过权衡当事人所蒙受的不利影响来决定司法救济的可否，因而，除了法律所保护的利益之外，还为那些所谓事

---

〔1〕 参见［日］原田尚彦：《诉的利益》，石龙潭译，中国政法大学出版社2014年版，第8页。

〔2〕 高橋滋「行政訴訟の原告適格」『行政法の争点』（有斐閣、2014年）116頁。

〔3〕 原田尚彦『行政法要論〔全訂第7版・補訂第2版〕』（学陽書房、2013年）392頁。

〔4〕 芝池義一『行政救済法講義〔第3版〕』（有斐閣、2006年）41頁。

实上的利益受到侵害者，提供了原告资格受到认可的可能。依据本学说的见解，《行政案件诉讼法》第9条所说的"法律上的利益"，并不局限于"法律上保护的利益"，也包括含事实上的利益在内的"值得保护的利益"。[1]在这一点上，与"法律上保护的利益说"相比，是一大进步。

然而，针对本学说，也存在着如下的反论与不安：我们难于脱离实定法令的规定来判断原告资格的有无。这是因为，人们无法从"值得保护的利益说"当中，获得明确的判定基准。[2]同时，由于本学说存在过度扩大原告适格认定边际的风险，因此，或许难以避免带来滥诉之弊。[3]

（三）两学说的差异与相互接近

如上所述，"法律上保护的利益说"和"值得保护的利益说"的最大不同点恐怕可以概括为，前者看重法律的文言而后者更加重视价值判断。[4]说得具体一些，就是在各自的论据与侧重点上有所不同。首先，在"法律上的利益"的解释上，前者强调以实定法的解释为依据，而后者更加重视当事人所蒙受影响的性质。其次，从行政诉讼所肩负的两大使命，即国民的权利利益救济和行政合法性的确保上来看，前者注重的是国民的权利利益保护，从这个意义上讲，该学说维持了市民性法治

---

〔1〕 参见［日］原田尚彦：《诉的利益》，石龙潭译，中国政法大学出版社2014年版，第9页。

〔2〕 宫崎良夫「原告適格」『行政法の争点〔新版〕』（有斐閣、1990年）211頁。

〔3〕 泉德治「取消訴訟の原告適格・訴えの利益」『新・実務民事訴訟講座9』（日本評論社、1983年）59頁。

〔4〕 板垣勝彦「原告適格」法学教室401号18頁。依笔者的理解，两学说的本质性差异或许也可以这样来概括："法律上保护的利益说"侧重于尊重立法府的见解，而"值得保护的利益说"更加尊重司法府的判断。

国家原理的框架，而在后者中，由于"法律上的利益"也涵盖到事实上的利益，其范围被拓宽，因而原告适格的范围也随之得以放宽，若仅就此而言，可见该学说更加侧重行政合法性的保障。[1]

有关两学说的具体差异，参照原田教授曾经引用过的事例，简单作个补充说明。譬如，既存的当铺业者主张，因行政机关许可新当铺业者在近邻营业而损害自己的利益，遂请求法院予以撤销。在这种案例当中，最高法院曾经立足于"法律上保护的利益说"，认为《典当行营业法》的立法宗旨在于通过对典当行业予以规制来维护公共利益，而不是保护既存业者的权利利益。既存的当铺业者，即便因行政机关违法核发许可而在营业上遭受损失，也不过是对反射性利益造成的损害而已，因此，针对新核发的当铺营业许可，不具有请求撤销的原告资格。也就是说，"法律上保护的利益说"，专门以实定法的宗旨、目的为判定原告适格的基准。与此相反，倘若最高法院立足于"值得保护的利益说"，恐怕应该不受法律宗旨的束缚，依据原告所蒙受不利影响的内容、程度等实际损害状态来判断原告适格与否。具体而言，应就提告的既存业者因许可新业者而受到何种损害以及这种损害是否值得司法提供救济等，结合系争案件的实际状况、利益状态，加以具体而直接的分析，不必拘泥于法律的宗旨及其解释。[2]

尽管《行政案件诉讼法》第9条所说的"法律上的利益"，原本就是一个可以进行灵活解释的辞藻，但是，最高法院却一

---

[1] 塩野宏『行政法Ⅱ（行政救済法）〔第5版・補訂版〕』（有斐閣、2013年）127頁。

[2] 原田尚彦『行政法要論〔全訂第7版・補訂第2版〕』（学陽書房、2013年）392–393頁。

直站在"法律上保护的利益说"立场，要求原告的利益必须受到个别且具体的保护，对原告适格的范围加以严格限定。如此的也可称之为"制定法遵循主义"的结果，不仅使那些身受噪音与大气污染所害的道路周边居民等的原告资格遭到了否定，还在环境、消费者诉讼等现代型行政诉讼中，造成了纵然行政活动违法但事实上谁也无法论争的尴尬局面。这无疑与《日本国宪法》第 32 条[1]所保障的国民有权获得司法审判的宪法精神不符。[2]

不过，随着时间的推移，"法律上保护的利益说"和"值得保护的利益说"，开始呈现出逐渐接近的态势。[3]这是由于，一方面，尽管在理论上，我们可以将两个学说区分开来，但是，两者的关系其实并不明了。其一，"法律上保护的利益说"和"值得保护的利益说"，在以原告一方因行政处分而受到利益侵害或者必然地受到侵害为必要条件这一点上完全相同。[4] 其二，尽管前者注重实定法的解释，但由于可以通过在解释手法上下功夫而扩大对"法律上的利益"（原告资格）的认定范围，从而在结果上渐渐与后者接近。另一方面，以最高法院的判决来看，从 20 世纪 80 年代起，在坚持"法律上保护的利益说"的同时，通过对法令加以灵活解释来扩大原告适格的范围，早

---

　　[1]　《日本国宪法》第 32 条（获得裁判权）：不得剥夺任何人在法院接受裁判的权利。

　　[2]　大久保规子「行政訴訟の原告適格」ジュリスト1263 号 47 頁。

　　[3]　有关两学说的接近现象，其实早在原田教授的《诉的利益》时代就已经出现，参见 [日] 原田尚彦：《诉的利益》，石龙潭译，中国政法大学出版社 2014年版，第 11 页。

　　[4]　塩野宏『行政法Ⅱ（行政救済法）〔第 5 版・補訂版〕』（有斐閣、2013年）127 頁。

已成为界内公认的事实。[1]

五、具体案例分析

以下，笔者想以最高法院有关原告适格的典型判例[2]为素材，梳理并详细分析原告适格论的发展脉络，找寻其在不同时期的特征，并加以点评。

由于拙文肩负着填补原田教授《诉的利益》成书之后的理论空白之使命，因此在判例的选择上，除个别外，皆为 20 世纪 80 年代以后的判决。另外，考虑到日本在 2004 年对《行政案件诉讼法》进行了大幅修改，而其重要内容之一便是扩大原告适格的认定范围[3]，因此，该法在原告适格论的发展史上具有里程碑式意义。为了便于论述与分析，暂将判例以 2004 年修法为分界点，对修法前后的判例，分别加以介绍、分析。

---

〔1〕 高橋滋「行政訴訟の原告適格」『行政法の争点』（有斐閣、2014 年）116 頁；芝池義一『行政救済法講義〔第 3 版〕』（有斐閣、2006 年）44–46 頁；原田尚彦『行政法要論〔全訂第 7 版・補訂第 2 版〕』（学陽書房、2013 年）395 頁（不过，原田教授主张，这种对原告资格加以灵活解释的倾向，其实始于 20 世纪 90 年代）。

〔2〕 以下将要介绍的，除个别外，皆为有斐閣《行政判例百选》中作为"原告适格"的典型案例而收录的判例。其中，出自 2017 年第 7 版的有 3 个、2012 年第 6 版的有 7 个、2006 年第 5 版的有 1 个。另外，在介绍和解析各个案例时，参考了由每个案例的担当者所作的解说，在此谨表谢意。

〔3〕 这次修改，如文中所述，号称该法 1962 年制定以来史上最大的一次。其主要内容，除扩大撤销诉讼的原告资格外，还包括：新设"课予义务诉讼"和"禁止诉讼"、抗告诉讼的被告由行政机关改为其所隶属的行政主体、扩大抗告诉讼管辖法院的范围、延长撤销诉讼的出诉期间、扩充暂时救济制度等。详情请参见宇賀克也『改正行政事件訴訟法〔補訂版〕』（青林書院、2006 年）4–10 頁；小早川光郎編『改正行政事件訴訟法研究』（有斐閣、2005 年）2–194 頁。

（一）2004 年《行政案件诉讼法》修改前的判例

1. 主妇联合会果汁案[1]（1978 年）

1971 年 3 月 6 日，被告 Y（公平交易委员会）对社团法人日本果汁协会等申请提出的，有关果实饮料该如何标示的公平竞争规约予以认定。由于被认定后的规约当中，允许不含有果汁以及果汁含有率不足 5% 的饮料，可以仅以"合成着色饮料"等名义来标示，原告 X（主妇联合会以及该会会长）认为，此种标示方法容易误导消费者，不符合《防止非正当赠品与不正当标示法》[2]的规定，遂依法提起行政复议。

最高法院判决要旨：

因行政处分而有可能使自己的权利或者法律上所保护的利益受到侵害或者必然地受到侵害者，具有提起行政复议的资格。这里所说的法律上所保护的利益，是指法律为了保护私人等权利主体的个人利益，通过制约行政权的行使而保障的利益。它与行政法规出于其他目的尤其是为了实现公共利益目的而制约行政权行使的结果，偶然地使一些人产生的反射性利益或者事实上的利益相左。

本案中，《防止非正当赠品与不正当标示法》的目的，在于公共利益的实现。该法第 1 条所定的对一般消费者利益的保护，属于该法的直接目的还是间接目的姑且不论，应该说，也是实现公共利益保护目的之一环。因该法中的规定而给一般消费者所带来的利益，是被告 Y 在正确运用该法以实现公共利益保护

---

[1]　最高法院 1978 年 3 月 14 日判决（最判昭和 53·3·14），民集 32 卷 2 号 211 页。

[2]　不当景品類及び不当表示防止法，通常被简称为"景表法"。

目的的过程中，使一般国民共同产生的，抽象的、平均的、一般性的利益。换言之，这种利益，是作为该法实现保护公共利益目的之结果而产生的反射性利益或者事实上的利益，不相当于法律上所保护的利益，不受以保护私人等权利主体的个人利益为目的的法规之保障。因此，单凭普通消费者的身份，无法针对本案的认定提起行政复议。

首先需要说明的是，表面上，本案只不过是一个行政复议的案件而已，但由于一般认为，行政复议的提起资格与撤销诉讼的原告资格可做同义解释[1]，因此，本案也经常被视为有关行政诉讼尤其是撤销诉讼原告适格的先例，具有一定的代表性。本案焦点在于：针对行政方所作的认定行为，普通消费者是否具有提起行政复议或撤销诉讼的资格？

如上所述，本案中，普通消费者的行政复议提起资格没有获得认可。由于通说把行政复议的提起资格与撤销诉讼的原告资格理解为同义，因此也可以说，普通消费者的原告资格也随之遭到了否定。仔细阅读最高法院的判决我们就会发现，在本案中，对于何谓"法律上的利益"，最高法院明确表示采用"法

---

〔1〕《行政不服审查法》（即行政复议法）第4条第1款规定，对行政机关所作的行政处分有异议者可提请行政复议。围绕究竟谁具有行政复议的提起资格这个问题，通说式见解一般主张，将其与撤销诉讼中的原告资格做同义解释。即，因行政处分而使自己的权利利益直接受到或者可能受到侵害者，具有提起行政复议的资格。但也有反对意见认为，既然《行政不服审查法》的目的条款（第1条第1款）当中，与"国民的权利利益救济"相并行，把"确保行政的正确运营"也定位为目标之一，那么，在确定行政复议的提起资格上，也应相应地比原告适格做更为宽泛的解释。应该承认，这种观点具有一定的说服力。

律上保护的利益说"〔1〕，并将其具体界定为"法律为了保护私人等权利主体的个人利益，通过制约行政权的行使而保障的利益"。然后在此基础上，对法律的目的加以严格区分：保护公共利益抑或保护私人等权利主体的个人利益。当某一法律旨在个人权利利益的保护，而由其所保护的利益受到损害时，当事人可以以自己在法律上受到保护的权利利益遭受侵害为由，提起行政复议或行政诉讼。反之，若是为了实现公共利益而制约行政权行使的结果，偶然地使一些人产生一定的利益时，这种利益，则为实现公共利益目的过程中所衍生出的反射性利益或者事实上的利益，由于不相当于"法律上保护的利益"，因而，当事人单凭这种利益受到损害，无法提起行政复议或行政诉讼。

本判决，在明确定义何为"法律上保护的利益"以及将实定法的目的严格区分为要么保护公共利益要么保护个人利益等点上有其特色。但针对后者，在利益诉求日益多样化的今天，将立法目的截然划分为似乎水火不相容的两种，难免会使人产生脱离现实、过于僵化之感。

2. 长沼内木基地案〔2〕(1982 年)

1969 年 7 月 7 日，被告 Y（农林水产大臣）以供于航空自卫队内木基地使用为由，解除了对北海道夕张郡长沼町的防护林指定。对此，原告 X（该町居民）认为，基于上述目的的防

---

〔1〕　尽管此前，最高法院也曾经在自己的判决（1962 年 1 月 19 日"京都府公共浴池许可无效确认案"，民集 16 卷 1 号 57 页）中流露过类似的观点，但一般认为，还是从"主妇联合会果汁案"开始，最高法院才正式且明确地表明：以"法律上保护的利益"为"法律上的利益"。这也是，本案在作为系争行政复议提起资格判例的同时，经常被视为撤销诉讼原告资格先例的缘由所在。

〔2〕　最高法院 1982 年 9 月 9 日判决（最判昭和 57 · 9 · 9），民集 36 卷 9 号 1679 頁。

护林指定解除处分，与《森林法》第 26 条第 2 款所定的"公共利益上的理由"不相符，属于违法解除，遂提起请求撤销该解除处分的行政诉讼。

最高法院判决要旨：

作为一种行政处分，防护林的指定，通常是以预防自然灾害、保全环境等一般性公共利益的保护为其目的。但即便是不特定多数者的利益，当法律并不打算让这种利益止于被一般性公共利益所吸收、消解时，与保护一般性公共利益相并行，当然也可以将这种利益的全部或者一部分作为对其所归属的每个人的个别利益予以保护。若特定的法律规定包含上述这种宗旨时，那些主张此种利益因违反该法律规定的行政处分而受到损害者，具有提起撤销诉讼的原告资格。

本案中，防护林的指定本身，的确是基于保全环境等一般性公共利益的保护。但与此同时，从《森林法》规定在防护林的指定之际，与其具有直接利害关系者具有请求防护林指定的申请权，在防护林指定的解除之际，与其具有直接利害关系者具有针对防护林解除提出自己意见的陈述权等程序性规定，再加上，从现行法前身的旧《森林法》当中曾经对具有直接利害关系者赋予了提起行政复议以及行政诉讼等权限这一历史沿革来看，我们不得不承认，《森林法》，在把不特定多数者因保留森林而获得的生活利益整体视为公共利益予以保护的同时，也在一定范围内将其中的一部分视为个人的个别利益予以保护。拥有这种利益者，针对防护林的指定，在法律上可以作为具有直接利害关系者主张其利益。因而，那些因本案防护林的解除而直接受到影响的居民，具有请求撤销防护林指定解除的原告资格。

如前所述，行政处分的相对人具有提起撤销诉讼的原告资格，对此似乎已经不存在什么异议了。但事涉第三人时，原告资格往往容易成为议论的焦点。本案中，表面上防护林的指定与解除是以森林所有者为对象所实施的行政处分，但是，由于防护林自身具有防洪、涵养水源等功能，所以附近居民也势必深受影响。从这个意义上来说，作为行政处分第三人的附近居民是否可以提起撤销诉讼，是一个不容忽视的问题。

从本案最高法院的判决来看，附近居民的原告资格之所以受到承认，似乎是基于以下的两个理由：其一，在现行《森林法》当中，针对直接利害相关人，设定了就防护林的指定与解除提出申请和陈述意见等程序性规定；其二，从历史沿革来看，旧《森林法》曾经规定直接利害相关人拥有提起行政复议以及行政诉讼等权限。

针对本案判决，有观点认为，本案不仅以法律上的程序性规定为依据，还参照了旧法的规定，从而扩大了认定原告适格的可能性，应予以积极评价。但也有观点主张，本案以实定法上的具体规定为依据来认定原告资格，由于并非所有的法律都对原告资格有所界定，因此反倒会限定或缩小原告适格的解释范围。还有人着眼于本案依程序性规定来认定原告资格的手法，认为以程序性规定之有无这一法律上的偶然来决定原告资格有失合理性。[1]

不过，尽管学界的评价褒贬不一，我们还是可以从最高法院的判决中发现如此的倾向：无论是依照现行法的程序性规定

---

〔1〕　磯部力「保安林指定解除と訴えの利益」『行政判例百選〔第4版〕』（有斐閣、1999年）437頁；園部逸夫ジュリスト780号104頁；阿部泰隆『行政法解釈学Ⅱ〔初版〕』（有斐閣、2009年）145–147頁。

也好，还是参照旧法上的规定也罢，法院在认定原告适格亦即解释"法律上的利益"之际，重视的都是实定法上是否存在相关的明文规定。而与"主妇联合会果汁案"相比，本判决的特别之处在于，没有将法律的目的截然地区分为公共利益或个人利益保护，反倒指出，在法律上有时两者可以共存、两者同时受到保护的情形也是存在的，并对拥有这种利益者承认了提起撤销处分的原告资格。即，强调《森林法》在把不特定多数者因保留森林而获得的生活利益整体视为公共利益予以保护的同时，也在一定范围内把其中的一部分视为个人的个别利益予以保护。可见，在实定法尤其是对法律目的的解释上，本判决显示出了比"主妇联合会果汁案"更为灵活的态度。

3. 伊达火电站案[1]（1985 年）

被告 Y（北海道知事）根据《公有水面填埋法》[2]的规定，于 1973 年 6 月 25 日，向"北海道电力株式会社"核发了公有水面的填埋许可，并于 1975 年 12 月 18 日，对完工后的工程予以核定验收（以下将两者合称为"本案行政处分"）。对此，原告 X（在邻近该公有水面水域拥有渔业权的渔业组合成员）认为，本案行政处分，没有充分考虑渔业利益、区域环境恶化等因素，有违公共利益原则，遂提起请求撤销本案行政处分的撤销诉讼。

最高法院判决要旨：

只有因行政处分的法律效果而使自己权利利益受到侵害或

---

〔1〕 最高法院 1985 年 12 月 17 日判决（最判昭和 60·12·17），判时 1179 号 56 页。

〔2〕 公有水面埋立法。

者必然地受到侵害者，才具有提起撤销诉讼的原告资格。但受行政处分法律效果影响的权利利益，并不局限于行政处分作为其本来效果而加以限制的权利利益，也包括行政法规因保护个人权利利益而通过对行政权行使进行制约所保障的权利利益。那些主张因行政处分违反上述制约而使自己受行政法规所保护的权利利益遭到漠视者，同样具有原告资格。这里所说的行政法规对行政权行使的制约，并不仅仅存在于明文规定的场合，也包括通过对法律加以合理解释能够理所当然地导引出的场合。

对本案公有水面拥有权利利益者，其权利利益因基于《公有水面填埋法》的本案行政处分而直接遭到剥夺，因此可以请求撤销本案行政处分。然而，原告只不过是对本案水面的近邻水域拥有渔业权而已，本案行政处分并不对其权利直接构成法律影响。在《公有水面填埋法》中，我们既找不到为保护近邻水域渔业从事者权利而对本案行政处分权的行使加以制约的明文规定，也无法从对该法的解释当中导引出这种制约。综上，由于原告的权利利益，并没有因本案行政处分而受到侵害或者必然地受到侵害，因此不具有原告资格。

本案为与行政处分相对人毗邻水域拥有渔业权者因请求撤销本案行政处分而提起的撤销诉讼，其焦点在于：与公有水面填埋许可相邻的海域拥有渔业权者作为行政处分的第三人是否具有提起撤销诉讼的资格？

本案中，最高法院针对本案公有水面的直接权利利益者承认了可以请求撤销本案行政处分的原告资格的同时，对邻近水域拥有渔业权的渔业组合成员则予以否定。渔业组合成员的原告资格，尽管最终没有获得认可，但最高法院在立足于"法律上保护的利益说"的同时指出，原告是否拥有"法律上的利益"

亦即原告的利益是否受到法律上的保护，对其加以判断时，并不局限于存在明文规定的场合，若没有明文规定，还可以通过对法律加以合理解释导引出。这种态度，与此前最高法院在"主妇联合会果汁案"和"长沼内木基地案"中所显示的重视实定法上明文规定的姿态形成鲜明对比，无疑会给认定原告适格的范围带来更大的可能性与空间，也会赋予法律解释更多的灵活性，有助于原告资格的扩大。[1]

4. 新潟空港案[2]（1989 年）

新潟空港，作为二类民用机场是由国家设置和管理的地方空港，拥有一条 2000 米长的跑道。1976 年 12 月，被告 Y（运输大臣）向日本航空公司颁发了定期航线（新潟—小松—首尔间）的运营许可。对此，原告 X（附近居民）认为，自己生活上、健康上的利益，因飞机带来的噪音而受到损害，遂提起撤销诉讼请求撤销该定期航线的运营许可。

最高法院判决要旨：

《行政案件诉讼法》第 9 条就撤销诉讼的原告适格所规定的"具有法律上的利益者"，是指因行政处分而使自己的权利或者法律上所保护的利益受到侵害或者必然地受到侵害的人。尽管如此，当行政处分所依据的行政法规，针对不特定多数者的利

---

[1] 势一智子「公有水面埋立と第三者の原告适格」『行政判例百選〔第 5 版〕』（有斐閣、2006 年）348 頁；高橋滋「行政訴訟の原告适格」『行政法の争点』（有斐閣、2014 年）116 頁。顺便说一下，势一智子氏认为，本案之所以主张在没有明文规定时可以对法律加以解释，也与当初立法的不完备（即该写入的没有写）直接相关，详情请参见同一文献第 349 頁。不过即便如此，至少最高法院给原告资格的认定上提供了崭新的视觉，这一点还是不容否定的。

[2] 最高法院 1989 年 2 月 17 日判决（最判平成元年·2·17），民集 43 卷 2 号 56 頁。

益，并不打算让这种利益止于被一般性公共利益所吸收、消解的境地，而是包含了作为这种利益的每位归属者的个人利益也予以保护之宗旨时，这种利益也相当于如前所述的法律上所保护的利益。

检视某一行政法规是否包含上述宗旨，应该将其置于由该行政法规以及与其目的相通的相关法规的有关规定所形成的法体系当中，依靠分析行政处分所依据的行政法规是否通过该行政处分也把如上所述的不特定多数者的利益作为个人利益予以保护来加以判断。

本案中，从颁发定期航线运营许可所依据的《航空法》的目的条款（第1条）以及相关法律《机场周围噪音防止法》〔1〕的规定来看，应该说，《航空法》也包含了以下的宗旨：将不受飞行噪音严重损害的利益作为个人的个别利益予以保护。因此，依社会常理来看，那些因飞行噪音而受到显著伤害者具有原告资格。

本案为机场周边居民为维护自己生活和健康上的利益而提起的撤销诉讼，其焦点在于：作为定期航线运营许可第三人的附近居民是否可以针对该许可提起撤销诉讼？

本案中，最高法院着眼于《航空法》将不受飞行噪音损害的利益也作为个人的个别利益予以保护这一宗旨，对原告资格予以认可。

从判决要旨来看，最高法院在对"法律上的利益"的解释上，沿袭了"主妇联合会果汁案"的观点，即采用"法律上保

―――――――――

〔1〕　公共用飛行場周辺における航空機騒音による障害の防止等に関する法律，经常被简称为"飛行場周辺航空機騒音防止法"。

护的利益说"。同时，在不必拘泥于实定法上的明文规定这一点上，与"伊达火电站案"相似。[1]此外，在对待一般性公共利益与个别利益的关系上，全面引用了"长沼内木基地案"的见解，即当法律并不打算让不特定多数者的利益止于被一般性公共利益所吸收、消解时，与保护一般性公共利益相并行，有时也可以将不特定多数者的利益作为对其所归属的每个人的个别利益予以保护。可见，最高法院的判决具有一贯性。

本案中，在"法律上保护的利益"亦即原告适格的判定基准上，主张应该把这种判断放到由行政法规以及与其目的相通的相关法规所形成的宏观法体系当中的观点令人耳目一新，此乃本判决的独到之处。"主妇联合会果汁案""长沼内木基地案"等，归根到底是以行政处分所依据的行政法规的相关规定为基准来判断原告适格与否。而在本案中，除了行政处分所依据的行政法规之外，还把与其目的相通的相关法规的有关规定也放入视野加以综合考虑。这种观点，摆脱了实定法上有无明文规定这一在来判断框架的束缚，无疑会给原告适格的认定带来更大的解释空间。从这个意义上讲，本案在原告适格的认定范围与手法上，与此前相比又前进了一步。

5. 近铁特快票价变更许可案[2]（1989年）

1980年3月8日，"近畿日本铁路股份有限公司"（以下简

---

〔1〕 不过，尽管两案的最高法院判决都主张在判断第三人的原告适格之际不必拘泥于实定法中的明文规定，但得出的结论却截然相反。在"新潟空港案"中，对那些依社会常理来看会因飞行噪音而受到显著伤害的附近居民承认了原告资格，而在"伊达火电站案"中，在近邻水面从事渔业的渔业组合成员的原告资格则遭到否定。参见古城诚「定期航空運送事業免許と第三者の原告適格」『行政判例百選〔第6版〕』（有斐閣、2012年）353頁。

〔2〕 最高法院1989年4月13日判决（最判平成元年·4·13），判时1313号121頁。

称为"近铁") 有关特快列车票价上涨的申请，获得被告 Y
(大阪陆运局局长) 的批准。对此，原告 X (购买通勤票等经常
利用近铁特快列车的乘客) 主张自己的利益受到侵害，遂提起
诉讼请求撤销有关票价上涨的许可等。

最高法院判决要旨：

尽管《地方铁路法》[1]第 21 条就地方铁路票价的确定、变
更等，采用由监管机关实施许可的制度，但该条款的宗旨却在
于专门确保公共利益而非保护乘客的个别权利利益。既然本案
票价上调许可所依据的法规不以保护乘客个别的、具体的利益
为目的，那么即便原告 X 等是居住在"近铁"沿线的居民，购
买通勤票并长期利用特快列车等，也无法拥有请求撤销该项许
可的原告资格。这是因为，原告并没有因本案许可而受到权利
利益的侵害或者必然地受到侵害。

本案是由"近铁"的部分乘客，就被告 Y (大阪陆运局局
长) 所作的票价上涨许可提起的撤销诉讼。同样是站在第三人
的立场上提起的行政诉讼，因此，原告资格的有无成为议论的
焦点之一。

本案中，最高法院在对系争处分所依据的《地方铁路法》
进行分析之后，得出结论认为，其宗旨是用来专门保护公共利
益的，并在此基础上否定了原告资格。从判决的结论来看，显
然在认定原告适格亦即解释"法律上的利益"之际，沿袭了
"主妇联合会果汁案"的判断逻辑，把法律的目的简单而机械地
划分为公共利益抑或个人利益的保护。然而非常遗憾的是，对

---

[1]　地方鉄道法。

于原告资格遭到否定的具体原因，最高法院并没有作出详细说明。

由于本案的原告，皆为购买通勤票且经常利用"近铁"特快列车的乘客，因此，不承认他们的原告资格，也就意味着偶然购票利用"近铁"的所谓一般乘客的原告资格也随之遭到了否定。

在"新潟空港案"中，最高法院在通过综合分析系争处分所依据的法规等后，对那些因新航线的开设所产生的噪音而受到明显伤害的周边居民承认了原告资格。本案中，考虑到居住在"近铁"周边且持有通勤票长期利用特快列车的原告因票价上涨所蒙受的影响，要远比偶尔利用的所谓一般乘客大得多这一客观事实，有学者认为，原告资格是不应该受到否定的。[1]

6. 伊场遗址案[2]（1989 年）

被告 Y（静冈县教育委员会）于 1954 年 3 月，将"伊场遗址"指定为"静冈县史迹"。可是到了 1973 年 11 月又以城市的发展与再开发等为由，依据《静冈县文化遗产保护条例》[3]的规定，全面解除了上述指定。对此，原告 X 等（欣赏"伊场遗址"的学术性历史性价值并以其为研究对象的学者、从事该遗址保存运动的人士等）申请行政复议未果，遂提起撤销该解除处分的行政诉讼。

---

〔1〕 横田光平「特急料金認可と第三者の原告適格」『行政判例百選〔第 6 版〕』（有斐閣、2012 年）356 頁。在近年与本案同类的"北总铁路案"中，同样是作为原告的沿线居民请求撤销票价上涨许可，东京高等法院对通勤、上学等经常性持续性利用该铁路的乘客，承认了其原告资格，参见东京高等法院 2014 年 2 月 19 日判决（東京高判平成 26・2・19）。

〔2〕 最高法院 1989 年 6 月 20 日判决（最判平成元年・6・20），判时 1334 号 201 頁。

〔3〕 静岡県文化財保護条例。

《静冈县文化遗产保护条例》是依据《文化遗产保护法》[1]第 98 条第 2 款制定的。该条例第 29 条第 1 款规定，教育委员会有权将县内重要的纪念设施指定为"县指定史迹"。同时，第 30 条第 1 款规定，当被指定设施丧失了价值或者存在其他特殊理由时可以解除该史迹指定。本案的解除处分，就是基于后者作出的。

最高法院判决要旨：

由于文化遗产享有权的观念作为具体权利尚未受到法律认可，因此以此为前提的违宪主张有失妥当。

从本案《静冈县文化遗产保护条例》以及《文化遗产保护法》等的规定来看，并不存在将县民以及国民从保存、活用史迹等文化遗产当中所享受到的利益，作为个人的个别利益予以保护的明文规定。而且，即便对这些规定尝试各种合理解释也无法导引出上述趣旨。因此，应该说，本案《静冈县文化遗产保护条例》以及《文化遗产保护法》，是将每个县民以及国民从保存、活用史迹等文化遗产当中所享受到的利益，视为能够被各自追求的公共利益目的所吸收、消解的利益。而对这种利益的保护，也是通过公共利益目的的达成而实现的。由于无法从《静冈县文化遗产保护条例》以及《文化遗产保护法》当中找出，要对文化遗产研究者的学术研究上的利益予以特殊照顾的规定，因此，对文化遗产研究者的这种学术研究上的利益的保护，不能超越一般县民以及国民从保存、活用史迹等文化遗产当中所享受到的利益。原告 X 等即便是以本案遗址为研究对象

---

[1]　文化財保護法。

的学术人士，也不拥有请求撤销本案解除处分的法律上的利益，在本案诉讼中不具有原告资格。

本案中，表面上的焦点在于：学者从保存史迹等文化遗产当中所享受到的利益是否相当于"法律上的利益"，亦即以本案史迹为研究对象的学者等是否具有请求撤销本案解除处分的原告资格？而实际上被提起的是，当人文历史、自然环境等全社会或者大多数人的共同利益受到不法侵害时谁在法律上可以展开抗争？

从判决结果来看，可以说本案完全沿袭了"主妇联合会果汁案""伊达火电站案"等在来判例的理论框架。即，对所谓一般性公共利益与个人利益加以严格区分，由于既不存在将国民从保存、活用史迹等文化遗产当中所享受到的利益，作为个人的个别利益予以保护的明文规定，又无法通过合理解释导引出上述宗旨，再加上找不出要对学术研究上的利益予以特殊照顾的规定，因此，否定了以本案遗址为研究对象的学者等的原告资格。而这也意味着，非专业人士即普通百姓则更没有资格提起这类撤销诉讼。

当人文历史、自然环境等全社会或者大多数人的共同利益受到不法侵害时，能否以行政诉讼的形式予以救济？从研究本案遗址的学者以及从事该遗址保存运动人士的原告资格遭到否定的结果来看，最高法院似乎站在否定的立场。而这种判断也引起了如此的疑问：当全体人民或者一个地区的居民，从保存、活用史迹等文化遗产当中所享受到的利益遭到侵害时，法律上到底谁可以对此展开抗争呢？

7. "文殊"核反应堆设置许可案〔1〕(1992 年)

1983 年 5 月 27 日，被告 Y（总理大臣）根据《核反应堆等规制法》〔2〕的规定，对当时的"核反应堆与核燃料事业团"核发了有关高速核反应堆"文殊"的设置许可。对此，原告 X（周边居民）认为，该高速核反应堆的设置与运营，将给自己的生命、身体带来重大损害，遂以 Y 为被告提起请求确认该项许可无效的无效确认诉讼。〔3〕

最高法院判决要旨：

《行政案件诉讼法》第 36 条规定"具有法律上的利益者"可以提起"无效等确认诉讼"，其含义应与撤销诉讼的原告适格做同义解释。

《行政案件诉讼法》第 9 条就撤销诉讼的原告适格作出规定，该条款所说的"具有法律上的利益者"，是指因行政处分而使自己的权利或者法律上所保护的利益受到侵害或者必然地受到侵害的人。当行政处分所依据的行政法规，针对不特定多数者的具体利益，并不打算让这种利益完全停留于被一般性公共利益所吸收、消解的境地，而是包含了作为这种利益的每位归属者的个人利益也予以保护之宗旨时，这种利益就相当于如前所述的法律上所保护的利益。

判断某一行政法规是否具有上述宗旨时，应依据该行政法规的宗旨、目的，以及该行政法规通过行政处分所要保护的利

---

〔1〕　最高法院 1992 年 9 月 22 日判决（最判平成 4·9·22），民集 46 卷 6 号 571 頁。

〔2〕　核原料物質、核燃料物質及び原子炉の規制に関する法律。

〔3〕　依据《行政案件诉讼法》第 3 条第 3 款的规定，"无效等确认诉讼"，是指请求确认处分或裁决的存在与否或效力有无的诉讼。

益的内容、性质等加以分析。

综合本案《核反应堆等规制法》第 24 条第 1 款第 3、4 项的设定宗旨以及预想得到的被害性质等就会发现，这些规定，并不停留于单纯保护公众生命、身体安全、环境利益等一般性公共利益，也把那些居住在设施周围一旦发生事故时直接受到重大损害的周边居民的生命、身体安全，作为个人的个别利益予以保护。因此，那些主张本案设施的设置与运营，会给自己生命、身体带来重大损害的周边居民，具有原告资格。

本案中，最高法院首次就核电作出判决，因此，在判例史上具有重要意义。表面上，本案是核电站周边居民，要求确认总理大臣所核发的核反应堆设置许可无效而提起的无效确认诉讼。但是，由于无效确认诉讼的原告资格，正如判决要旨当中所阐述的那样，通常与撤销诉讼做同义解释，因此，本案的逻辑也同样适用于撤销诉讼。

仔细观察判决要旨就会发现，本案中，最高法院以"无效等确认诉讼"的原告资格应与撤销诉讼的原告资格做同义解释为前提，在判决的理论框架上，基本沿袭了此前的判例。其一，针对《行政案件诉讼法》第 9 条的解释，沿用了"主妇联合会果汁案""长沼内木基地案""新潟空港案"等判决的见解。其二，在对待一般性公共利益与个别利益的关系上，几乎原封不动地引用了"新潟空港案"的判决。

但是，本案主张，在就原告资格的有无对行政处分所依据的行政法规进行解释之际，除了该行政法规的宗旨、目的之外，还要考虑该法规通过行政处分所要保护的利益的内容、性质，进而还需斟酌发生事故时被害的性质等点上，有其独到之处。如后所述，本案中最高法院所提出的上述判断逻辑，对后来修改《行政案件诉讼法》产生了相当大的影响，几乎原封不动地被反映到该法新设的第9条第2款当中。

8. 国分寺市弹子房营业许可案[1]（1998年）

1993年12月27日，被告Y（东京都公安委员会）根据《风俗营业法》[2]第3条第1款的规定，向某公司核发了开设弹子房店铺的营业许可。对此，原告X（弹子房店铺建设预定地附近居民）主张该营业许可违法，遂请求法院予以撤销。

最高法院判决要旨：

《行政案件诉讼法》第9条所说的针对撤销行政处分"具有法律上的利益者"，是指因行政处分而使自己的权利或者法律上所保护的利益受到侵害或者必然地受到侵害的人。当行政处分所依据的行政法规，针对不特定多数者的具体利益，并不打算让这种利益完全停留于被一般性公共利益所吸收、消解的境地，而是包含了作为这种利益的每位归属者的个人利益也予以保护之宗旨时，这种利益就相当于如前所述的法律上所保护的利益。某一行政法规是否含带上述宗旨，应依据该行政法规的宗旨、目的，以及该行政法规通过行政处分所要保护的利益的内容、性质等加以判断。

《风俗营业法》以维持美好的风俗习惯、清静的世俗环境以及防止有害青少年健康成长的行为发生等为己任。从这一目的来看，我们很难说，该法中有关风俗营业许可的规定，除了公共利益保护之外，还包含了针对每个人的个别利益也予以保护

---

[1] 最高法院1998年12月17日判决（最判平成10·12·17），民集52卷9号1821頁。

[2] 風俗営業等の規制及び業務の適正化等に関する法律，经常被简称为"風営法"。

之意。

规定风俗营业许可基准的《风俗营业法》第 4 条第 2 款第 2 项，同样是基于维持良好的世俗环境这一公益性目的来对风俗营业的地域予以限制，因此，该规定本身并不包含对周边居民的个别利益予以保护之意。此外，从《风俗营业法施行令》以及《风俗营业法施行条例》的相关规定来看也同样如此。

综上所述，弹子房店铺建设预定地附近的居民，不具有请求撤销风俗营业许可的原告资格。

本案是近邻居民请求撤销弹子房营业许可的行政诉讼案件，其焦点在于：弹子房建设预定地附近居民是否具有请求撤销该营业许可的原告资格？

从最高法院的判决要旨来看，无论是在对撤销诉讼原告适格的解释上，还是在采用区别对待一般性公共利益与个别利益的手法上，以及在判断某种利益是否作为个别利益也受到法律保护的判断基准上，可以说本案都与"'文殊'核反应堆设置许可案"如出一辙。

然而，同样是由近邻居民针对不受欢迎的设施站在第三人的立场上所提起的撤销诉讼，为什么在"'文殊'核反应堆设置许可案"中，原告资格获得了首肯而在本案中遭到了否定了呢？

对此，尽管最高法院并没有作出直接说明，但若仔细比较一下两案的判决要旨，我们或许可以解读如下：两案皆把事故发生时被害的性质，视为判断"法律上保护的利益"亦即原告适格与否的要素之一。在"'文殊'核反应堆设置许可案"中，最高法院据此分析之后发现，倘若发生事故，越是距离核电厂近的居民，在生命上、健康上受到损害的可能性越高，而这种损害也越直接越重大。相反，在本案中，即便因准许弹子房营业会给附近居民生活带来一定影响，也只不过是损害了所谓在良好的世俗环境中生活的利益罢了。最高法院在对这种利益进行分析之后，认为这种利益可以被一般性公共利益所吸收，《风俗营业法》以及其他相关法规中，并不存在将这种利益作为个别利益予以保护的规定，从而否定了附近居民的原告资格。

9. 六环线案[1]（1999 年）

被告 Y（建设大臣）根据《城市规划法》[2]第 59 条第 2 款的规定，于 1991 年 3 月 8 日，对东京都以拓宽六环线为内容的城市改造工程核发了施工许可。之后，又对"首都高速道路公团"，以在六环线地下建造高速道为内容的配套工程核发了施工许可。对此，原告 X（对工程所在地的不动产拥有产权的人，以及在工程所在地周边居住的居民、上班的通勤族、上学的学生等）主张，其一，六环线的拓宽工程没有经过环境评估，此举违反了东京都的有关条例；其二，这些道路会产生深刻的公害，有违《城市规划法》所规定的环保义务；其三，这些道路违反了合理利用土地的原则，不具公共性；其四，原告 X 等的财产权、幸福追求权、人格权等会受到损害。总之，上述的工程许可违法，遂请求法院予以撤销。

最高法院判决要旨：

对工程所在地的不动产拥有产权者，具有请求撤销施工许可等的原告资格。与此相反，对于那些居住在工程所在地周边的居民或者在工程所在地周边通勤、上学的人，则不能承认原

---

[1] 最高法院 1999 年 11 月 25 日判决（最判平成 11·11·25），判时 1698 号 66 页。

[2] 都市計画法。

告资格。这是因为，没有证据显示，这些人的权利或者法律上所保护的利益，因本案施工许可而受到侵害或者必然地受到侵害。

在本案之前，为了扩大原告资格，可以说法院绞尽脑汁，想尽各种各样的办法来扩大"法律上保护的利益"的范围。在本案判决中，最高法院之所以对工程所在地的不动产拥有产权者肯定了原告资格的同时否定了工程所在地周边的一般居民的原告资格，一般认为，也是出于想对这种扩大倾向予以适当限制的考虑。[1]然而，对于本案中最高法院固守旧的判断框架之举，学界不乏批评之声。[2]

由于本案判决有关周边一般居民的部分，在接下来将要介绍的判例（"小田急铁路公司案"）中，被最高法院自身所否定，为了论述方便，在该判例中一并加以点评。

（二）2004 年《行政案件诉讼法》修改后的判例

如前所述，关于究竟谁可以提起撤销诉讼，长期以来，现行法上只规定了那些对撤销行政处分具有法律上的利益者可以提起，而对于何谓"法律上的利益"，则没有作出明确界定。法律实践中，正如"主妇联合会果汁案"等所代表的那样，"法律上保护的利益说"（"法律上的利益"＝由行政处分所依据的法令所保护的利益）被视为通说。可是，长期以来，对于何种利益才可以说是相关法令所保护的利益，并没有明确的判断基准

---

〔1〕 磯野弥生「都市計画と公害防止計画の適合性」『行政判例百選〔第 5 版〕』（有斐閣、2009 年）109 頁。

〔2〕 本案最高法院判决，被原田教授酷评为，顽固坚守旧的判断理论的"恶劣先例"，参见原田尚彦『行政法要論〔全訂第 7 版·補訂第 2 版〕』（学陽書房、2013 年）396 頁。

和解释指针。因此，正如我们在本章"2004 年《行政案件诉讼法》修改前的判例"中所看到的那样，法院为了判定"法律上的利益"（原告资格）的有无，创造性地发明了诸如"个人的个别利益""反射性利益或者事实上的利益""能够被一般性公共利益所吸收、消解的不特定多数者的利益"等新名词。但是，何为"个人的个别利益"、何为"反射性利益或者事实上的利益"、何为"能够被一般性公共利益所吸收、消解的不特定多数者的利益"，其实认定起来相当困难。最终，不得不依赖法院的主观判断，结果即便是同类案件，判决也会出现不同，造成同案不同判的尴尬局面。为了改变上述状况，在 2004 年修改《行政案件诉讼法》时，新设了对原告适格，尤其是行政处分相对人以外的第三人的原告适格的解释指针——第 9 条第 2 款，在此引用如下：

> 法院在判断处分或裁决的相对人以外的其他人有无前款规定的法律上的利益时，不得仅依该处分或裁决所依据的法令规定的文句，而应考虑该法令的宗旨、目的以及该处分所应考虑的利益的内容及性质。这种情形下，在考虑该法令的宗旨及目的时，应一并斟酌与该法令有共同目的的相关法令的宗旨及目的；在考虑该利益的内容及性质时，亦应一并考虑该处分或裁决所依据的法令被违反时受损害的利益及性质，以及受损害的状态及程度。

以下，笔者想以 2004 年修法后的若干最高法院判例为素材，看一看在"法律上的利益"亦即原告资格的认定基准上有何变化？而新增设的判断基准和解释指针，在法律实践中具体如何发挥其作用？

1. 小田急铁路公司案〔1〕(2005 年)

被告 Y（建设大臣）根据《城市规划法》第 59 条第 2 款的规定，于 1994 年 5 月 19 日，对小田急铁路公司以小田原线部分区间的连续立体交叉化为内容的城市改造工程等核发了施工许可。对此，原告 X（沿线居民等）主张，受《城市规划法》以及《东京都环境评估条例》〔2〕所保护的居民以下权利，即享受健康的、文化的、安静的环境以及健康舒适地生活等权利，将因铁路工程施工所带来的噪音、振动而受到损害，遂请求法院对该施工许可予以撤销。

最高法院判决要旨：

《行政案件诉讼法》第 9 条第 1 款所说的针对撤销行政处分"具有法律上的利益者"，是指因行政处分而使自己的权利或者法律上所保护的利益受到侵害或者必然地受到侵害的人。当行政处分所依据的行政法规，针对不特定多数者的具体利益，并不打算让这种利益完全停留于被一般性公共利益所吸收、消解的境地，而是包含了作为这种利益的每位归属者的个人利益也予以保护之宗旨时，这种利益就相当于此处所说的法律上所保护的利益。当某人所拥有的这种利益，因行政处分而受到损害或者必然地受到损害时，他就具有请求撤销该行政处分的原告资格。在判断行政处分相对人以外的第三人是否拥有上述法律上所保护的利益时，不能单纯地依照该行政处分所依据的法律规定的语句，还要考虑到有关法令的宗旨、目的以及该行政处

〔1〕 最高法院 2005 年 12 月 7 日判决（最大判平成 17·12·7），民集 59 卷 10 号 2645 页。

〔2〕 東京都環境影響評価条例。

分所要保护的利益的内容、性质等。另外，在审视有关法令的宗旨、目的之际，如若存在与其具有共通目的的相关法令，还要参照相关法令的宗旨、目的。在判断该行政处分所要保护的利益的内容、性质时，还要考虑到该行政处分因违反其所依据的有关法令而损害的利益的内容、性质以及被害的样态、程度等。

从《城市规划法》的具体规定来看，该法的目的在于，通过城市的健康发展、有序建设，来促进国土的均衡发展以及增进公共福祉（第1条）。同时，该法进一步规定，应该确保健康的、文化的城市生活（第2条），当某一城市已经制定了公害防止计划时，要求该城市的发展规划必须与其相匹配（第13条第1款）。另外，该法还规定，当制作城市规划方案时，为了听取居民的意见，可采取召开公听会等必要措施（第16条第1款）。在就城市规划发布决定公告时，有关市町村的居民以及利害关系人，可就事先已供公众阅览的城市规划方案提出自己的意见书（第17条第1款、第2款）等。

同样，在《东京都环境评估条例》中，其目的也是通过对那些有可能给环境带来巨大影响的事业，进行事先调查、检测、评估，并将结果公之于众等方式，来确保市民健康舒适的生活得以实现。

当有关城市规划的决定或者变更，违反了《城市规划法》及其相关法令时，直接因该工程所带来的噪音、振动而受到损害的是居住在一定范围内的居民。而其被害程度，也与居住地和该工程所在地的距离成正比，越近越严重。

综合以上有关城市规划许可的法律以及相关法令的宗旨、目的，可以说，这些法规也包含了对居住在该工程所在地附近居民的如下具体利益予以保护之意：不受违法事业所带来的噪音、振动等损害。而从上述损害的内容、性质、程度等来看，这种具体利益难以被一般性公共利益所吸收、消解。因此应该承认，那些居住在该工程所在地附近，因该工程影响而在健康上、生活环境上直接受到显著损害的居民，具有请求撤销该城市规划事业许可的原告资格。本法院于 1999 年 11 月 25 日在"六环线案"中所作的与上述观点相左的判决，在此予以变更。

本案，作为 2004 年《行政案件诉讼法》修改后的最高法院判决，具有指标性意义。可以说，最高法院作出判决时，全面遵从了《行政案件诉讼法》新设的解释条款。首先，在总论部分指出，作为第三人，是否具有原告资格的判定基准，不能单纯地依据该行政处分所基于的法律规定的语句，而要考虑到，其一，有关法令的宗旨、目的，以及其二，该行政处分所要保护的利益的内容、性质等。在审视第一项指标之际，如果存在与行政处分所依据的法规具有共通目的的相关法令，还要进一步参照相关法令的宗旨、目的。在判断第二项指标时，还要斟酌因该行政处分违反其所依据的有关法令而损害的利益的内容、性质，以及被害的样态、程度等。如此的判断框架，包括遣词造句在内，几乎与《行政案件诉讼法》新设的第 9 条第 2 款如出一辙。

其次，在具体判断上，最高法院也同样遵从了新设条款的精神。先是对行政处分所依据的《城市规划法》以及与其目的相通的《东京都环境评估条例》等相关法规的规定进行了综合分析，接下来，在判断行政处分所要保护的利益的内容、性质时，斟酌了被损害利益的内容、性质等。

最后，对那些居住在该工程所在地附近因该工程影响而受到显著损害的居民，承认了原告资格。

在"六环线案"中，最高法院以权利或者法律上所保护的利益不会因行政处分而受到侵害或者必然地受到侵害为由，否定了周边居民的原告资格。而在本案中，在对《城市规划法》以及相关法令的宗旨、目的，被害的内容、性质、程度等进行综合分析之后，最高法院主张，不受违法事业所带来的噪音、振动等损害的这种利益，作为居民的具体利益也受到了保护，而且，这种具体利益无法被一般性公共利益所吸收、消解，从而对附近居民承认了原告资格，并撤销了自己曾经在"六环线案"中所作的判决。最高法院之所以勇于自我否定，应该说新增设的解释指针发挥了积极的推动作用。

2. "卫星大阪"案〔1〕（2009 年）

被告 Y（经济产业大臣）根据《自行车竞技法》〔2〕第 4 条第 2 款的规定，于 2005 年 9 月 26 日，批准设置场外经营贩卖自行车赛赌券的设施——"卫星大阪"。对此，原告 X（居住在该设施附近的居民、医院等医疗设施的开设者）认为，该设置许可没有满足法定要件而违法，遂请求法院撤销该项许可。

此外，尽管《自行车竞技法》针对场外经营贩卖自行车赛赌券的设施采用了许可制，但对于具体的许可基准则没有明确规定，而是将其委任给下位的《自行车竞技法实施规则》〔3〕。根据该规则第 15 条第 1 款第 1 项的规定，作为核发许可的必要条件之一，设置场外经营贩卖自行车赛赌券的设施时，必须满足以下的所谓"距离标准"：距医疗等设施要有相当的距离，营

---

〔1〕　最高法院 2009 年 10 月 15 日判决（最判平成 21・10・15），民集 63 卷 8 号 1711 页。

〔2〕　自転車競技法。

〔3〕　自転車競技法施行規則。

业时不得给文教、保健卫生等机关带来显著影响。

最高法院判决要旨：

最高法院在全面引用了"小田急铁路公司案"的判断基准后，就原告适格指出：因设置与经营场外（贩卖自行车赛赌券的）设施而有可能给周边居民带来的损害，一般是指交通、教育等广义上的生活环境之恶化。我们难以想象，设置与经营场外设施，会立即给周边居民等的生命、身体的安全与健康带来威胁，给其财产带来显著损害。应该说，这种关乎生活环境的利益，基本上属于公共利益，除非法令当中存在着明确的根据规定，否则难以将其解释为也包含了作为每个人的个别利益予以保护之意。

本案中，《自行车竞技法实施规则》所定的"距离标准"，要求以下条件来核发场外设施的设置与经营许可，即距医疗等设施要有相当距离，营业时不得给文教、保健卫生等机关带来显著影响。可见，"距离标准"，也包含了将医疗设施开设者的以下利益作为个人利益予以保护之意，即在安全、清静的环境下开展工作，不受场外设施的设置与运营之妨碍。因此，因本案设施的设置与运营而有可能在业务上受到显著影响的医疗设施等开设者具有原告资格。

同样依据"距离标准"来看，《自行车竞技法》和《自行车竞技法实施规则》，通过"距离标准"想要保护的是青少年等不特定多数者的健康成长的利益。这种利益，从其性质来看，属于一般性公共利益，不足于成为原告适格的根据。因此，本案的周边居民，不具有请求撤销许可的原告资格。

本案焦点在于：居住在设施附近的居民和医院等医疗设施

的开设者们，作为本案设置许可的第三人，是否具有提起撤销诉讼的原告资格？

本案中，系争设施周边的医疗机关开设者的原告资格受到了认可，而一般居民的原告资格则遭到了否定。同样是居于系争设施的周边，为什么判断截然相反呢？从最高法院的判决要旨来看，我们似乎可以做如下解读：最高法院首先区别对待生活环境上的恶化与生命、身体上的损害，并将不受交通、教育等广义上的生活环境恶化所损害的这种利益定位为一般性公共利益。然后指出，除非法令当中存在着明确的根据规定，否则难以将其解释为也包含了作为每个人的个别利益予以保护之意。接下来，在此基础上，着眼于《自行车竞技法实施规则》所定的"距离标准"，从实定法中是否存在明文规定这个角度进行分析，结果发现，针对医疗设施等开设者具有相关的法律规定而一般居民则没有，于是对前者承认了原告资格，对后者予以否定。

然而，对于上述判决，学界不乏批评之声。有学者认为，本案判决以僵硬的法律解释来否认周边居民的原告资格，不符合时代要求，是开历史的倒车。[1]也有学者主张，本案判决背离了 2004 年修法的宗旨。[2]

（三）点评

以上，以 2004 年《行政案件诉讼法》修改为分界点，对修法前后的判例分别做了介绍与分析。在此，对前述的分析结果暂做一个简单的点评。

---

〔1〕　原田尚彦『行政法要論〔全訂第 7 版・補訂第 2 版〕』（学陽書房、2013年）396 頁。

〔2〕　塩野宏『行政法 Ⅱ（行政救済法）〔第 5 版・補訂版〕』（有斐閣、2013年）141-142 頁注 6。

从修法前的状况来看，有关原告适格的最高法院判例[1]，呈现出以下的几个特征：其一，在对"法律上的利益"的解释上，立足于"法律上保护的利益说"，只对受法律保护的利益承认原告适格；其二，在判断何种利益才是受法律保护的利益，亦即对"法律"宗旨的解释上，通过不断采用灵活的解释技巧与手法，使"法律""法律上的利益""法律上保护的利益""原告适格"的范围不断拓宽；其三，对一般性公共利益与个别利益加以区分，但区分的强度逐渐减弱，由截然分开到也承认两者的共生共存。[2]

在"主妇联合会果汁案"中，最高法院明确表明，只有因行政处分而可能使自己的权利或者法律上所保护的利益受到侵害或者必然地受到侵害者，才具有提起行政诉讼的原告资格，采用"法律上保护的利益说"，并将其具体界定为，"法律为了保护私人等权利主体的个人利益，通过制约行政权的行使而保障的利益"。然后，对公共利益与个别利益加以严格区分，并主张，实现公共利益目的的过程中所衍生出的利益，不相当于"法律上保护的利益"，它只不过是反射性利益或者事实上的利

---

[1] 有关2004年修法前的最高法院判决情况，请参见人见刚「原告適格の考え方と条文」ジュリスト1234号33页。

[2] 芝池义一教授认为，《行政案件诉讼法》修改之前，有关原告适格的判例主要有以下几个特征：其一，立足于"法律上保护的利益说"，其二，对"法律"的范围予以严格限定，其三，区分一般性公共利益与个别利益。参见芝池義一『行政救済法講義〔第3版〕』（有斐閣、2006年）43页。但在笔者看来，第二点的对"法律"的范围予以严格限定，或许有失严密。这是因为，若抛开20世纪70年代末期以及80年代早期的若干判例（如"主妇联合会果汁案"），从截止到2004年修法前的整体情况来看，正如读者在本章各个具体判例分析中所看到的那样，最高法院在立足于"法律上保护的利益说"的同时，通过不断采用各种灵活解释手段的结果，"法律"的范围不仅没有被限缩，反而呈现出不断拓宽的态势。不过，有关这一点，好像芝池义一教授自身也没有否定，参见该书第44~46页。

益而已。

　　"长沼内木基地案"，沿袭了"主妇联合会果汁案"的判决框架，同样立足于"法律上保护的利益说"，并进一步指出，当某一法律，针对不特定多数者的利益，并不打算让这种利益止于被一般性公共利益所吸收、消解的境地，而是也包含了将这种利益的全部或者一部分作为对其所归属的每个人的个别利益予以保护之意时，那些主张此种利益受到损害者具有提起撤销处分的原告资格。然后，依据现行法上的程序性规定，同时还参照了旧法上的相关规定，指出，《森林法》在把不特定多数者因保留森林而获得的生活利益视为公共利益的同时，也在一定范围内将其中的一部分视为个人的个别利益予以保护。即，没有把法律的目的截然地区分为公共利益或者个人利益的保护，而是承认，有时两者可以共存、可以同时受到法律的保护。

　　"伊达火电站案"在继承了此前最高法院判断框架的同时，进一步指出，判断原告是否拥有"法律上的利益"，并不局限于明文规定，若不存在明文规定还可以通过对法律加以合理解释导引出来。同样，"新潟空港案"也主张，除了行政处分所依据的行政法规之外，还要把与其目的相通的相关法规的有关规定也放入视野加以综合考虑。通过以上的判例，最高法院摆脱了此前的实定法上有无明文规定即"实定法遵循主义"这一判断框架的束缚，给原告资格的认定带来了更大的可能性和空间。

　　"'文殊'核反应堆设置许可案"强调，在对行政处分所依据的行政法规进行解释之际，除了该行政法规的宗旨、目的之外，还要考虑该法规通过行政处分所要保护的利益的内容、性质，进而还需斟酌发生事故时被害的性质。应该说，本案判决吸收了此前最高法院在原告适格案件中所取得的所有成果，集大成于一身，达到了当时原告适格认定的最高峰，并对后来的修法产生了深远的影响。通过这个判例我们可以发现，最高法院围绕原告适格进行法律解释的视野，已从个别法规扩展到由相关法规所组成的宏观法体系，进而扩展到被侵害的利益。这些成果，同样也在其后的"国分寺市弹子房营业许可案"等中，得到了继承。

接下来，从修法后的情况来看，全面遵从《行政案件诉讼法》的修改宗旨[1]，依照新设解释条款的判断框架来认定原告适格或许是这个时期的最大特点。这一点，在"小田急铁路公司案"中，可以说体现得淋漓尽致。除了与城市规划事业认可直接相关的规定之外，还参照了《城市规划法》的目的规定等条款、公害防止计划所依据的《公害对策基本法》的相关规定以及《东京都环境评估条例》的各种规定的宗旨、目的，甚至还考虑了当有关城市规划的决定或者变更违反了《城市规划法》及其相关法令时直接造成的损害情况等。如前所述，本案中，无论是在总论部分，还是在具体分析上，甚至包括用语在内，几乎完全引用了新设的《行政案件诉讼法》第9条第2款。而这种判断框架与判决姿态，在其后的"'卫星大阪'案"中，尽管判决结果不尽相同，同样也得以延续。

经"小田急铁路公司案"的最高法院判决后，针对行政处分相对人以外的第三人的原告适格的判断基准得以确定成形。

---

〔1〕 盐野宏教授，将此次修法的宗旨归纳为以下三点：其一，承认第三人有时也同样具有"法律上的利益"，从而否定了机械适用反射性利益论的观点；其二，不能单纯依照行政处分所直接依据的法令条文，还应将视野扩大到相关法令的宗旨、目的，从而否定了对法令的文言只作形式上解释的做法；其三，也要顾及被侵害利益的情况。参见塩野宏『行政法Ⅱ（行政救済法）〔第5版·補訂版〕』（有斐閣、2013 年）134 頁。

即，不能单纯地依赖法律语句，而要考虑到有关法令的宗旨、目的以及行政处分所要保护的利益的内容、性质等。同时，在审视有关法令的宗旨、目的之际，如果存在与其具有共通目的的相关法令，还要进一步参照相关法令的宗旨、目的；在判断行政处分所要保护的利益的内容、性质时，还要考虑到一旦行政处分违法而损害的利益的内容、性质以及被害的样态、程度等。经此格式化后，期待着法院能够在今后的判决中，实质性地扩大对原告资格的认定范围，从而切实保障公民获得司法救济的权利。

六、小结

撤销诉讼中，当某人具有请求撤销某一行政处分的资格与能力时，我们就可以称其作为原告是适格的，即原告适格。尽管现行《行政案件诉讼法》第 9 条第 1 款规定，"请求撤销该处分或裁决具有法律上的利益者"，具有提起撤销诉讼的原告资格，但是，由于该法并没有明确界定何谓"法律上的利益"，因此，原告适格论实际上也就演变成为"法律上的利益"的解释论。

综上所述，我们可以发现，就原告适格而言，事实上容易成为问题的，往往是行政处分相对人以外的第三人或者那些在表面上不具有特定相对人的行政处分。在事涉第三人的原告适格认定基准上，综合 2004 年修法前后的判例，大致可以梳理出如下的一些特征：

第一，当生命、身体的安全（包括健康）可能受到危害时，原告资格较易获得认可，反之相对困难。以"新潟空港案""'文殊'核反应堆设置许可案"以及"小田急铁路公司案"等为例，我们可以发现，当生命、身体的安全可能受到危害时，即便是法令上的相关根据并不明确，最高法院也倾向于通过对法令规定加以灵活解释以承认原告适格。而当可能受到侵害的利益与生命、身体的安全无关时，最高法院则倾向于持消极态度。例如，"近铁特快票价变更许可案"针对购买通勤票并长期利用特快列车乘客所主张的经济上的利益、"伊场遗址案"针对以该遗址为研究对象的学者从保存史迹等文化遗产当中所享受到的利益、"国分寺市弹子房营业许可案"针对附近居民所主张的在良好世俗环境中生活的利益、"'卫星大阪'案"针对系争设施周边居民所主张的生活环境利益等，之所以否定原告资格，应该说就是这种消极态度的结果。可见，在最高法院的天平中，生命、身体的安全要重于其他利益。

第二，如前所述，从 20 世纪 80 年代起，法院在坚持"法律上保护的利益说"的同时，通过对法令加以灵活解释等来扩大原告适格范围的结果，使"法律上保护的利益说"与"值得保护的利益说"的区别，越来越相对化，尤其是经过 2004 年《行政案件诉讼法》修改之后，应该说，两者的界限已不明晰。[1] 其实，早在修法之前，最高法院判断原告资格有无的基准，正如"'文殊'核反应堆设置许可案"中所显示的那样，已从"是否受到法律的保护"，开始向如下的这一方向转变了：

---

〔1〕 不过，原田教授主张，虽然判例在坚持"法律上保护的利益说"的同时，明显呈现出接近"值得保护的利益说"倾向，在认定"诉的利益"（原告适格）上，两学说的对立正在不断失去实际意义，但尽管如此，由于两学说的差异起源于我们如何来看待行政诉讼的本质与目的，亦即是将其视为通过解决围绕行政处分合法性产生的纠纷来救济国民现实生活利益的手段，还是定位于保护实体法所预设的法律利益？因此，即便在今天对两学说加以区分仍不失其理论意义。参见原田尚彦『行政法要論〔全訂第 7 版・補訂第 2 版〕』（学陽書房、2013 年）394 頁、394-395 頁注。

亦将相关法律纳入其中，进而考虑被侵害利益的性质的同时，对有关法规加以合理的解释。从某种意义上说，这也表明，"法律上保护的利益说"，已经接近"值得保护的利益说"了。[1]而从新设的《行政案件诉讼法》第9条第2款的内容本身来看，即"法院在判断处分或裁决的相对人以外的其他人有无前款规定的法律上的利益时，不得仅依该处分或裁决所依据的法令规定的文句，而应考虑该法令的宗旨、目的以及该处分所应考虑的利益的内容及性质。这种情形下，在考虑该法令的宗旨及目的时，应一并斟酌与该法令有共同目的的相关法令的宗旨及目的；在考虑该利益的内容及性质时，亦应一并考虑该处分或裁决所依据的法令被违反时受损害的利益及性质，以及受损害的状态及程度"，可以说，该法条的新设，也正是"法律上保护的利益说"与"值得保护的利益说"相互接近、相互交融的结果。

第三，对"个别保护要件"的要求上，呈现出逐步放宽的趋势。如前所述，"法律上的利益"（原告资格）若想获得认可，必须满足"个别保护要件"的要求。即，在法令解释上，原告所蒙受的不利影响，无法消解于一般性公共利益当中，它作为个人利益也受到了个别且具体的保护。早期的行政法规，由于原则上以保护公共利益为其使命的情形居多，或者即便是保护个人的权利利益，也大多专门以行政活动的相对人为对象，而对相对人以外的第三人利益，要么不予考虑要么考虑不周，因此，原告资格往往极易被限定在非常狭窄的范围。在后来的"六环线案"中，最高法院之所以对工程所在地的不动产拥有产权者承认了原告资格，而对那些居住在工程所在地周边的居民或者在工程所在地周边通勤、上学的人，则予以否定，应该讲，

---

[1]　芝池義一『行政救济法講義〔第3版〕』（有斐閣、2006年）46頁。

也是严格要求"个别保护要件"的结果。不过，这种倾向，随着《行政案件诉讼法》第9条第2款的新设，明显呈现出缓和的趋势。[1]在"小田急铁路公司案"中，最高法院在对《城市规划法》以及相关法令的宗旨、目的，被害的内容、性质、程度等进行综合分析之后，对附近居民承认了原告资格，并撤销了自己在"六环线案"中所作的否定周边居民原告资格的判决，就是一个非常好的例证。

---

[1]　也有学者主张，考虑到新设的第9条第2款，对于"个别保护要件"完全没有言及，而且此前有关修法的专门研讨会也没有就此得出明确的结论，似乎也可以作出以下解读：经2004年的修法之后，"个别保护要件"已被放弃。参见村上裕章『行政訴訟の基礎理論』（有斐閣、2007年）302-303頁。

第四章

狭义的诉的利益[*]

如前所述，所谓狭义的诉的利益，是指当事人的诉求是否足以具有利用国家司法制度加以审判的实际价值和必要性。而撤销诉讼中，狭义的诉的利益，一般是指撤销某一行政处分的实际价值和必要性的问题。这种价值和必要性若存在，狭义的诉的利益就会受到认可，反之，原告的诉求就会被驳回。《行政案件诉讼法》第 9 条既是有关原告适格也是有关狭义的诉的利益的规定，因而两者面临同样的课题——如何解释"法律上的利益"。狭义的诉的利益问题，大多出现于行政处分后的情况变更等场合。审判实务中，只有当行政机关的行为具有处分性、原告资格也受到首肯时，论证这个问题才具实际意义。行政处分性、原告适格、狭义的诉的利益，归根到底属于行政诉讼要件审理的对象，不过是为了解决能否进入实体审理（本案审理）的问题而已。鉴于作为主观诉讼的撤销诉讼同样发挥着督促行政正确运营之功能，诉讼政策上，对于那些与自己利益相关且真心诚意提起诉讼者尽可能予以承认和支持方为上策。

本章中，笔者主要以撤销诉讼中的狭义的诉的利益为素材，

---

　　* 本章的主要内容曾作为单篇论文以"行政诉讼的诉的利益——以日本撤销诉讼为素材"为标题发表于《地方立法研究》2021 年第 1 期。结合本书体裁，略有修改，敬请谅解。

在对日本行政法学上有关狭义的诉的利益的理论做一个整体概观之后，结合各个时期具有代表性意义的典型案例（以最高法院的判例为主），梳理并详细分析该理论的发展脉络，最后对其所面临的各种课题加以全方位考察。

一、何谓狭义的诉的利益[1]

在日本，行政处分性、原告适格、诉的利益，是行政诉讼最基本的诉讼要件，可简称为行政诉讼的三大要件。诉的利益，作为撤销诉讼的基本要件之一，如前所述，广义上也将原告适格包含在内，而最广义的甚至涵盖行政处分性，但狭义的诉的利益，一般是指在各个具体案件当中，原告所请求的内容是否足以具有应由法院作出实体判决的实际价值和必要性。这种价值和必要性若存在，诉的利益就会受到认可，反之，原告的诉求就会被法院驳回。[2]

撤销诉讼的目的在于当个人的权利利益遭到或者可能遭到行政机关的违法处分侵害时，通过撤销判决消除行政处分的法律效果，从而恢复个人的权利利益。因此，若行政处分对当事人不具有不利效果亦即没有对其权利利益造成损害，则诉的利益不存在。第二次世界大战后的日本行政案件诉讼史上，曾经

---

[1] 为便于叙述，本章中，除特殊情形外，一般将"狭义的诉的利益"简称为"诉的利益"。同时为保持严密，用于广义以及最广义时分别以"广义的诉的利益"和"最广义的诉的利益"来表述，以示区别。此外，除了"狭义的诉的利益"之外，亦见"客观诉的利益"和"诉的客观利益"等用法，但不及前者常用。譬如，冈田正则等所编的『判例から考える行政救済法』，在其第 1 版（2014 年）中使用了"客观诉的利益"，而到第 2 版（2019 年）时则改为"诉的客观利益"。参见冈田正则ほか『判例から考える行政救済法〔第 2 版〕』（日本評論社、2019年）「はしがき」ⅱ。

[2] 『法律学小辞典〔第 5 版〕』（有斐閣、2016 年）51 頁。

出现过这样两个非常有趣的案例：一个是原告因请求撤销针对自己的减额纳税处分而提起诉讼[1]，另一个是原告因针对市内工作调转要求取消该调令而提起诉讼[2]。由于前者的减额处分显然对当事人有利，而后者在同一市内的工作调令并未给当事人的身份、薪酬等带来任何变动，结果法院均以行政处分对原告不具有损害效果为由否定了诉的利益。

总之，诉的利益，只有当法院就原告诉求具有作出判决的现实必要性与实际价值时才会受到认可。诉讼必须能够给原告提供实际的救济，而不是观念上的满足。纵然行政处分性受到认可、原告完全适格，一般也无法向法院请求撤销对自己有利或者不一定有利但至少不会带来不利影响的处分，因为这里不存在诉的利益。

二、现行法上的规定

第二次世界大战结束后，日本经历短暂的空白期后进入《行政案件诉讼特例法》[3]的时代。当时，判例和学说站在反思第二次世界大战前思想的立场上，逐步摒弃了追求严格意义上的"权利"侵害的思维，转而倾向对拥有"法所保护的权利利益"者承认撤销诉讼的原告资格，从而为拓宽诉的利益受到认可的范围提供了可能，但该法并没有直接对原告资格和诉的利益做任何规定。

如前所述，《行政案件诉讼特例法》是在第二次世界大战结

---

〔1〕　最高法院 1971 年 3 月 25 日判决（最判昭和 46·3·25），訟月 17 卷 8 号 1348 頁。

〔2〕　最高法院 1986 年 10 月 23 日判决（最判昭和 61·10·23），判时 1219 号 127 頁。

〔3〕　现行《行政案件诉讼法》的前身。1948 年制定，1962 年废止。

束后仓促出台的，无暇顾及行政诉讼的方方面面，只是作为《民事诉讼法》的特例设置了区区 12 个条款。同时，针对当时各种行政法规中业已存在的有关诉讼的先行规定也没有加以充分的梳理，不仅在解释上留下诸多疑义，而且与各种行政法规之间也存在龃龉和矛盾。因而，在其后的实际运用当中碰到诸多难题，给国民权利的保障和行政运营带来不少困难。[1]1962 年该法被废止。

同年，作为《行政案件诉讼特例法》的替代法，日本制定了《行政案件诉讼法》。该法中尽管不见"诉的利益"字眼儿，但一般认为其第 9 条（即现行第 9 条第 1 款）就是有关诉的利益的规定，如后所述，该条款是把原告适格与狭义的诉的利益合并在一起规定的。

> 第 9 条（原告适格）
>
> 撤销处分诉讼及撤销裁决诉讼（以下称"撤销诉讼"），限于就请求撤销该处分或裁决具有法律上的利益者（包括处分或裁决的效果由于期间的经过或其他理由丧失后，依然对处分或裁决的撤销具有应当恢复的法律上的利益者），才能提起。

若仅从条文的名称来看，本条款显然是就原告适格作出的规定，即立足于特定的个人是否具有提起撤销诉讼的正当资格的观点所设立的诉讼要件。但从其内容看，据说立法者当时主要是基于以下的考量才作为"权宜"之计将原告适格与诉的利益合并在一起规定的。其一，在具体场合中诉的利益与原告适格不易区分，撤销诉讼中很难将两者严格区分后再一一作出规定。不仅如此，其二，如果对诉的利益加以积极解释，是可以

---

〔1〕 杉本良吉『行政事件訴訟法の解説』（法曹会、1963 年）1-2 頁。

将其与原告适格联系起来一起规定的。[1]依笔者看来，这种判断恐怕立足于诉的利益与原告适格皆属于广义的诉的利益这一理论前提之上。顺便说一下，这是日本首次在实定法中对行政诉讼的原告适格与诉的利益作出规定。截止到此前的有关行政案件的诉讼法当中，包括《行政案件诉讼特例法》在内，诉讼要件被视为理所当然，均不见什么特别的明文规定。[2]

从当时的立法背景来看，由于《行政案件诉讼法》中针对行政案件除了以撤销诉讼为代表的抗告诉讼之外还设有民众诉讼[3]和机关诉讼[4]，为了与这些具有客观诉讼性质的诉讼类型相区别、避免混淆，有必要对撤销诉讼的诉的利益加以界定。本条旨在明确，撤销诉讼作为主观诉讼只有诉的利益存在时方获认可。同时，撤销诉讼，并不仅仅局限于行政处分的相对人，只要针对撤销行政处分具有法律上的利益者皆可提起。而在这些点上，撤销诉讼具有与民众诉讼和机关诉讼等客观诉讼不同的性质和目的。[5]

在《行政案件诉讼法》出台之前，理论界与实务界就行政处分失效之后是否还存在承认诉的利益的余地或可能性等曾经产生过争议。一种观点认为，撤销诉讼的目的在于排除行政处分的法律效力，因此当处分失效之后诉的利益就不复存在了。

---

〔1〕 杉本良吉『行政事件訴訟法の解説』（法曹会、1963 年）37-38 頁。

〔2〕 古城誠「訴えの利益」ジュリ925 号 144 頁。

〔3〕 《行政案件诉讼法》第 5 条（民众诉讼）：本法所称"民众诉讼"，是指不以选举人资格以及其他涉及个人利益为条件而提起，请求纠正国家或公共团体机关的不合法行为的诉讼。

〔4〕 《行政案件诉讼法》第 6 条（机关诉讼）：本法所称"机关诉讼"，是指国家或公共团体的机关相互之间因权限存在与否或权限行使纠纷而提起的诉讼。

〔5〕 杉本良吉『行政事件訴訟法の解説』（法曹会、1963 年）37-38 頁；宇賀克也『改正行政事件訴訟法〔補訂版〕』（青林書院、2006 年）43 頁。

当时最高法院就站在这种立场，在有关确认村长解职投票效力的诉讼中，以村长任期届满为由否定了诉的利益。[1]在著名的"地方议员除名案"[2]中，尽管很多人强烈主张，原告虽然因任期已满而无法回归议员地位，但若处分违法由于请求薪酬等权利尚存，应该对其承认诉的利益，但由15名法官组成的最高法院大法庭最后仍然判决：既然任期届满，已经无法恢复议员资格，从而失去撤销该处分的意义（8名法官赞成，7名法官反对[3]）。

另一种观点主张，不把撤销诉讼的目的局限于排除行政处分本身的效力，而是将恢复因处分而产生的不利影响也纳入其中。这种见解主要是基于以下的考量：行政处分失效后，同处分原本从当初就无效和通过职权溯往性地撤销不同，这里残留着当初以处分合法为前提所形成的各种各样的法律关系。譬如，受免职处分的公务员在打官司的过程中迎来退休年龄，即便撤销处分也无法恢复原职。但由于被免职的公务员所蒙受的损害，并不止于无法恢复原职，受到免职处分之后，随之也无法获得薪酬。严格说来，工资的拒绝发放并不属于免职处分本身的效力，而是伴随免职处分派生出来的不利影响。尽管如此，站在被处分者的立场，其纵然无法恢复原职，但理所当然会提出支付工资的要求。

---

〔1〕 最高法院1951年10月23日判决（最判昭和26·10·23），民集6卷2号88頁。

〔2〕 最高法院1960年3月9日判决（最大判昭和35·3·9），民集14卷3号355頁。

〔3〕 8名赞成意见：既然议员任期届满，在这种情形下，即使撤销该除名处分也无法恢复议员资格，从而否定诉的利益。7名反对意见：纵然无法回归议员地位，但若处分违法，由于尚存请求薪酬等权利，因此应该承认诉的利益存在。

如果我们只把撤销诉讼的目的定位于排除行政处分的效力，那么这种目的当然会随着行政处分的失效而丧失，诉求当然会被驳回。反之，如果将其定位于向原告提供救济以消除目前所蒙受的权利利益侵害，那么即便是在行政处分失效之后，只要非以撤销行政处分则无法恢复当事人的权利等法律上的利益尚存，就不失去诉的利益。这与行政处分的效力本身无关。[1]

鉴于存在上述分歧，同时考虑到若以"地方议员除名案"中的那种逻辑来应对，则意味着行政处分一旦有效期满国民就将失去获得救济的机会[2]，于是，在 1962 年制定《行政案件诉讼法》之际，起草者针对诉的利益，在第 9 条中以括弧条款的形式规定，"包括处分或裁决的效果由于期间的经过或其他理由丧失后，依然对处分或裁决的撤销具有应当恢复的法律上的利益者"，可以提起撤销诉讼，宣示了如下的立场：即便处分或裁决因过期等失效，但当依然存在着通过撤销该处分或裁决予以保护的法律上的利益时，诉的利益存在。从而以立法的形式否定了此前最高法院大法庭在"地方议员除名案"中所作的判断。

由此可见，立法者并没有把撤销诉讼的目的限缩于排除行政处分的效力，反而选择了对诉的利益予以广泛承认的见解，承认即使行政处分的效力失去之后诉的利益依然可能存在。《行政案件诉讼法》实施之后，最高法院很快就在同类案件中肯定了诉的利益。[3]

《行政案件诉讼法》制定以来，历经 40 余年没有进行实质

---

〔1〕 杉本良吉『行政事件訴訟法の解説』（法曹会、1963 年）38 頁。

〔2〕 譬如，受停职处分的公务员即便提起撤销诉讼，但原告在诉讼中途大多会因停职期结束而恢复原有地位，最终就会因失去诉的利益而无法得到救济。

〔3〕 最高法院 1965 年 4 月 28 日判决（最判昭和 40・4・28），民集 19 卷 3 号 721 頁。

性修改。与其他国家相比，日本行政案件的提起数量非常少，原告胜诉率也相当低。[1]而且，法院严格解释诉讼要件的结果，致使许多案件在没有进入实体审理（本案审理）之前就被打回。造成这种局面的原因，我们当然可以指摘审判实务中法律运用过于严格，但《行政案件诉讼法》本身的缺欠恐怕也不容忽视。有鉴于此，日本于 2004 年对《行政案件诉讼法》进行了大幅修改。

这次修改，号称该法 1962 年制定以来史上最大的一次修改。其主要内容，除扩大撤销诉讼的原告资格外，还包括新设"课予义务诉讼"和"禁止诉讼"、抗告诉讼的被告由行政机关改为其隶属的行政主体、扩大抗告诉讼管辖法院的范围、延长撤销诉讼的出诉期间、扩充暂时救济制度等。[2]

但本次修改中，针对原告适格和诉的利益，沿袭了此前不直接对狭义的诉的利益作出规定的传统，在保留了第 9 条题目"原告适格"的前提下，将原有的第 9 条内容变更为第 9 条第 1 款，同时新设了针对原告适格尤其是行政处分相对人以外的第三人的原告适格的解释指针[3]——第 9 条第 2 款，修改后的第 9 条全文如下：

---

〔1〕据统计，在近年的日本行政诉讼中原告胜诉率一直徘徊在低水准的一成左右，详细情况请参见本书第一章（第 5 页注释 2）。

〔2〕详情请参见宇贺克也『改正行政事件訴訟法〔補訂版〕』（青林書院、2006 年）4-10 頁；小早川光郎編『改正行政事件訴訟法研究』（有斐閣、2005 年）2-194 頁。

〔3〕这种在原有法律中嵌入解释指针的修改方式并不常见。高木光教授曾经指出，《行政案件诉讼法》第 9 条第 2 款属于比较特别的规定，即在法律中嵌入了法律解释的指针。而从其内容来看，基本上承袭了此前最高法院在"伊达火电站案""新潟空港案""'文殊'核反应堆设置许可案"等案中就原告适格所作的判决。详情请参见高木光ほか『条文から学ぶ行政救済法』（有斐閣、2006 年）215 頁。有关这三个判决的具体内容请参见本书第三章。

第 9 条（原告适格）

第 1 款　撤销处分诉讼及撤销裁决诉讼（以下称"撤销诉讼"），限于就请求撤销该处分或裁决具有法律上的利益者（包括处分或裁决的效果由于期间的经过或其他理由丧失后，依然对处分或裁决的撤销具有应当恢复的法律上的利益者），才能提起。

第 2 款　法院在判断处分或裁决的相对人以外的其他人有无前款规定的法律上的利益时，不得仅依该处分或裁决所依据的法令规定的文句，而应考虑该法令的宗旨、目的以及该处分所应考虑的利益的内容及性质。这种情形下，在考虑该法令的宗旨及目的时，应一并斟酌与该法令有共同目的的相关法令的宗旨及目的；在考虑该利益的内容及性质时，亦应一并考虑该处分或裁决所依据的法令被违反时受损害的利益及性质，以及受损害的状态及程度。

由此可见，历经这次全面修改，在现行《行政案件诉讼法》中，有关诉的利益的实定法条文，并没有实质性的改变。[1]换言之，自打 1962 年以来，在理论和实务中所确立的判断原告适格和诉的利益的理论框架得以维持至今。

三、问题的所在

理论上讲，诉的利益有可能在以下两个环节成为问题：一是行政处分的成立之初被提起撤销诉讼时，诉的利益是否存在？二是尽管在行政处分成立当初存在诉的利益，但随着时间的推

---

〔1〕　稲葉一将「訴えの客観的利益」岡田正則ほか『判例から考える行政救済法〔第 2 版〕』（日本評論社、2019 年）45 頁。

移、法令修改等事后情况变迁，诉的利益是否依然存在？

关于前者，针对某一行政处分具有原告资格者提起撤销诉讼时，由于其在法律上具有获得撤销行政处分的实际利益，因此诉的利益通常受到认可，不易产生疑义。除非，存在那种请求撤销对自己有利或者不一定有利但至少不会带来不利影响的行政处分的特殊情形。而这种特殊情形下诉的利益之所以遭到否定，主要是由于行政处分本身并没有对当事人的权利利益构成损害，因此无论我们对撤销诉讼的目的做限缩解释，即将其限定于通过撤销判决来溯往性地消除行政处分的法律效果，还是强调为原告所蒙受的权利利益侵害提供具有现实意义的救济，如前所述，恐怕都无法将请求撤销针对自己的减额纳税处分和在同一市内的公务员工作地点变更等纳入到应予以救济的利益范畴。总之，在行政处分的成立之初，由原告适格者提起撤销诉讼时，一般诉的利益能够受到认可，不会成为问题。

诉的利益，反倒是在后一种场合容易成为问题，对其探讨也最具现实意义。[1]诉的利益是否会因行政处分后情况变更而丧失，如文中所述，主要发生在以下的一些场合。系争中，行政处分被取消或撤回、因日期或期间已过而失效、法令出现改废、相关工程竣工、设置替代设施等。譬如，有关教科书检定不合格处分的撤销诉讼中，由于政府修改了《学习指导要领》，因此即便撤销原处分也不存在检定合格（获得检定合格处分）的余地。又如，针对难民不认定处分所提起的撤销诉讼，系争中当事人离开了日本。再如，请求撤销建筑许可处分的案件系

---

〔1〕 这一点从最权威的有斐阁《行政判例百选》来看，也是一目了然的。譬如，在2017年版也就是最新的第7版中，关于"诉的利益"的典型判例共收录了10个，从其内容来看，绝大多数是有关诉的利益因行政处分后的情况变更而丧失与否的判决。

争中建筑物已经竣工、请求撤销针对保育园转园处分的案件系争中儿童超过了入园的法定年龄等。这些场合，诉的利益是否依然存在？

此外，正如笔者反复指出的那样，《行政案件诉讼法》是将原告适格与狭义的诉的利益合并在一起规定的，今天对此已经没有任何疑义了。可是，由于该法第 9 条第 1 款采用了双重结构，规定撤销诉讼的提起限于就请求撤销行政处分具有法律上的利益者的同时，又以括弧条款的形式规定处分的效果丧失后依然具有应当恢复的法律上的利益者同样具有原告资格，由此给诉的利益带来如下三个问题：

第一，诉的利益在《行政案件诉讼法》中的根据到底在哪里？一种观点认为，原告适格与诉的利益在《行政案件诉讼法》上的根据不同。具体而言，第 9 条第 1 款本文是有关原告适格而括弧部分则是有关诉的利益的规定。[1]从《行政案件诉讼法》的立法目的来看，该法是为了结束理论与实务中就行政处分失效后是否还存在诉的利益所产生的争议才特意在第 9 条中以括弧条款的形式规定，"包括处分或裁决的效果由于期间的经过或其他理由丧失后，依然对处分或裁决的撤销具有应当恢复的法律上的利益者"可以提起撤销诉讼。同时，如后所述，事实上只有在行政处分后出现情况变更等场合时论争诉的利益才有意义。若综合考虑这些点，上述观点不无道理。而另一种观点明确指出，那种主张第 9 条第 1 款本文是关于原告适格、括

---

〔1〕　金子正史「狭義の訴えの利益」法学教室 263 号 21 頁。宇賀克也教授在对现行《行政案件诉讼法》第 9 条进行解说时，笼统地指出"第 9 条第 1 款"是有关原告适格和狭义的诉的利益的条款之后，又单独就"狭义的诉的利益"以括弧部分加以说明，似乎也站在了同样的立场。详情请参见宇賀克也『改正行政事件訴訟法〔補訂版〕』（青林書院、2006 年）43-50 頁。

弧条款是关于狭义的诉的利益的规定的观点不正确。[1]在决定原告适格的"诉的利益"之外，并非另外存在着一个"诉的客观利益"（即狭义的诉的利益），两者是同一个东西。"诉的利益"存在则原告资格受到认可，而"诉的利益"持续存在，诉讼才会得以延续并最终迎来本案判决（实体审理）。[2]这种观点的特征在于，把第9条第1款整体视为原告适格与诉的利益在实定法上的根据，不对两者做明确区分。

那么，应该如何梳理两者的关系呢？有学者指出，《行政案件诉讼法》第9条第1款括弧条款规定，请求撤销行政处分具有法律上的利益者当中，也包含"处分或裁决的效果由于期间的经过或其他理由丧失后，依然对处分或裁决的撤销具有应当恢复的法律上的利益者"，这就意味着，行政处分失效的情形下，原则上已经不能再请求撤销该处分了，但允许例外情况存在。[3]也就是说，第9条第1款本文部分为有关原告适格和诉的利益的原则性规定，而括弧部分则为例外。应该承认，按法理解释这种观点颇具说服力。但考虑到立法当初，如前所述，法条中并没有阐明两者之间的关系，只是顾及个案中诉的利益与原告适格不易区分等才权宜地将两者捏合在一起，因此，笔者认为，除非未来修法时予以明确，否则眼下笼统地以"第9条"或"第9条第1款"为原告适格与诉的利益在实定法上的根据，即模糊处理或许更为适宜。

第二，与原告适格一样，诉的利益也面临着如何解释"法律上的利益"这个问题。现行《行政案件诉讼法》在当初1962

---

〔1〕 高木光『行政法』（有斐閣、2015年）301頁注9。

〔2〕 芝池義一『行政法読本〔第4版〕』（有斐閣、2016年）322頁注16。

〔3〕 高木光『行政法』（有斐閣、2015年）297頁。

年制定时和 2004 年大幅修改时均没有明确界定"法律上的利益",因此对其如何解释即便在今天也是诉的利益论与原告适格论的重大课题。坦白地讲,"法律上的利益"这一用语本身,作为不确定概念具有相当大的开放性,给专家学者尤其是实务界人士提供了很大的解释空间,使其能够灵活应对纷繁复杂的诉讼环境。然而,立法者将"法律上的利益"的具体内容交由判例和学说解释的结果,即何谓"法律上的利益"、何种利益作为"法律上的利益"才能够受到认可,可以说,从第二次世界大战结束后直至今天都是日本行政诉讼法学上争论的焦点之一,判例也一直就此争论不休。[1]

应该如何解释"法律上的利益",传统上存在着以下两种对立观点:"法律上保护的利益说"和"值得保护的利益说"。[2]扼要地说,前者主张,自己的权利或法律上所保护的利益因行政处分而受到侵害或可能必然地受到侵害者具有提起撤销诉讼的原告资格。而后者强调,即便无法构成权利或法律上所保护的利益,但当值得司法保护的利益受到侵害或可能必然地受到侵害时,当事人可以提起撤销诉讼。也就是说,"法律上保护的利益说"通过实定法解释来认定行政处分所依据的法规是否将当事人的利益作为法律上的利益予以保护,而"值得保护的利益说",并不拘泥于实定法的解释,也着眼于当事人所实际蒙受的不利影响的性质、程度等,以此来判断是否应对其提供司法救济。[3]

---

〔1〕　古城誠「訴えの利益」ジュリ925号144頁。

〔2〕　有关这两个学说的由来和各自主张的内容、特征以及相互关系等,建议有兴趣的读者参见本书第三章"四、学说上的主要见解"。

〔3〕　宇賀克也『改正行政事件訴訟法〔補訂版〕』(青林書院、2006年)44頁。

第三，作为前两个问题的延伸，由于《行政案件诉讼法》第9条第1款中实际上存在着两个"法律上的利益"，两处用于同义，还是有所不同？通说和多数学者对两处"法律上的利益"不做区分，但也有少数学者着眼于原告适格与诉的利益机能上的差异，主张尽管在条文上两者都以"法律上的利益"来表述，但由于本文部分侧重于当事人是否具备获得本案判决（实体审理）的资格，而括弧条款则重在已经具备原告资格者能否得以继续维持这种资格，因此，"法律上的利益"因本文与括弧条款的位置不同而在内容上并不完全相同，即两者未必用于同义。[1]以笔者看来，这种观点在突出原告适格有别于诉的利益这个意义上有其独到之处，但由于实定法上使用同一语言，对两个"法律上的利益"加以区分，谈何容易。

综上所述，撤销诉讼的提起需要具有诉的利益，作为撤销诉讼的基本要件之一，诉的利益是指当事人的诉求是否足以具有利用国家审判制度加以撤销的实际价值和必要性。这里所说的诉的利益，需要贯穿于撤销诉讼的始终，从其开始一直到结束。

当行政处分成立之后出现诸如法令修改、被行政方撤销或撤回等情况变更时应该如何认定诉的利益？实定法上诉的利益的根据究竟在何处？如何解释"法律上的利益"以及如何看待两个"法律上的利益"？可以说，这些皆为诉的利益论所面临的课题，但首个，即行政处分成立之后出现情况变更时应该如何认定诉的利益才是问题的核心所在。判例以及相关理论主要是

---

[1] 伊藤真「訴えの利益」雄川一郎ほか『現代行政法体系（4）行政争訟I』（有斐閣、1983年）259頁。

围绕这个话题而展开的。接下来，让我们结合具体个案[1]，来看看这种情况下理论和实务界是如何认定诉的利益的。

四、具体案例分析

(一) 2004 年《行政案件诉讼法》修改前的判例

1. 更正处分案[2](1967 年)

原告 X 为洋品店的店主，1957 年 8 月 30 日向被告 Y（辖区税务署署长）提交了从 1956 年 7 月 1 日到 1957 年 6 月 30 日、法人收入金额为 1 066 767 日元的事业年度法人税确定申告书。后 Y 将该金额调整为 2 423 100 日元，并于 1958 年 3 月 31 日通知 X（第一次更正处分）。由于在更正通知书中，几乎没有记载令人信服的具体理由，于是，X 请求 Y 就该更正处分重新展开调查，但 Y 没有针对 X 的请求作出决定。1959 年 4 月 6 日，国税局局长决定驳回 X 的审查请求，并于翌日将该决定通知书送达 X 处。

X 认为，该审查决定存在事实误认，而且更正通知书中的理由附记栏中除了金额误记之外，还没有具体说明更正理由，遂针对 Y 于 1958 年 3 月 31 日所作的更正处分（第一次更正处分）提起撤销诉讼。

撤销诉讼被提起之后的 1960 年 4 月 30 日，为了纠正受到原告指摘的谬误，Y 再次作出更正，将原告 X 的 1956 事业年度法

---

〔1〕 在个案的选择上，由于有斐阁的《行政判例百选》最具权威性，因此从 2017 年版也就是最新的第 7 版作为"诉的利益"所收的 10 个典型判例中，结合本章性质选出 7 个在此加以详细介绍和分析。另外，在介绍和解析各个案例时，参考了每个案例的担当者所作的解说。

〔2〕 最高法院 1967 年 9 月 19 日判决（最判昭和 42·9·19），民集 21 卷 7 号 1828 頁。

人收入减至其当初在确定申告书中所记载的金额即 1 066 767 日元（第二次更正处分）。并在此基础上实施第三次变更，明示了更正的具体证据的同时将课税标准和税额恢复至第一次更正处分时的状态（第三次更正处分），并将这两次更正处分的通知书放入同一信封送达 X 处。

针对第二次更正处分 X 虽主张违法但并没有请求撤销，同时也没有请求撤销第三次更正处分。Y 在庭辩中主张，由于第一次更正处分已被第二次更正处分合法取消，因此请求撤销第一次更正处分的本案已失去诉的利益。本案一审和二审均采纳了 Y 的主张，没有作出实体性判断就驳回了原告 X 的诉求。于是，X 上诉至最高法院。

最高法院判决要旨：

本案中，X 请求撤销 Y 于 1958 年 3 月 31 日针对自己所作的 1956 事业年度法人税的更正处分（第一次更正处分）。然而，根据原审所认定的事实，本诉讼被提起之后，为了纠正诉讼中被指摘的问题点，Y 于 1960 年 4 月 30 日，使用专门的更正用纸，再次作出更正，将 X 的 1956 事业年度法人收入减至当初确定申告书所记载的金额（第二次更正处分）。并于同日实施第三次变更，明示更正的具体证据的同时将与申告相关的课税标准和税额调回至第一次更正处分时的状态（第三次更正处分），最后将这两次更正处分的通知书放入同一信封送达 X 处。在如此的事实关系中，令人难以否定的是：第二次更正处分，只不过是为了实施第三次更正处分的前提手续而已，而第三次更正处分，实质上不过止于补充了第一次更正处分的附记理由罢了。针对这些行为的效力，我们并非毫无疑问。但这些行为无疑属于各自独立的行政处分，本案中并没有被请求撤销，因此，我们不得不做出如下的解释：第一次更正处分因第二次更正处分而被取消，第三次更正处分是在第一次更正处分之外另行作出的新的行政处分。

综上，单纯请求撤销第一次更正处分的本案，在第二次更正处分实施之后就失去了其利益。

本案焦点在于：X 接到第一次更正处分后提起请求撤销该行政处分的诉讼期间，税务机关再次、再再次决定变更（第二次更正处分、第三次更正处分），这种情形下针对第一次更正处分的诉的利益是否依然存在？

就此，学说上存在若干对立的观点：一种观点认为，由于第一次更正处分已因其后的第二次更正处分被取消，因此今后应该围绕第二次更正处分来论争，从而主张丧失了诉的利益。第二种观点主张，前后两个处分均有效，应依据各自更正的金额来论争。第三种观点强调，第一次更正处分因第二次更正处分而变更，由于该处分以变更后的状态持续存在，因此即便存在第二次更正处分，针对第一次更正处分的诉的利益也不会消失。[1]

从本案判决来看，最高法院显然是站在第一种观点的立场上，主张若第二次更正处分存在则失去以第一次更正处分为对象的诉的利益。本案中，若仅从形式与外观来看，可以说确实存在三次行政处分。但若从内容上来把握的话，其实并非如此。正如判决中已经指出的那样，第二次更正处分只是为了实施第

---

〔1〕　原田尚彦『行政法要論〔全訂第 7 版・補訂 2 版〕』（学陽書房、2013年）399 頁。

三次更正处分的前提手续而已，而第三次更正处分实质上不过是弥补了第一次更正处分的瑕疵罢了。因此，这种判决极易造成原告的法律地位受其后同类行政处分所左右，致使针对先行行政处分的诉讼陷入不稳状态，从而无法保证诉讼程序的安定。今后应该尽可能避免针对先行行政处分的诉的利益受其后同类行政处分所左右的情形，以便维持原告法律上的地位安定。[1]

与此同时，正如参与本案判决的田中二郎法官作为"反对意见"所指出的那样，行政处分的内容才是本案撤销诉讼的对象，而在内容上由于第二次更正处分不过是在形式上承认了原告的主张而已，并没有发生变化，因此本案中无须对诉求予以追加或变更，只要以第三次更正处分的内容为诉讼对象即可。本案判决过度强调行政处分的外观与形式，给人以沉湎于诉讼技术的枝梢末节之感。[2]

试想，如果最高法院不受行政处分的形式与外观所束缚，转而立足于行政处分在内容上的连贯性和一致性，本案诉的利益岂会不受到认可？因此，针对本案行政机关连续实施的所谓更正（第一次更正处分）、再更正（第二次更正处分）、再再更正（第三次更正处分），最高法院在保留部分怀疑的前提下将其定性为各自独立的行政处分，这一结论本身恐怕也值得商榷。

2. 东京 12 频道案[3]（1968 年）

原告 X 欲利用第 12 频道开设以科学技术教育为主业的电视台，遂于 1962 年 8 月 16 日向被告 Y（邮政大臣）申领执照。除

---

〔1〕 原田尚彦『行政法要論〔全訂第 7 版・補訂 2 版〕』（学陽書房、2013年）400 頁。

〔2〕 田中二郎『租税法〔第 3 版〕』（有斐閣、1999 年）269 頁。

〔3〕 最高法院 1968 年 12 月 24 日判决（最判昭和 43・12・24），民集 22 卷 13号 3254 頁。

了 X 之外另有四家提出同样申请，彼此形成竞争关系。Y 经过审查之后于同年 11 月 13 日，将临时执照核发给诉外 A，由于只有一个名额，同时拒绝了其余四家的申请。X 不服遂提起行政复议，请求撤销针对自己的拒绝处分和核发给 A 的临时执照。其后，Y 依据电波监理审议会的决议，决定驳回 X 的行政复议请求，于是，X 就该行政复议结果（驳回决定）提起撤销诉讼。

二审判决 Y 的上述决定违法，从而认可了 X 的请求。于是 Y 上告至最高法院，要求不予受理或驳回 X 的诉求。其具体理由如下：其一，即便撤回行政复议的驳回决定，也不当然意味着核发给 A 的许可失效，无法约束 Y 撤销 A 的许可。况且，既然已经合法将许可核发给了 A，那么 X 当然不具有请求撤销本案驳回决定的利益。其二，本案申请许可的目的，在于被核发人在该许可的有效期内获得许可持有人的地位。然而核发给 A 的临时许可（后转为正式许可），已于 1965 年 5 月 31 日到期，因此，X 已经不再具有继续维持本案诉求的利益了。

最高法院判决要旨：

A 与 X 围绕同一频道形成竞争关系，针对 X 所作的拒绝处分与针对 A 所作的核发处分形同表里。当针对 X 的行政复议结果即驳回决定违法时，Y 就会返回到作出决定之前的白纸状态，可以重新要求审议会比较 X 和 A 的申请，判定孰优孰劣以决定到底应该向谁核发许可。也就是说，无论是请求撤销核发处分的诉求还是单纯请求撤销拒绝处分的诉求，当然也取决于 Y 重新审查的结果如何，那种取消 A 的许可转而核发给 X 的情形是有可能出现的。因此，主张本案行政处分的撤销并不会当然给

A 带来核发许可的结果，从而否定诉的利益的观点，有些草率，无法采用。

核发给 A 的临时许可（后转为正式许可）历经两次更新，但不能因此就主张，这两次更新皆为从新获得许可，在形式上与单纯的有效期更新不同。由于两者皆以本案临时许可或正式许可为前提，因而不能够说许可的效力会随着当初许可有效期满而完全丧失，重新获发的许可与从前无关。本案中，若是有效期满后无法重新获得许可，许可完全失效则另当别论，由于有效期满后即可马上重新获得许可，业务得以持续，因此在这种情形下，不应当视许可失效而否定诉的利益。想来这是由于，以诉的利益之有无的观点来看，无论是请求撤销针对自己的拒绝处分，还是请求撤销处于竞争关系的业者的许可，当初的许可有效期期满与重新获发许可只不过是形式而已，其实质与许可有效期更新无异。

本案焦点在于：当诉讼对象产生竞合时应该如何选择以及行政处分有效期满后怎样认定诉的利益？

所谓竞争式许可[1]，一般是指当申请者之间针对一个或者少数名额产生竞争时，行政机关依照同一审查基准和程序，依据申请者的优劣来判断该向谁核发许可的一种行政作用。因此，拒绝处分若违法，就会影响到对核发工作加以审查的整个过程。本案中，处于竞争关系的 X 和 A，当只对一方即 A 核发许可而对 X 予以拒绝时，X 到底应该针对哪个行政处分提起撤销诉讼成为一个问题。理论上讲，X 有以下三种选择：其一，针对自己的拒绝处分；其二，A 的许可处分；其三，就两个处分同时

---

[1] 原文为"競願許可"。

提起。在下级法院的判决中，有的主张 X 不能针对自己的拒绝处分提起撤销诉讼，其理由如下：正如本案上告理由中所主张的那样，即便 X 胜诉，拒绝处分被撤销，也不当然意味着已核发给 A 的许可失效，而既然已经合法将许可核发给了 A，那么 X 就没有重新获得许可的余地。因此，除非撤销 A 的许可，否则 X 不具有请求撤销针对自己的拒绝处分的利益。[1]

本案中，最高法院首度就这种竞争式许可关系中究竟应该以哪一个行政处分为对象提起撤销诉讼作出判决。从本案判决的结论来看，最高法院认为，既可以针对自己的拒绝处分也可以针对 A 的许可提起撤销诉讼，从而解决了这个悬而未决的问题。

具体而言，本案判决着眼于针对 X 的拒绝处分与针对 A 的许可处于表里关系这一竞争式许可的性质，主张即便是只请求撤销拒绝处分，尽管无法当然产生撤销 A 的许可的法律效力，但由于行政方会受到撤销判决的拘束，需要依照判决宗旨重新作出决定。当然也取决于 Y 所作的重新审查的结果如何，尽管如此，对 A 予以撤销转而向 X 核发许可的可能性是存在的。针对这一点，承认 X 具有诉的利益。

如前所述，竞争式许可中，尽管在形式上许可处分与拒绝处分是分别针对不同对象所实施的，但本质上应将两者视为一体。尤其是在本案中，围绕唯一的许可名额形成竞争关系，许可处分，在对一方成为有利的处分的同时，反过来就会演化成为与其处于竞争关系的其他业者的拒绝处分，亦即带有双重效果。因此，一般认为，以前述其二或其三的方式（即要么单独

---

〔1〕　安達和志「放送局免許拒否処分と訴えの利益」『行政判例百選Ⅱ〔第 7 版〕』（有斐閣、2017 年）358-359 頁。

针对 A 的许可处分，要么针对两者提起撤销诉讼）作为原告的救济手段更为直接一些。可是，站在原告的立场，当然也取决于如何主张违法事由，根据案件不同多些选择余地总归是好事，本案承认了这种选择的可能性，避免选择诉讼对象时出现繁杂化，这一点值得首肯。

接下来，让我们看看本案的另一个焦点：行政许可的有效期届满后，诉的利益是否会随之消失？一般认为，除非残留着《行政案件诉讼法》第 9 条第 1 款括弧条款所说的可以恢复的附随性法益，否则，由于系争的行政处分已经不复存在，当然失去诉的利益。然而本案中，最高法院立足于以下事实，即 A 在当初许可有效期满后又马上重新获发许可，其业务得以延续，从而主张，当初许可的有效期期满与重新获发许可实质上无异于许可有效期的更新，A 作为原有被许可人的地位始终得以维持，因此诉的利益依然存在。

坦白地说，与 1967 年"更正处分案"中机械地拘泥于行政处分的形式与外观相比，本案在基于行政处分的本质作出有利于原告的判决这点上有其可圈可点之处。考虑到当时《电波法》上电视台的许可有效期被定为 5 年（第 13 条第 1 款），而这个期限，同广电设施的寿命相比本来就偏短，再加上重新申请许可时与从新申请相比手续更为简便，而法律上之所以这样规定，无非是考虑到被许可人在获得许可的同时就取得了重新获发许可的地位，有效期的到来并不意味着许可的当然失效，不过是重新更改了许可的条件而已。[1]

---

〔1〕 安達和志「放送局免許拒否処分と訴えの利益」『行政判例百選Ⅱ〔第 7 版〕』（有斐閣、2017 年）359 頁。

3. 禁驾处分案[1] (1980 年)

被告 Y (A 县警察本部长), 以原告 X 四次违反《道路交通法》已累计被扣 6 分为由, 于 1973 年 12 月 17 日对其实施中止驾照效力即禁驾 30 天的行政处分。同日, X 因接受了《道路交通法》所定的讲习, 该禁驾期按规定被短缩 29 天而只剩 1 天。在此后的 1 年里, X 没有肇事和违法行为。其后 X 主张, 本案原处分所依据的事实当中, 在铁路岔道口没有暂停一项不存在, 本案处分存在违法, 于是向 Y 提起行政复议。Y 于 1974 年 4 月 12 日裁决驳回, X 认为该裁决存在程序上的违法, 遂提起请求撤销该裁决的行政诉讼。一审法院认为, 鉴于本案禁驾处分具有制裁性质, X 平时不得不携带记载该处分内容的驾照, 因此名誉、感情、信用等可能持续受损, 从而肯定了诉的利益。二审法院在肯定了诉的利益的同时, 以程序违法为由撤销了本案裁决, 于是 Y 上告至最高法院。

最高法院判决要旨:

A 县警察本部长于 1973 年 12 月 17 日对 X 实施中止驾照效力 30 天即禁驾 30 天的行政处分, 并于同日将其缩短为 1 天。X 从本案原处分之日起 1 年内, 没有肇事和违法行为。根据前述事实, 本案原处分的效果已因该处分有效期满而失效。自本案原处分期满 1 年后的第 1 天开始, X 因本案原处分而在《道路交通法》上受到不利影响之虞不复存在, 同时其他法令中也不存在因本案原处分而对 X 予以不利对待的情形。应该承认, 在适用《行政案件诉讼法》第 9 条的规定上, X 已经不再具有通

---

[1] 最高法院 1980 年 11 月 25 日判决 (最判昭和 55・11・25), 民集 34 卷 6 号 781 页。

过撤销本案原处分和本案裁决予以恢复的法律上的利益了。有关这点，原审法院曾经作出判决，即 X 因携带记载着本案原处分内容的驾照，经常处于被警察有所察觉的境地，名誉、感情、信用等因此而可能受损，从而主张对其予以排除乃 X 值得法律上保护的利益，进而认定请求撤销本案裁决的诉求合法。然而，即便这种可能性存在，但由于其只不过是本案原处分所带来的一种事实性效果而已，以此为论据来认定 X 具有可以通过撤销诉讼予以恢复的法律上的利益，并不正确。

本案焦点在于：其一，带有制裁性质的行政处分失效之后，诉的利益是否依然存在？与此同时，其二，可否借由行政处分所带来的名誉、信用等侵害而认定诉的利益？

有关第一点，本案最高法院考虑到《道路交通法》上的规定，承认原告 X 针对带有制裁性质的行政处分在 1 年之内，具有诉的利益。这是由于，根据该法第 103 条以及《道路交通法施行令》第 38 条的规定，受过禁驾处分者，与普通驾照持有者相比，在其后的 3 年内有可能受到加重处罚，即以相对少的分数而再次受到禁驾处分。但若当事人在其后的 1 年之内无肇事和违法行为则不以前科论处，即原处分的效果全部消失。

本案判决明确了当法令中存在因系争行政处分而可能受到不利对待的明文规定时诉的利益受到认可，在这点上有其意义。然而，以普通市民感觉来看，这种通过微妙的法律解释来严格区分法律上的利益和事实上的利益，从而断定诉的利益之有无的做法，难以令人心悦诚服。按照最高法院的逻辑，针对禁驾处分提起撤销诉讼之际，禁驾期过后，若在因禁驾而可能受到不利对待的期限内则存在诉的利益，反之，诉的利益不复存在。然而，考虑到禁驾处分给当事人所带来的负面影响，单纯以可能受到不利对待的期限内或外来左右诉的利益的认定，恐怕不具说服力。[1]

接下来让我们看看第二点，本案当时的《道路交通法》第93条第2款和第103条第8款，要求公安委员会必须在驾照中对禁驾前课予以记载。[2]此前，最高法院一贯主张，不能以行政处分带来名誉、信用等侵害而承认相对人相当于《行政案件诉讼法》第9条第1款括弧条款所说的"包括处分或裁决的效果由于期间的经过或其他理由丧失后，依然对处分或裁决的撤销具有应当恢复的法律上的利益者"，即不承认诉的利益。本案中，X认为该规定可能会给自己的名誉、信用等造成侵害，据此主张具有诉的利益，一审和二审都认可了X的主张，但最高法院却以即便这种可能性存在也不过是本案原处分所带来的一种事实性效果为由予以否定。[3]

然而，其一，名誉上的侵害乃事实上的效果不假，但无法否认也属于法的利益。其二，对于职业驾驶员来说，有可能会受到重大影响。其三，即便可以提起损害赔偿诉讼，但由于提起损害赔偿诉讼时一般要求过错等固有的要件，有时甚至不会触及行政处分的违法性，反倒是撤销诉讼作为救济手段更为合适。[4]若考虑到这些因素，恐怕不得不对本案判决的结论画个问号。

---

〔1〕　原田尚彦『行政法要論〔全訂第7版·補訂2版〕』（学陽書房、2013年）401-402頁。

〔2〕　1986年修改《道路交通法》时，有关前科记载的法定义务被废止。

〔3〕　在此想请各位读者注意的是，本案是就行政复议的结果即裁决所作的判决。其实X就本案原处分也以Y为被告提起了撤销诉讼，法庭以与本案判决相同的理由驳回了X的诉求。详情参见最高法院1980年11月25日判决（最判昭和55·11·25），訟月27卷2号352頁。

〔4〕　村上裕章ほか『行政法〔第3版〕』（有斐閣、2015年）239頁。

4. 长沼内木基地案〔1〕(1982 年)

1969 年 7 月 7 日，被告 Y（农林水产大臣）以供于航空自卫队内木基地使用为由，解除了对北海道夕张郡长沼町的防护林指定。对此，原告 X（该町居民）认为，基于上述目的的防护林指定解除处分，与《森林法》第 26 条第 2 款所定的"公共利益上的理由"不符，属于违法解除，遂提起撤销该解除处分的行政诉讼。

最高法院判决要旨：

本案中，原告资格〔2〕之所以受到认可，是因为随着本案保安林指定解除而砍伐林木，X 等会直接受到治水机能低下之影响，在这一点上，原告期待凭借保安林来防止洪水和干旱的利益受到了侵害。而当这种危险因本案替代设施（水库）的设置而消解，本案保安林的存续变得不再必要时，我们不得不承认，原告就失去了请求撤销保安林解除处分的诉的利益。随着替代设施的设置，以社会常识来看 X 等居住地区所面临的洪水危险已经化解，利益受到侵害的情况不复存在，因此，请求撤销本案保安林解除处分的诉的利益已经不存在了。原审法院以本案诉求不合法为由所作的驳回判决正当，可予以采纳。

在日本，本案以系争自卫队和《自卫队法》合宪性的"长沼事件"而驰名。一审法院因认定自卫队违宪而承认了 X 等的请求。二审法院和最高法院仅就有无原告资格和诉的利益这种

---

〔1〕 最高法院 1982 年 9 月 9 日判决（最判昭和 57·9·9），民集 36 卷 9 号 1679 頁。

〔2〕 本案中，最高法院就原告资格和诉的利益分别作出判决，有关原告资格的部分请参见本书第三章"五、具体案例分析"。

诉讼法上的论点作出判断，虽然肯定了原告资格，但以诉的利益不复存在为由驳回了 X 等的请求。

　　本案焦点在于：附近居民，因替代措施这一物理性变化，是否失去了请求撤销保安林指定解除处分的利益？

　　二审法院和最高法院均主张，因替代设施的设置而失去诉的利益，但在判断手法和判断基准上有所不同。首先，从判断手法来看，二审法院认为，即便解除保安林指定处分后森林遭到采伐，但从周边环境来看，通过拆除替代设施、植树造林来恢复森林也是可行的。而最高法院对森林恢复的可能性没有触及。然而，若避而不谈恢复原状的可能性，岂不是单凭替代设施的完成就否定了诉的利益？其次，从失去诉的利益的判断基准来看，二审法院侧重于原告所蒙受的不利影响是否因设置替代设施而缓和，而最高法院则注重原告所承受的危险以社会常识来看是否因设置替代设施而消解，即采用了更为严格的判断基准。[1]

　　的确，系争中行政处分已经执行完毕即便撤销该处分也无法恢复原状时诉的利益难以获得认可。譬如，房屋拆迁命令因在系争中已经执行完毕而无法复原的情形就属于这种。然而，正如原田教授曾经指出的那样，针对这里所说的恢复原状的可能性需要严格认定。虽困难但只要复原的可能性尚存，就不应该否定诉的利益。本案中，尽管法院主张保安林指定处分的解除在防洪设施竣工的节点上失去了诉的利益，但是拆除防洪设施、恢复保安林的原状并非完全不可能。恢复原状的难易度问题，不应该在诉讼要件阶段，而应该在实体审理（本案审理）

---

　　〔1〕　折登美紀「保安林指定解除と訴えの利益」『行政判例百選Ⅱ〔第 7 版〕』（有斐閣、2017 年）367 頁。

阶段作为是否作出"情况判决"的问题予以考虑。[1]

可见，即便具有原告资格者提起撤销诉讼，也会因行政处分之后的情况变迁而失去诉的利益。

5. 建筑许可案[2]（1984 年）

诉外 A 等 4 名欲申请在各自土地上构筑建筑物，被告 Y（仙台市建筑主事）依据《建筑基准法》第 6 条第 1 款的规定，于 1979 年 5 月 25 日核发了建筑许可[3]。对此，居住在与本案各块土地邻接区域的 X（原告）认为，本案各项建筑许可在以下这点上违法：连接本案各块土地的道路尽管与《建筑基准法》第 42 条第 2 款不符，却被认定为"第 2 款道路"[4]，并在此基础上核发了建筑许可。遂于同年 7 月 24 日向仙台市建筑委员会申请行政复议，请求撤销本案各项建筑许可，但遭该委员会于 1980 年 2 月 8 日驳回。于是，X 在同年 3 月 12 日提起诉讼，请求撤销本案各项建筑许可。其间，本案各个建筑物于 1979 年 12 月下旬全部竣工，被验收合格后核发证件并开始供用。诉前 Y 主张，当获发建筑许可的建筑物已经完工时，附近居民就已经

---

〔1〕 原田尚彦『行政法要論〔全訂第 7 版・補訂 2 版〕』（学陽書房、2013 年）398-399 頁。另外，有关"情况判决"的详情，请参见本章"土地改良案"。

〔2〕 最高法院 1984 年 10 月 26 日判决（最判昭和 59・10・26），民集 38 卷 10 号 1169 頁。

〔3〕 原文"建築確認"。依据《建筑基准法》的规定，"建築確認"是指建筑物等着手施工之前由建筑主事就该建筑规划是否符合建筑基准法令等所实施的一种审查行为，与国内的"建筑许可"相近。

〔4〕 1950 年施行的《建筑基准法》所说的"道路"，依据该法第 42 条第 1 款的规定，一般是指幅宽 4 米以上的道路。但由于该法制定之前即已形成的市街中存在很多未满 4 米的小径，为此，该法第 42 条第 2 款特别规定，该法施行之前业已存在的道路即便幅宽未满 4 米，也可经由都道府县知事或市长等指定之后视为《建筑基准法》上的"道路"，这种道路被称为"第 2 款道路"，俗称"准道路（みなし道路）"。

不再具有通过撤销该建筑许可予以恢复的法律上的利益了。

对此，一审法院和二审法院以建筑物竣工后请求撤销建筑许可的利益不复存在为由驳回，但 X 认为，建筑许可的效力即便是在完工之后也不会消失，当建筑许可因存在实体性违法而被判决撤销时，该建筑物的实体性违法将获得一种公权式的确认，进而特定行政机关作为相关部门有义务颁布纠正违法建筑物的命令，因此，自己具有请求撤销本案各项建筑许可的诉的利益，遂上告至最高法院。

最高法院判决要旨：

建筑许可，乃《建筑基准法》第 6 条第 1 款所规定的建筑物等着手施工之前，就该建筑物的规划是否符合建筑相关规定加以公权式判断的行为，具有未经许可不得施工的法律效果。其目的在于防患未然，以避免出现违反建筑法规的建筑物。然而，建筑主事等在工程竣工之后所实施的检查，是以该建筑物及其用地是否符合建筑相关规定为基准，同样，特定行政机关所颁布的纠正违反命令，是以审查是否符合《建筑基准法》以及据此制定的命令和条例的规定为基准而实施的，两者均不以该建筑物及其用地是否按照建筑许可时的相关计划建造为基准。此外，是否颁布纠正违反命令属于特定行政机关的裁量事宜。建筑许可的存在，在法律上并不妨碍拒绝交付验收合格证或者颁布纠正违反命令。即便建筑许可因违法而被判决撤销，也不会产生应该拒绝交付验收合格证或颁布纠正违反命令的法律拘束力。建筑许可只不过是赋予了未经许可不得施工的法律效果而已，因此，该工程竣工之后就失去了请求撤销建筑许可的诉的利益。

本案焦点在于：建筑物竣工之后请求撤销建筑许可的诉的利益是否存在？为此，本判决围绕《建筑基准法》框架中的建筑许可，先明确了建筑许可本身的法律效果，然后在此基础上，就有无该法律效果之外的其他法律效果，分析了建筑许可与验收合格证的交付、纠正违反命令的颁布等的关系。

首先，让我们确认一下《建筑基准法》中的有关规定。当业主想要开建某个建筑物时，"在着手施工之前"，必须就建筑规划是否符合建筑基准的相关规定，接受由建筑主事所作的建筑许可（"建築確認"）（第6条第1款）。获发许可之后，在业主"工程完工之际"，就建筑物是否符合建筑基准的相关规定，需要再次接受由建筑主事等所作的检查，合格后获发验收合格证（"検査済証"）（第7条第1款、第4款以及第5款）。当发现建筑物违反了建筑基准法令的规定时，特定的行政机关"可以命令"建筑物的业主"为纠正违反而采取必要的措施"，诸如"停止施工"或"拆除建筑物"等，但并没有授权建筑主事可以撤销当初的建筑许可（第9条第1款）。

本判决认为，从建筑许可本身的法律效果来看，现行法上赋予建筑许可的只不过是"未经许可不得施工"而已。即，其法律效果在于允许建筑物施工。因此，该建筑物一旦竣工，就意味着其法律效果终结。这是因为，当工程竣工之后，受建筑许可所允许的施工对象已经不复存在了。

其次，在有无该法律效果之外的其他法律效果这点上，本判决，就验收合格证的交付、纠正违反命令的颁布与建筑许可的关系指出，建筑许可的存在，并不妨碍验收合格证的拒绝交付或纠正违反命令的颁布。而且，即便建筑许可因违法遭到判决撤销，也不会产生应该拒绝交付验收合格证或者颁布纠正违反命令的法律拘束力。从而明确了建筑许可的法律效果，导引出该工程竣工之后就失去了请求撤销建筑许可的诉的利益这一结论。[1]

可见，最高法院之所以如此主张，主要是基于以下的理由：在现行《建筑基准法》的理论架构中，建筑主事等所实施的检查以及特定行政机关所颁布的纠正违反命令，都不是以建筑物是否按照建筑规划施工为基准，同时，是否颁布纠正违反命令完全取决于特定行政机关的裁量，因此，建筑许可与交付验收合格证或颁布纠正违反命令之间并不直接相关，没有必然的联系。然而，尽管在形式上，建筑许可与其后所实施的验收合格证的交付等的关系，按照现行《建筑基准法》的规定是相互区别开来的，而这种机械适用法律的结果，却容易产生如此的尴尬：尽管被侵害的利益在内容和程度上都非常重大且需要提供救济，但当原告申请停止执行遭到拒绝时[2]，在工程完工之后其诉求因被法院驳回而连实体审理（本案审理）都无法获得。[3]站在国民的立场，《建筑基准法》的架构纵然如此，但只要法

---

〔1〕　寺洋平「建築確認と訴えの利益」『行政判例百選Ⅱ〔第7版〕』（有斐閣、2017年）360-361頁。

〔2〕　据统计，2013年，日本全国地方法院共处理申请停止执行案件163件，原告的请求遭到拒绝的136件，占总数的83.4%。2016年，日本全国地方法院共处理申请停止执行案件219件，原告的请求遭到拒绝的172件，占总数的78.5%。2019年，日本全国地方法院共处理申请停止执行案件112件，原告的请求遭到拒绝的95件，占总数的84.8%。由此可见，原告的停止执行申请很难得到法院认可，在多数情况下都会遭到拒绝。前述数据基于"宇賀克也『行政法概説Ⅱ行政救済法〔第5版〕』（有斐閣、2015年）130頁、宇賀克也『行政法概説Ⅱ行政救済法〔第6版〕』（有斐閣、2020年）126頁、宇賀克也『行政法概説Ⅱ行政救済法〔第7版〕』（有斐閣、2021年）132頁"中的相关统计算出。

〔3〕　稲葉一将「訴えの客観的利益」岡田正則ほか『判例から考える行政救済法〔第2版〕』（日本評論社、2019年）50頁。

院能够确认"该建筑许可违法",即会对行政实务带来一定的影响。[1]基于违法建筑许可所建造的建筑物即便已经竣工也应视为处于违法状态,那种主张既然已经通过相关部门验收合格,其违法性得以"治愈",从而丧失了请求撤销该建筑许可的诉的利益的观点,未免过于草率。[2]

6. 土地改良案[3](1992 年)

被告 Y(兵库县知事)于 1982 年 9 月 30 日向八鹿町核发了町营土地改良工程的实施许可,就此,原告 X(在规划区域内拥有土地的居民)主张,本案土地改良工程与《土地改良法》第 2 条第 2 款的规定不符,同农业生产没有直接关联,不过是为了修建迂回道路而利用和挪用《土地改良法》上的规定而已。此外,本案土地改良工程,旨在促进农业向商业进行产业构造转换,无益于扩大农业生产和改善农村产业结构。缺乏《土地改良法施行令》第 2 条第 1 款所规定的必要性和同条第 6 项所说的综合性,因而违法,遂提起请求撤销本案实施许可的行政诉讼。另外,八鹿町获发本案实施许可后即着手施工,于 1987 年 3 月完成与本案改良工程相关的工程,于同年 9 月 15 日制定了换地计划并向 Y 申请核准。Y 经过公告、提供阅览等程序后于同年 12 月 16 日核准该换地计划,于是八鹿町于同月 22 日开始实施换地处分,并于 1988 年 2 月 1 日完成了所有换地处分的登记。

本案较为复杂,包括本判决在内前后共经历了六次法院判

---

〔1〕 芝池義一『行政法読本〔第 4 版〕』(有斐閣、2016 年)323-324 頁。

〔2〕 原田尚彦『行政法要論〔全訂第 7 版・補訂 2 版〕』(学陽書房、2013 年)399 頁。

〔3〕 最高法院 1992 年 1 月 24 日判决(最判平成 4・1・24),民集 46 卷 1 号 54 頁。

决。当初的一审和二审主张本案许可不相当于抗告诉讼对象的行政处分，原告上告至最高法院。最高法院认为本案许可相当于作为撤销诉讼对象的行政处分，从而撤销了二审判决，打回一审重新审理。撤销后的一审和二审，以本案所有工程和换地处分均已结束为由主张，将相关区域恢复至实施前的状态即便在物理上并非完全不可能，但考虑到社会和经济上的损失，以常识来看不可行。纵然撤销本案的实施许可，也无法消弭 X 所主张的违法状态，因此不具对其予以撤销的实际利益，诉的利益已经不复存在，X 遂再次上告至最高法院。

最高法院判决要旨：

本案的实施许可是向事业实施者八鹿町核准可以在本案规划区域内实施土地改良工程，即赋予其土地改良工程实施权。而本案事业中，由于实施许可获发后所进行的换地处分等一系列相关程序和处分，均以该许可的有效存在为前提，因此，若撤销本案实施许可，势必给其后的换地处分等的法律效力带来影响。当本案实施许可被撤销时，即便因系争过程中与本案改良工程相关的所有工程和换地处分都已结束，无法将其恢复至实施以前的状态，从社会和经济损失的角度，以社会常识来看已不可能，但此乃应通过适用《行政案件诉讼法》第 31 条[1]予以考虑的事宜，X 并没有因此而失去请求撤销本案实施许可的法律上的利益，从而肯定了诉的利益。

---

　　[1]《行政案件诉讼法》第 31 条第 1 款：法院在撤销诉讼中发现，处分或裁决虽然违法，但对其撤销会给公共利益造成显著损害时，在考量原告所受损害的程度、损害的赔偿、防止的程度与方法以及其他一切情况的基础上，认为撤销该处分或裁决不符合公共福祉时，可以驳回原告的撤销请求。这种情形下，应在判决主文中宣告该处分或裁决违法。

本案中，如前所述，作为第一次上告审的最高法院肯定了此前被一审法院和二审法院否定的本案许可的行政处分性。但由于打回一审后的审理期间，本案相关工程已经完工，因此驳回后的一审和二审以缺乏诉的利益为由再次作出驳回判决。本案为第二次上告审。之所以诉的利益会成为问题，是由于存在以下的实际背景。即，本案的相关工程已合计投入2亿7千万日元以上，土地区划已被变更，涉及百人以上的换地处分登记工作业已全部结束。[1]

本案焦点在于：当撤销诉讼的系争过程中出现诸如与土地改良工程相关的工程和换地处分均已结束等情况变更，从而在社会常识上已经无法对其恢复原状时，请求撤销许可处分的诉的利益是否存在？

就此，学说和判例中曾经出现分歧。一种观点主张，当以社会常识来看已经无法恢复原状时，由于在法律上也不允许要求恢复原状，因此诉的利益消失，应作出驳回判决（驳回说）。与此相对，另一种观点认为，社会常识上无法恢复原状与法律上无法恢复原状不是一码事，以社会常识上的不可能来免除恢复原状之义务，应通过"情况判决"[2]来实现，因此不应该对原告的诉求拒绝受理（情况判决说）。[3]具体来说，就是先在

---

〔1〕 黒坂則子「土地改良事業と訴えの利益」『行政判例百選Ⅱ〔第7版〕』（有斐閣、2017年）368-369頁。

〔2〕 日本特有的判决制度，原文为"事情判决"。根据《行政案件诉讼法》第31条第1款的规定，所谓"情况判决"，是指在撤销诉讼中，当法院认为，尽管系争的行政处分违法，但若予以撤销则会给公共利益带来显著妨碍时，在综合权衡了所有应该予以考虑的情况之后所作的驳回判决。同时，根据同款的规定，当法院作出情况判决时，必须在判决书的主文中宣告该系争行政处分违法。

〔3〕 黒坂則子「土地改良事業と訴えの利益」『行政判例百選Ⅱ〔第7版〕』（有斐閣、2017年）369頁。

诉讼要件审理阶段承认诉的利益存在并受理原告的诉求，然后再在实体审理（本案审理）阶段对外宣告行政处分违法，同时本着尊重既成事实的精神驳回原告的撤销诉求。本案撤销后的一审和二审显然是立足于"驳回说"的立场，而本案最高法院则采纳"情况判决说"。应该说，通过本案判决，"驳回说"与"情况判决说"的分歧得以画上了句号。

从最高法院的判决来看，本案的町营土地改良工程，是在历经获发都道府县知事的实施许可到换地处分的"一系列程序"之后方获实施的，因此实施许可若违法则换地处分失去其存在基础。本案在强调即便以社会、经济损失的观点来看业已无法恢复原状，但仍不失去诉的利益这一点上，有其重要意义。[1]

同时，本案中最高法院所提及的诉的利益与"情况判决"的关系也值得瞩目。诉的利益不获认可与"情况判决"，尽管在原告的诉求遭到法院拒绝这点上没有不同，可是，原告的诉求在要件审理阶段未经法院实体审理（本案审理）就被驳回和在历经对外宣告行政处分违法之后，考虑到撤销行政处分与公共福祉不符而回避作出撤销判决，在法律上却具有本质性的差异。"情况判决"中，当法院判决行政处分违法时，以原告的立场看，尽管无法获得撤销判决，但针对已发生的损害可以追究国家赔偿责任。而站在行政方的立场，当然不能无视法庭的违法判断。换言之，原告纵然无法获得撤销判决，依然可以期待通过国家赔偿对其权利利益予以救济以及发挥撤销诉讼监督、促进行政正确运营之功能。[2]

---

〔1〕　稲葉一将「訴えの客観的利益」岡田正則ほか『判例から考える行政救済法〔第2版〕』（日本評論社、2019年）51-52頁。

〔2〕　稲葉一将「訴えの客観的利益」岡田正則ほか『判例から考える行政救済法〔第2版〕』（日本評論社、2019年）52頁。

（二）2004 年《行政案件诉讼法》修改后的判例

裁量基准案[1]（2015 年）

原告 X（某株式会社）从被告 Y（北海道道厅）下辖的函馆方面公安委员会获发风俗营业许可后开始经营老虎机业务。2012 年 10 月 24 日，该公安委员会以 X 的法人代表 A 向客人回购奖品违反《风俗营业法》[2]第 23 条第 1 款为由，依据该法第 26 条第 1 款的规定，下发停业命令（自 2012 年 11 月 2 日至同年 12 月 11 日），并处罚金。X 对本案处分不服，遂于同年 10 月 26 日提起撤销诉讼。

在本案发生之前，该公安委员会曾就《风俗营业法》第 26 条第 1 款所定的停业命令等，制定了《关于〈风俗营业法〉停业命令等量定基准的规程》，并对外公布。本裁量基准中，设定了停业的标准期以及上下限，同时规定对过去 3 年以内曾经受过停业处分的业者予以加重处罚。Y 于本案诉前主张，本案处分只在停业期内有效，该期限过后，请求撤销本案处分的诉的利益即已消失。一审法院否认诉的利益存在，二审亦被驳回，X 遂上告至最高法院。

最高法院判决要旨：

依据《行政程序法》条文及其宗旨可见，该法第 12 条第 1 款所规定的对外公开的处分基准，其目的不单单止于为行政机关提供行政运营上的便利，同时也是为了确保不利处分的判断

---

[1]　最高法院 2015 年 3 月 3 日判决（最判平成 27·3·3），民集 69 卷 2 号 143 页。

[2]　風俗営業等の規制及び業務の適正化等に関する法律，经常被简称为"風営法"。

过程公正且透明，以利于保护行政相对人的权利利益。因此，当行政机关根据该条款制定并对外公布的处分基准当中，存在着以下的不利规定时，即因受到某一行政处分而需要在其后同类处分的量定中予以加重，若该行政机关在其后的行政处分中采取了有别于处分基准的做法，以裁量权行使的公正平等要求以及相对人的信赖保护原则来看，此举相当于裁量权的逾越与滥用，除非存在应对相对人予以区别对待的特殊情形。从这个意义上来说，该行政机关在其后实施同类处分时其裁量权受到拘束，应该严格按照该基准行事。除非存在如上所述的特殊情形，一般情况下应依据该基准在量定时予以加重。

综上，当依据《行政程序法》第 12 条第 1 款制定并对外公布的处分基准当中，存在着以先行行政处分为由而加重后行行政处分的量定这种不利规定，因而被处分者在将来有可能成为后行行政处分的对象时，即便处分效果因有效期满已经失去，但只要处于这种可能性存在的期限之内，当事人就不失去请求撤销该处分予以恢复的法律上的利益。

本案中，考虑到基于《行政程序法》第 12 条第 1 款所制定并对外公布的处分基准中规定对 3 年以内曾经受过停业处分的业者予以加重处罚，因此，X 在此期间内仍然具有通过撤销该处分予以恢复的法律上的利益。

本案焦点在于：当行政处分因有效期已过而失去本体效果时，通过撤销诉讼予以恢复的法律上的利益即诉的利益是否依然存在？

《行政案件诉讼法》制定之前的判例，对此予以消极解释。如前所述，在"地方议员除名案"中，尽管当时很多人强烈主张原告虽然因任期已满而无法回归议员地位，但若处分违法由于请求薪酬等权利尚存，因而应该对其承认诉的利益，但最高法院仍然判决任期结束后诉的利益即消失。

本判决中，最高法院首次承认依据《行政程序法》第12条第1款所制定并对外公布的处分基准，具有拘束力。并以此为前提认定，当存在着以处分前科为由加重处罚规定时，即便停业期已过，诉的利益依然存在。具体而言，最高法院认为，40天的停业命令虽因时间经过已失去效力，但由于当时对外发表的处分基准即裁量基准规定，在过去3年以内受过停业命令（先行处分）的业者，如再次被命令停业（其后的同类处分）时会被量定加重，因此，在因这个基准而可能受到不利对待的期间内，通过撤销先行处分而予以恢复的法律上的利益存在。[1]

此外，本判决中还有一点值得关注。作为行政规则一种的裁量基准，显然不是形式上的"法律"，但在判断有无"法律上的利益"之际，最高法院却承认本案处分基准具有拘束力，并依此判决停业期满后也具有诉的利益，在这点上具有重要意义。[2]这是由于，在认定有无"法律上的利益"之际，法院似乎没有严格追究法令上的根据。

（三）点评

以上简单介绍了最高法院围绕诉的利益所作的7个判决。应该说，这7个判例基本上反映了当今诉的利益问题的全貌。

这些判例中，除"更正处分案""东京12频道案"外，皆为20世纪80年代以后的判例。另外，也包含了2004年修改

---

〔1〕 稲葉一将「訴えの客観的利益」岡田正則ほか『判例から考える行政救済法〔第2版〕』（日本評論社、2019年）50頁。

〔2〕 石塚武志「裁量基準の効果と訴えの利益」『行政判例百選Ⅱ〔第7版〕』（有斐閣、2017年）363頁。

《行政案件诉讼法》之后的 1 个判例，即"裁量基准案"。综合这些判决来看，日本在诉的利益认定上呈现出以下几个特征：其一，由于在实定法上基于同一法条，因而与原告适格相同，认定诉的利益同样需要依据"法律上的利益"的解释；其二，在对"法律上的利益"解释上，通过不断采用灵活的解释技巧与手法，使"法律"的范围不断拓宽；其三，其结果，诉的利益越来越受到宽泛的认可。

五、小结

撤销诉讼的提起和持续，需要原告能够通过撤销行政处分而享受到现实的法律上的利益，这就是诉的利益。原告适格者提起撤销诉讼时通常存在诉的利益。可是，正如我们在"具体案例分析"中所看到的那样，因行政处分之后的情况变化等而在事后失去诉的利益的情形也是存在的。在"更正处分案"中，其焦点在于系争中行政机关变更行政处分时应该如何考虑诉的利益。最高法院机械地拘泥于行政处分的形式与外观，主张每一次变更都属于独立的行政处分，从而否定了以第一次变更处分为对象的撤销诉讼的诉的利益。在"长沼内木基地案"中，针对附近居民因替代措施这一物理性变化而是否失去诉的利益，最高法院主张随着替代设施的设置，以社会常识来看洪水的危险已经化解，周围居民利益受到侵害的情形不复存在，因此否定了诉的利益。在"建筑许可案"中，围绕建筑物竣工之后是否失去诉的利益，最高法院在分析了《建筑基准法》上的建筑许可本身的法律效果以及建筑许可与验收合格证的交付、纠正违反命令的颁布等的关系之后，主张建筑许可不过是赋予了未经许可不得施工的法律效果而已，因此该工程竣工之后就失去了请求撤销建筑许可的诉的利益。

相反，在"东京 12 频道案"中，最高法院承认原告既可以针对自己的拒绝处分也可以针对他人的许可处分提起撤销诉讼，给原告提供了多元选择的可能性的同时，立足于当初许可的有效期期满与重新获发许可实质上无异于许可有效期的更新这一事实，肯定了诉的利益。在"禁驾处分案"中，其焦点在于带有制裁性质的行政处分失效之后诉的利益是否依然存在以及可否借由行政处分所带来的名誉、信用等侵害而认定诉的利益。最高法院依据《道路交通法》上的规定，承认原告针对带有制裁性质的行政处分在 1 年之内具有诉的利益，明确了当法令中存在因系争行政处分而可能受到不利对待的明文规定时诉的利益受到认可的立场。同时，延续此前的一贯主张，以不过是行政处分所带来的一种事实性效果而已为由，否定了借由名誉、信用等侵害而承认诉的利益的可能性。在"土地改良案"中，最高法院强调，纵然行政处分在系争过程中出现情况变化，以社会、经济损失的观点来看业已无法恢复原状，但仍不失去诉的利益。在"裁量基准案"中，最高法院认为，停业命令因时间经过已经失去处分的效力，然而，由于当时对外发表的裁量基准规定，在过去 3 年内受过停业处分的业者，如再次被命令停业时会量定加重，因此，在因这个基准而可能受到不利对待的期间内，通过撤销先行处分而予以恢复的法律上的利益存在。这里需要特别强调的是，作为行政规则一种的裁量基准，显然不是形式上的"法律"。

总之，诉的利益是否依然存在，主要在以下的几种场合容易成为问题：①行政处分的变更或撤销；②特定的日期或期限已过；③因行政处分执行完毕致使无法恢复原状；④涉及行政处分的相关事业或工程等已经完工；⑤利益侵害因替代措施的设置而消解；⑥名誉侵害与诉的利益；⑦地位因退职或任期届满等而丧失或被剥夺。

第一，行政处分的变更或撤销。现行制度中，除非有违信赖保护原则等，一般允许行政方可以自由撤销自己所实施的行政处分，因此，即便是在诉讼过程当中，也可依职权撤销已经成为系争对象的行政处分。[1]而诸如吊销营业许可、建筑物的拆除命令等在诉讼期间被取消或撤回时，由于该行政处分所课予的义务等不利状态随之消解，已经无须请求撤销该处分了，因此诉的利益不复存在。"更正处分案"就是依据此理否定了诉的利益。

第二，特定的日期或期限已过。餐饮业者由于饭店出现食物中毒而被勒令停业，因对该行政处分不服而提起的撤销诉讼中停业期已过。这种事例中，由于停业期已过，该行政命令不复存在，因此，法院审理是否应该撤销该行政命令的实际利益不存在了。换言之，诉的利益已经消失，当事人的诉求将被驳回。正如这个例子所揭示的那样，一般认为，当具有一定持续期间的行政处分，如其期限已过，诉的利益就会随之消失。[2]最高法院早前就依据此理，在"皇居外苑案"中，以"五一"已过为由否定了诉的利益。[3]不过，如果按照这种逻辑的话，由于一般诉讼都需要花费时间，国民势必无法针对这种带有特

---

〔1〕　原田大樹『例解・行政法』（東京大学出版会、2013 年）113 頁。

〔2〕　芝池義一『行政法読本〔第 4 版〕』（有斐閣、2016 年）323-324 頁。

〔3〕　为在"五一"举办集会而申请使用"皇居外苑公园"，因不获核准（不许可处分）而提起的撤销诉讼。最高法院 1953 年 12 月 23 日判决（最判昭和 28・12・23），民集第 7 卷 13 号 1561 頁。

定日期的处分进行论争了。[1]此外，这种集会，如果每年都有同样计划，那么即便今年"五一"已过从而失去撤销的实际意义，但从避免来年也以同样理由遭到拒绝这个角度来看，并未失去诉的利益。[2]

第三，因行政处分执行完毕致使无法恢复原状。譬如，房屋拆迁命令在系争中已执行完毕而无法复原时诉的利益一般不获认可，这是由于即便撤销该处分也无法恢复原状。[3]然而，尽管处分的本来效果已经失去，但若实体法规所赋予的某种法律效果尚存时，诉的利益依然可能受到认可。在"禁驾处分案"中，最高法院依据《道路交通法》上的规定，承认原告针对带有制裁性质的行政处分在1年之内具有诉的利益，明确了当法令中存在因系争行政处分而可能受到不利对待的明文规定时诉的利益受到认可的立场。"裁量基准案"，也依据同样逻辑判决因裁量基准而可能受到不利对待的3年之内原告具有诉的利益。同样，律师请求撤销针对自己的惩戒处分（停业1年）一案中，诉讼过程中该期限已过，就此，最高法院认为，依据《日本律师协会会长选举章程》规定，被惩戒的律师在该协会会长的选举中其被选举权将遭到否定，据此肯定了诉的利益。[4]

---

[1] 村上裕章ほか『行政法〔第3版〕』（有斐閣、2015年）239-240頁。

[2] 稲葉一将「訴えの客観的利益」岡田正則ほか『判例から考える行政救済法〔第2版〕』（日本評論社、2019年）48頁；原田大樹『例解・行政法』（東京大学出版会、2013年）114頁。

[3] 原田尚彦『行政法要論〔全訂第7版・補訂2版〕』（学陽書房、2013年）398頁。

[4] 最高法院1983年4月5日判決（最判昭和58・4・5），判時1077号50頁。本案之所以被视为行政案件，是因为日文语境下的"公共团体"除了地方公共团体（都道府县、市町村）、公共组合（土地区划整理组合、国民健康保险组合）以及独立行政法人之外，也包括"律师协会"等。

可见，即便行政处分执行完毕而失效，只要存在可以恢复的法律上的利益，纵然是附随性的利益也罢，诉的利益依然可能受到认可。

第四，涉及行政处分的相关事业或工程等已经完工。在"建筑许可案"中，最高法院主张，建筑许可赋予了未经许可无法施工的法律效果，其目的在于防患未然，避免出现违反建筑法规的建筑物。当建筑工事完工建筑物出现之后，被请求撤销的建筑许可的效果（允许施工）已然消失。[1]在其后的同类判决[2]中，最高法院依照本案判决框架，判定基于《城市规划法》开发许可（市街化区域）的相关开发行为完工、工程验收合格证核发之后，就失去了请求撤销的诉的利益。然而，在近年的一个判决[3]中，最高法院针对《城市规划法》的开发许可（市街化调整区域），承认在与该许可相关的开发工程竣工、验收合格证核发之后，依然不失去请求撤销该开发许可的诉的利益。那么，这种结论上的差异从何而来呢？据分析，主要来自于各自所依据的《城市规划法》的规定框架不同。原来，《城市规划法》第29条第1款所规定的开发许可分为两种：以市街化区域内的土地为对象的许可和以市街化调整区域内的土地为对象的许可。[4]根据该法的规定，有关前者的开发许可，仅具

---

〔1〕稲葉一将「訴えの客観的利益」岡田正則ほか『判例から考える行政救済法〔第2版〕』（日本評論社、2019年）49頁。

〔2〕最高法院1993年9月10日判决（最判平成5·9·10），民集47卷7号4955頁；最高法院1999年10月26日判决（最判平成11·10·26），判時1695号63頁。

〔3〕最高法院2015年12月14日判决（最判平成27·12·14），民集68卷8号2404頁。

〔4〕依据《城市规划法》第7条的规定，"市街化区域"与"市街化调整区域"的区别，简要地说，前者以市街化的促成而后者以市街化的抑制为目的。

有 "未经许可无法合法实施开发行为这一法律效果"。而有关后者的开发许可，除此之外，还具有 "以该许可的效力为前提获发验收合格证、颁布工程竣工公告后，所规划的（其他）建筑物等方可施工这一法律效果"。[1]联想起 "土地改良案" 中，法院曾经主张即便因工程竣工而在社会常识上被认为无法恢复原状，但这些情况应通过适用 "情况判决" 予以考虑，从而肯定了诉的利益。可见，即便事业或工程等已经完工，也不能单纯以无法恢复原状为由来否定诉的利益。

第五，利益侵害因替代措施的设置而消解。"长沼内木基地案" 之所以否定诉的利益，在于法院主张因替代设施的设置水灾的危险被清除。然而，这种凭借替代设施的设置来否定诉的利益的手法，难免使人产生如下的疑问：若行政方在撤销诉讼提起之后展开能够改变事实状态的行动，岂不是可以规避法院的实体审理（本案审理）了呢?![2]

第六，名誉侵害与诉的利益。的确，如果把主观上的名誉、信用等视为法律上的利益基础的话，那么几乎所有的案件当中诉的利益都将受到认可。[3]名誉、信用的恢复之所以不被视为诉的利益，其理由可以考虑有二：一者，能够另外通过申请损害赔偿来获得救济；再者，祛除事实上的不利影响并非撤销诉讼的分内之事。一般认为，最高法院持否定态度的理由在于后者。正如 "禁驾处分案" 所揭示的那样，最高法院一直认为，

---

〔1〕 寺洋平「建築確認と訴えの利益」『行政判例百選〔第7版〕』（有斐閣、2017年）361頁。

〔2〕 稲葉一将「訴えの客観的利益」岡田正則ほか『判例から考える行政救済法〔第2版〕』（日本評論社、2019年）48頁。

〔3〕 伊藤真「訴えの利益」雄川一郎ほか『現代行政法体系（4）行政争訟I』（有斐閣、1983年）263頁。

这种不利影响只不过是事实上的负面影响罢了，不相当于法律上的利益。然而，为了保护当事人的名誉、信用，单靠损害赔偿显然不够，还需要能够对这种名誉侵害状态予以排除。[1]最高法院在近年的一个判例[2]中主张，即便没有"禁驾处分案"中的那种效果，由于依然残留着无法获发"金色驾照"（以无肇事无违章的优秀驾驶员为对象所核发的驾照）等不利影响，从而承认诉的利益。同时，在下级法院的判决当中，有的针对名誉、信用等人格利益所受的损害或可能在未来的制裁处分当中受到不利对待等情形也主张不失去诉的利益。这种结论上的差异从何而来？恐怕是由于法院认为，"金色驾照"所带来的名誉和信用，来自于法律的褒奖，而不是单纯的事实上的利益。[3]也就是说，当法令中存在因系争行政处分而可能受到不利对待的明文规定时，即便是名誉侵害，也有可能被认定为"法律上的利益"。

第七，地位因退职或任期届满等而丧失或被剥夺。在"地方议员除名案"中，最高法院曾经主张既然议员任期届满，即使撤销该除名处分也无法恢复议员资格，从而否定了诉的利益。然而在其后被停职公务员请求撤销该停职处分而提起的诉讼中，最高法院则认为，尽管在系争中当事人因参加竞选公职而失去公务员的身份，从而无法恢复其原有的地位，但由于原告请求给付停职期间的工资等需要先对该停职处分予以撤销，因此请

---

〔1〕 古城誠「訴えの利益」ジュリ925号149頁注9。

〔2〕 最高法院2009年2月27日判决（最判平成21・2・27），民集63卷2号299頁。

〔3〕 原田尚彦『行政法要論〔全訂第7版・補訂2版〕』（学陽書房、2013年）401-402頁。

求撤销该停职处分的诉的利益依然存在。[1]可见，当实体法上的请求权或者法规所定的效果尚存时，诉的利益依然能够受到认可。

撤销诉讼当然属于主观诉讼。从《行政案件诉讼法》当初的立法目的来看，立法者正是为了突出撤销诉讼作为主观诉讼只有存在诉的利益时方获认可才设立第9条，以示其区别于民众诉讼和机关诉讼等客观诉讼。然而，理论与实务对"法律上的利益"不断灵活解释的结果，尤其是2004年修法时明确提出扩大原告资格等方针之后，正如我们在"裁量基准案"等中所看到的那样，事实上在认定撤销诉讼的诉的利益之际，已经明显逾越了"法律"的范畴。而诉的利益越是受到广泛认可，撤销诉讼保障司法救济实效性和行政合法性之功能就愈发得以强化。

---

[1] 最高法院1965年4月28日判决（最判昭和40·4·28），民集19卷3号721頁。

第五章

诉的利益展望

　　以上，笔者主要以日本行政诉讼的主要形态——抗告诉讼尤其是撤销诉讼为素材，在对日本行政法学上有关诉的利益的理论，从行政处分性、原告适格、狭义的诉的利益等三个不同角度做一个整体把握之后，结合 20 世纪 80 年代以来具有典型意义的最高法院判例，梳理并详细分析了诉的利益的发展脉络，对该理论所面临的各种课题等进行了全方位的考察。

　　那么，通览各章所作的学理以及实证性分析，能否从中找出一些共性的特征，并由此把握今后诉的利益的发展方向呢？对此，尽管尚无定论，但笔者认为，还是可以尝试着归纳如下。

一、行政处分性

　　如前所述，日本于 2004 年对《行政案件诉讼法》进行大幅修改时并没有对行政处分性采取扩大的态度，反倒建议通过活用公法上的确认诉讼来应对现代社会的新需求以及提高救济国民权利利益的实效性。显然，这次修法的宗旨在于，期望通过灵活运用作为当事人诉讼的公法上的确认诉讼，使其能够在向国民保障获得裁判权以及提供富有实效的救济过程中提供一臂之力。修法之后，我们的确可以看到，最高法院基于本次修法的宗旨，积极采用新型诉讼形态来应对新局面的努力。譬如，在 2005 年的"海外国民选举权案"[1]中，最高法院对持续定居海外的国民所提出的诉求，即确认自己已被"海外选举人名簿"登记并据此拥有能够在下次国会议员选举中投票的地位，经审理后认定合法。同时，针对因拒绝执行东京都立学校校长依据东京都教育总长下发通知所颁布的职务命令（要求教职员工在开学等典礼时全体起立并齐唱国歌等）而反复遭到惩戒处分的 2012 年"国歌案"[2]中，最高法院考虑到，随着拒绝行为的反复发生，针对教职员工的惩戒处分将累进式地越来越重，事后救济也会随之愈发困难，因而，就教职员工为请求确认自己不存在基于上述职务命令的公共义务而提出的确认诉讼，承认"确认的利益"存在。

但是另一方面，我们也必须注意到，传统上以撤销诉讼为主的抗告诉讼一直居于行政诉讼的核心，长期以来是作为综合性的救济手段来发挥其作用的。因此，行政上的纠纷，无论是事关典型的行政处分也好，还是非典型的行政处分（如所谓"形式上的行政处分"等）也罢，都倾向于通过抗告诉讼这个途径予以解决。受这种传统思维定式的影响，本次修法时为了满足行政活动的复杂多样化而强调活用的公法上的当事人诉讼等新型诉讼形态，在其落地生根、能够被人们广泛接受之前，恐怕尚需一定时日。[3]或许与此相关，正如大家在文中所看到的

---

〔1〕 最高法院 2005 年 9 月 14 日判决（最判平成 17·9·14），民集 59 卷 7 号 2087 页。

〔2〕 最高法院 2012 年 2 月 9 日判决（最判平成 24·2·9），民集 66 卷 2 号 183 页。

〔3〕 原田尚彦『行政法要論〔全訂第 7 版·補訂第 2 版〕』（学陽書房、2013 年）390 頁。

那样，历经本次修法之后，行政处分概念不仅没有被纯化，反倒出现了逐渐扩大解释的倾向。换言之，至少以目前的状况来看，立法者基于行政处分性限定说的立场，主张不应该扩大行政处分性之初衷，换来的却是实务界行政处分性扩张说式的结局。这种现象，应该做何解读？

正如本书第二章"就学补助案"等案例所揭示的那样，最高法院近年来立足于向国民提供富有实效的救济的观点，采用一种被学界称为"结构性解释"的手法，不仅对系争行政活动所依据的法令结构做详细且全面的解释，而且在解释时还把视野放宽到包括相关法令和制度（甚至是行政的内部通知等）在内的宏观的法体系的整体结构，以灵活认定行政处分性之有无。[1]而这种被称作"结构性解释"的手法，不禁令我们想起 2004 年修改《行政案件诉讼法》时针对原告适格所采取的态度。[2]当时，就此前在法律上并不明确的原告适格（"法律上的利益"）的解释指针以及判断基准增设了第 9 条第 2 款，规定"法院在判断处分或裁决的相对人以外的其他人有无前款规定的法律上的利益时，不得仅依该处分或裁决所依据的法令规定的文句，而应考虑该法令的宗旨、目的以及该处分所应考虑的利益的内容及性质。这种情形下，在考虑该法令的宗旨及目的时，应一并斟酌与该法令有共同目的的相关法令的宗旨及目的；在考虑该利益的内容及性质时，亦应一并考虑该处分或裁决所依据的法令被违反时受损害的利益及性质，以及受损害的状态及程度"。

也就是说，在判定原告适格之际，不能单纯地依赖法律语句，而要考虑到有关法令的宗旨、目的以及行政处分所要保护

---

[1]　樱井敬子・桥本博之『行政法〔第 4 版〕』（弘文堂、2014 年）291 頁。

[2]　有关原告适格的部分，接下来本章将做专门阐述，就此打住。

的利益的内容、性质等。同时，在审视有关法令的宗旨、目的之际，如果存在与其具有共通目的的相关法令，还要进一步参照相关法令的宗旨、目的；在判断行政处分所要保护的利益的内容、性质时，还要考虑到一旦行政处分违法而损害的利益的内容、性质以及被害的样态、程度等。从"结构性解释"手法的具体判断框架来看，我们不得不承认，尽管2004年对《行政案件诉讼法》进行修改时没有如原告适格那样，以明确的法律语言来界定行政处分性的判断基准，但若仅就近年来的若干判例而言，最高法院似乎采取了与原告适格相类似的手法来扩大行政处分性的解释。[1]

反过来讲，规定原告适格（"法律上的利益"）的解释指针以及判断基准的第9条第2款，从某种意义上来说，已经不是原告适格所固有的解释指针了。在判定是否存在权利义务关系以及"法律上的争讼"性之际，它同样具有普遍的应用性。而这种判断若成立，那么意味着法官在认定包括行政处分性在内的最广义的诉的利益时，也完全有可能会采用同样的指针。[2]依此推理，我们或许可以预言，今后，行政处分性的认定仍将朝着扩大的方向发展。

然而，在当今的节点上，判断今后行政处分性的走势，亦即这种扩大趋势，是2004年修法时新设的诉讼形态能够落地生根、被人们广泛接受之前的所谓"过渡期"特有的暂时性现象，还是今后发展的总体趋势，绝非易事。这是因为，其一，与原告适格不同，实定法没有以明确的法律语言来界定行政处分性的判断基准。2004年修改《行政案件诉讼法》时，针对原告资

---

〔1〕 指出这一点的有，大久保规子「処分性をめぐる最高裁判例の展開」ジュリスト1310号23頁、亘理格「行訴法改正と裁判実務」ジュリスト1310号8頁。

〔2〕 亘理格「行訴法改正と裁判実務」ジュリスト1310号7頁。

格，对其予以实质性地扩大是修法宗旨之一，相反，针对行政处分性，活用公法上的确认诉讼以取代行政处分性的扩张才是立法者的初衷。其二，行政处分性概念本身具有一定的流动性。在现行行政案件诉讼制度中，它只不过是一个道具或者说手段而已，其功能在于区分行政活动能否利用抗告诉讼、决定司法救济的时机等。[1]如第二章所述，如果现实中导入了诸如"行政立法与行政计划的违法确认诉讼"，甚或如个别学者所主张的那样放弃"抗告诉讼"，取而代之导入"纠正违法诉讼"[2]等的话，那么，行政处分性概念本身的存在意义就将大打折扣甚至完全失去。其三，司法实务中，各级法院长期以来一直坚持"法律遵循主义"原则，主张在决定诉讼救济的对象与范围之际应该最大限度地尊重法律规定。在这种思维的长期浸染之下，扩大行政处分性，把所谓"形式上的行政处分"也纳为抗告诉讼的对象，现实中到底有几分成算，不得不令人怀疑。其四，承认"形式上的行政处分"具有行政处分性的同时免除其在抗告诉讼（撤销诉讼）的排他性原则以及出诉期间等上所受到的限制，理论上不失为一个解决问题的良策，但在深受"抗告诉讼（撤销诉讼）＝排除公定力的诉讼"观念支配下的司法实务中，能否真正付诸实施、何时能够付诸实施，不得不打个问号。[3]

---

〔1〕 参见本书第二章"九、具体案例分析"中的"大阪国际机场案"和"厚木基地案"等。

〔2〕 阿部泰隆教授主张，由于行政诉讼的特征在于论争行政活动是否违法，因此，作为诉讼类型其实只要设立"纠正违法诉讼"一种即可。如此的话，在选择诉讼类型以及判定诉讼对象时就不会再频生困扰，而且，这也与给当代日本行政法带来深刻影响却不拥有"公权力行使"和"行政行为"等概念的英美法思想相吻合。参见阿部泰隆『行政法解釈学Ⅱ〔初版〕』（有斐閣、2009 年）74-75 頁。

〔3〕 有关"其三"以及"其四"的详细内容，参见亘理格「行訴法改正と裁判実務」ジュリスト1310 号 9 頁。

　　不过，尽管在判定今后行政处分性的走势上还存在着如上所述的诸多不确定因素，但依笔者看来，就行政处分性认定本身而言，其总体发展方向仍然是趋宽趋广。道理很简单，今后，客观上，行政作用的多样化、行政过程中国民的权利利益调整的复杂化等现代行政的发展特征与趋势，只会加强不会减弱。与此同时，主观上，国民要求司法提供更加富有实效的救济的声音，同样会愈发高涨。因此，摒弃过去最高法院在认定行政处分性时所固守的观念，即严格要求公权力行为对当事人的权利义务直接产生了具体的法律效果、争议的成熟性等，转而在尊重判例与通说见解的同时，尽量避免僵直的、机械式的应用。结合具体案件，在充分考虑抗告诉讼所肩负的救济功能的前提下，通过对行政处分性加以灵活解释，以满足国民的要求、实现富有实效的救济，始终是一个正确的方向。譬如说，在成熟性要件的认定上，这个要件主要考虑的是，针对行政机关由一系列环节所组成的权力行为，允许当事人在哪一个节点提起行政诉讼才最适合解决纠纷与救济人权的问题。的确，成熟度越高对其的审理与救济就越富有实效。但是，当等到最终处分有可能因既成事实而无法提供实质性的救济时，正如本书第二章"事业规划案"等所揭示的那样，完全可以考虑在中间阶段对行政处分性予以承认。[1]

　　在笔者看来，今后，行政处分性所面临的课题主要有三：第一，有必要明确行政处分的概念。如前所述，行政处分性之

---

　　〔1〕 原田尚彦『行政法要論〔全訂第 7 版・補訂第 2 版〕』（学陽書房、2013年）388 頁。中川丈久教授认为，近来的最高法院在掌握救济时机这个问题上，显现出"无须等到熟透，只要抓住纷争的最佳时机即可"的倾向。这种态势，无疑与行政处分性论的今后发展方向是吻合的。参见中川丈久「土地区画整理事業計画決定の処分性」法学教室 341 号 22 頁。

所以容易产生争议，固然离不开《行政案件诉讼法》放弃列举主义转而采用概括主义的时代背景，然而更为主要的是现行法上的规定不明确，没有就何谓"行政处分"等作出明确的界定。管见所及，除了文中业已提到的"形式上的行政处分"与"实体上的行政处分"之外，当下的日本可以说存在不下五种不同版本的"行政处分"：狭义的行政处分、广义的行政处分、理论上的行政处分、争讼法上的行政处分、实定法上的行政处分。而这五种还可以按其内容的相近性归类为以下三个不同类别，即①狭义的行政处分（理论上的行政处分），②广义的行政处分（争讼法上的行政处分），③实定法上的行政处分[1]。有关这三种类别之间的关系，截至目前的理论当中并不见明确的说明，笔者依自己的理解尝试整理如下：①与③可视为等同，差别在于前者是学理上的概念而后者是实定法上的概念。如文中所述，②的内涵要比①③丰富，外延也相对更为宽泛。综上，我们不得不承认，"行政处分"概念本身的不明确，也是造成理论混乱的一个重要原因。

　　第二，有必要重新认识行政处分性所肩负的功能。正如有学者曾经指出的那样，司法实务中习惯于把行政处分性与抗告诉讼的对象联系在一起，然而，论述行政处分性时，其实包含着以下两个不同侧面：一方面，案件是否已经成熟到应以诉讼来处理的程度，即案件的成熟性的问题；另一方面，应该让当事人以何种诉讼形态（行政诉讼、民事诉讼、刑事诉讼、当事人诉讼等）来论争，即诉讼类型选择的问题。前者与诉讼类型无关，后者涉及不同诉讼类型之间如何分工。对两者不加明确区分的情况下展开议论，也是造成行政处分性混乱的原因之一。

---

[1]《地方自治法》第 242 条之二第 1 款第 2 项等。

以宪法所保障的国民具有接受审判的权利亦即获得裁判权这个视点来看，只要某一案件已经成熟到应该以诉讼形式来处理的程度，就应该将其置于司法救济的轨道，至于具体应该以何种诉讼形态来应对那是接下来的问题。[1]如果允许我们给行政处分性所肩负的上述功能按重要程度加以区分的话，其成熟性的判断功能，要远远高于诉讼分工。因此，今后应该更加重视成熟性的判断功能，相对淡化诉讼分工。即便原告偶然搞错了诉讼形态[2]，只要案件已经成熟，法院就没有必要再拘泥于行政处分性的诉讼分工功能而采取一律驳回的态度，应本着宪法精神，通过对原告加以适当指导或法院的内部协调等来灵活应对。

第三，有必要对"行政行为"和"行政处分"加以概念上的整理。如文中所述，2004 年《行政案件诉讼法》修改前后，最高法院开始显现出相当柔软的身段，接连作出对行政处分性予以扩大解释的判决。然而，行政处分性的扩大，同时也意味着学说上曾经被视为等同的"行政行为"与"行政处分"开始出现概念上的乖离。[3]这是由于，"行政行为"作为其概念构成要素强调"权力性"的存在，而实定法上的"行政处分"或"处分"则立足于权利救济的立场，正如本书第二章中反复指出的那样，对通常不具有"权力性"要素的行政计划、行政指导、

---

〔1〕 阿部泰隆『行政法再入門（下）〔第 1 版〕』（信山社、2015 年）88–89 頁。

〔2〕 按照最高法院的判决逻辑，本应以行政诉讼提起的"大阪国际机场案"和"厚木基地案"，就因原告误采民事诉讼而错失了获得司法救济的良机，详情请参见本书第二章的"具体案例分析"。

〔3〕 指出两者之间开始出现乖离的有，周作彩「処分性の拡大と行政行為概念の今日的存在意義」法学教室 401 号 25–33 頁；大久保規子「処分性をめぐる最高裁判例の展開」ジュリスト 1310 号 18 頁；下井康史「『処分性』拡張と処分性概念の変容」法律時報 85 巻 10 号 11–16 頁。

行政的内部活动等也积极探讨行政处分性之有无，力争将其纳入抗告诉讼或撤销诉讼的轨道上来，其结果，"行政处分"或"处分"与传统上被视为等同的"行政行为"开始逐渐分离，从而成为比后者更为宽泛的概念。[1]

截至目前，受传统思维的影响，一般认为，在行政的行为当中，有的相当于行政行为，有的则不。两者如同水火，互不相容。同时，这种二选一式的分类与诉讼形态连接在一起，即行政行为则适用抗告诉讼，行政契约、行政指导以及其他事实行为等则适用当事人诉讼或者民事诉讼。可是，"行政行为"概念，属于实体法的说明概念，"行政处分"或"处分"则是一个表明诉讼法上救济规则的概念，两者并不相同，也不直接关联。[2]今后，应该放弃将两者捆绑在一起的观念，对两个概念进行适当的理论整理，明确区分行政诉讼法上的"行政处分"与学理上的"行政行为"概念。[3]

二、原告适格

客观地讲，尽管在早期的"主妇联合会果汁案""长沼内木基地案"等中，最高法院固守"法律上保护的利益说"，严格区分公共利益与个别利益，主张公共利益目的实现过程中所衍生出的利益只是反射性利益或者事实上的利益，并不相当于"法律上保护的利益"。但是，如文中所述，原告适格论发展至今，经过立法与实务的双重努力，已经取得了长足的进步。2004年修法之前，"'文殊'核反应堆设置许可案"吸收了此前最

---

〔1〕　『法律学小辞典〔第 6 版〕』（有斐閣、2016 年）705 頁。
〔2〕　阿部泰隆『行政法解釈学 II〔初版〕』（有斐閣、2009 年）113 頁。
〔3〕　大久保規子「処分性をめぐる最高裁判例の展開」ジュリスト 1310 号 24頁。

高法院在有关原告适格的案件当中所取得的全部优秀成果，达到了当时原告适格认定的理论高峰。受其影响，2004 年的修法得以实现，并对原告适格尤其是行政处分相对人以外的第三人的原告适格的判定基准和法律解释指针加以明确。[1]2004年修法之后，经"小田急铁路公司案"判决，应该讲，针对行政处分相对人以外的第三人的原告适格的判断基准，得以确定成形。

那么今后，在原告资格的认定上是不是已经不存在问题了呢?

回答是否定的。在笔者看来，作为扩大原告资格，尤其是扩大行政处分相对人以外的第三人的原告资格的延长线上的问题，是否应该对团体赋予提起行政诉讼的资格，将是今后原告适格论所面临的首要课题。这个也可称之为行政法学上的团体诉讼[2]的问题，当行政处分所侵害的利益不是特定个人的利益，而是诸如当地居民、消费者等集团抑或人文历史、自然环境等全社会或大多数人的共同利益时，具有非常大的现实意义。

---

〔1〕 就《行政案件诉讼法》新设条文（第 9 条第 2 款）与此前的"'文殊'核反应堆设置许可案"等判决的关系，多数意见认为，新设条文几乎照搬了前述的判决。但也有意见主张，在条文的制定之际，曾经参照过"新潟空港案"和"'文殊'核反应堆设置许可案"等判决不假，但不能由此就说，新设条文是基于最高法院的原有判决而制定的，它只不过是从"新潟空港案"和"'文殊'核反应堆设置许可案"等中获得了启发而已。参见塩野宏『行政法概念の諸相』（有斐閣、2011年）298 頁。

〔2〕 原文为"集团诉讼"，在翻译原田教授的《诉的利益》时，笔者曾经将其直译为"集团诉讼"，可与本章"团体诉讼"视为同义。参见 [日] 原田尚彦：《诉的利益》，石龙潭译，中国政法大学出版社 2014 年版，第 226~228 页等。另外，此处之所以强调"行政法学上的团体诉讼"，是因为日本在消费者权益保护等领域，已对所谓"适格消费者团体"率先导入了"团体诉讼"制度。而这种制度，由于不以行政方为被告，因此不相当于"行政诉讼"。

即，在这种情况下，是否允许那些在事实上代表该共同利益的居民团体、消费者团体、研究团体以及保护团体等提起行政诉讼？而这个问题又进一步包含了以下的两个不同层面：一方面，假设每个人都拥有原告资格，这时是否还允许团体提起诉讼？另一方面，假设每个人都不拥有原告资格，那么可否允许代表该共同利益的团体提起行政诉讼？[1]

针对上述问题，赞成导入团体诉讼的意见认为，团体诉讼适合于一次性解决涉及多数人共同利益的纠纷亦符合诉讼经济。而且，多数情况下，团体在诉讼能力上具有个人无法比拟的力量与优势。再者，即便对每个人都微不足道，但若允许团体诉讼，则多数人的共同利益有可能借此受到保护。

反对见解则主张，即便不承认团体诉讼，也可以通过团体成员以个人形式提起诉讼而达成目的。若承认团体诉讼，由于即便团体败诉，对团体成员个人也不产生既判效力，因而可由团体成员再次出诉，被告以及法院也就不得不针对同一事项重新应诉与审理。[2]

放眼原告适格论的明天，尽管正如本书第三章"'卫星大阪'案"所象征的那样，最高法院还有些"摇摆"[3]不定，但

---

〔1〕　塩野宏『行政法Ⅱ（行政救済法）〔第5版・補訂版〕』（有斐閣、2013年）132-133頁。

〔2〕　原田尚彦『行政法要論〔全訂第7版・補訂第2版〕』（学陽書房、2013年）397-398頁注。顺便说一下，原田教授针对反对意见，进一步反论如下：尽管团体诉讼在理论上存在着上述问题，但是，这些问题都无法成为否定团体诉讼的决定性理由。这是因为，首先，撤销诉讼的出诉期间受到限制，因而实际上针对同一行政处分遭到重复起诉的概率并不高。其次，重复起诉的问题，还可以通过运用禁止滥用诉权的法理等来加以合理规避（参见前揭文献第398页的注解部分）。

〔3〕　原田尚彦『行政法要論〔全訂第7版・補訂第2版〕』（学陽書房、2013年）396頁。

笔者认为，它将朝着认定的范围越来越宽、认定的基准越来越缓的方向发展。具体表现为，在继续重视生命、身体（包括健康）的安全利益的同时，还要逐渐地扩展到其他利益。而且，"伊场遗址案"中遭到否定的，研究者从保存、活用史迹等文化遗产当中所享受到的利益，即所谓团体的共同利益或许也会在一定范围内受到认可。严格区分"法律上保护的利益说"与"值得保护的利益说"，将不再具有实际意义，因为两学说在司法实践中折射出相同的进路。对"个别保护要件"的要求上，逐步放宽的结果，将使这个要件的存在本身失去意义。作为行政诉讼的团体诉讼，将要在环境保护、消费者保护等公益领域部分登场。[1]当人文历史、自然环境以及食品安全等全社会或者多数人的共同利益受到不法侵害时，能否以行政诉讼的形式予以救济？最高法院在"伊场遗址案"中所作的判断，也许不再重演。

一言以蔽之，原告资格受到认可的范围将会越来越扩大。不过，笔者想提醒各位读者的是，通过丰富原告适格论来扩大原告资格的范围，从保障宪法上人民的获得裁判权以及司法救济的实效性这个角度来看，当然是一个正确的方向。另外，从行政诉讼所肩负的另一使命，即保障行政合法性来看，也应受到首肯。但是我们不能忘记：

第一，撤销诉讼中，扩大原告资格始终是有限度的。这或许也是在 2004 年修改《行政案件诉讼法》时，尽管出现若干替

---

〔1〕 不过，芝池义一教授认为，在现行法的框架内导入团体诉讼的可能性很低，需要通过立法来加以解决。另外，他还主张，应该把团体诉讼的功能定位于补充性上，即只有在无法依靠通常的诉讼手段来救济当事人的正当权益时才考虑活用团体诉讼。参见芝池義一『行政法読本〔第 4 版〕』（有斐閣、2016 年）318 頁、同頁注14。

代方案〔1〕却依然保留"法律上的利益"这一用语的原因所在。
这个用语，作为一种"开放式空间"，为今后进一步扩大原告资
格的认定范围保留了足够的余地和可能性的同时，还清楚地告
诉我们，不能任意地扩大原告资格。即便再扩大，当受到损害
的利益不相当于"法律上的利益"时，也无法对当事人承认原
告资格。换言之，作为主观诉讼的撤销诉讼，与万民皆可提起
的民众诉讼之间，始终存在着一道无法逾越的鸿沟。

第二，原告资格的扩大，只是解决了诉讼门槛的问题，并
不对后续的案件审判产生实质影响。借用原田教授在《诉的利
益》中所采用的说法，它解决的只是漏斗上部的问题。扩大漏
斗上部，并不意味着下部也会随之拓宽，亦即并不意味着原告
胜诉。原告最终能否成功取得司法上的胜利，还是要取决于其
诉求的内容本身以及法院的实体审理结果如何。〔2〕

三、狭义的诉的利益

狭义的诉的利益，如前所述，作为撤销诉讼的基本要件之
一，是指当事人的诉求是否足以具有利用国家审判制度加以撤
销的实际价值和必要性的问题。《行政案件诉讼法》第9条既是
有关原告适格也是有关狭义的诉的利益的规定，因而两者面临
着同样的课题——如何解释"法律上的利益"。狭义的诉的利益

---

〔1〕 譬如，以"现实利益""法的利益""利害关系"等来代替的提案。参见
小早川光郎编『改正行政事件訴訟法研究』（有斐閣、2005年）62頁（村田発言）。

〔2〕 原田教授认为，如果单纯扩大原告资格的认定范围而忽视实体审理则没
有任何意义。随着原告资格等的不断扩大，今后行政诉讼所面临的课题在于，法院
必须将重心转移到实体审理上，结合诉讼的内容、性质，开发出恰当且有效的司法
审查模式，并不断地积累审理和判断的经验，以使自己作出的判决能够令人心悦诚
服。参见原田尚彦『行政法要論〔全訂第7版·補訂第2版〕』（学陽書房、2013
年）396–397頁。

问题，大多出现于行政处分后的情况变更等场合。审判实务中，只有当行政机关的行为具有处分性、原告资格也受到首肯时，论证这个问题才具实际意义。

综合本书第四章的学理分析以及针对相关典型案例所作的实证分析，我们可以就这个领域的现存课题以及今后的改革方向等暂且把脉如下：

第一，法律上针对狭义的诉的利益应该清晰定位。如前所述，《行政案件诉讼法》第9条是将原告适格与狭义的诉的利益合并在一起规定的，对此，无论是立法者还是实务与理论界均已达成一致。然而，正如笔者已经指出的那样，其实法律上语焉不详。既然把狭义的诉的利益定位为重要的诉讼要件之一，为什么不直接作出规定？为什么一并规定？既然一并作出规定，为什么不把第9条命名为"原告适格与狭义的诉的利益"，而只命名为"原告适格"？其实这些都有待理论上加以进一步厘清。同时，正因为法律上语焉不详，直至2021年的今天，狭义的诉的利益在《行政案件诉讼法》中的根据到底在哪里依然存在争议。如前所述，一种观点把第9条第1款本文视为原告适格、括弧部分视为狭义的诉的利益的根据，而另一种观点则对此予以全面否定。同时，也正因为法律上界定不清楚，学说上诉的利益才会衍生出三个不同的版本："狭义的诉的利益""广义的诉的利益"以及"最广义的诉的利益"。如文中所述，三个版本之间差别很大。

第二，与前一点相关，现行法上，原告适格与狭义的诉的利益的认定，同样要靠"法律上的利益"的解释。这一点，即便是历经2004年对《行政案件诉讼法》进行大幅修改之后也没有发生变化。由于狭义的诉的利益本身法律定位不清，实际上理论与实务中一直是以一个不确定概念来解释另一个不确定概念，从而加剧了问题的复杂性。从《行政案件诉讼法》第 9 条的架构来看，狭义的诉的利益仿若一只穴居于"原告适格"的寄居蟹，既然被视为行政诉讼的三大要件之一，与行政处分性和原告适格在实定法上的待遇相比，难免有被矮化之嫌。这个问题的解决，单靠不断采用灵活的解释技巧与手法来拓宽"法律上的利益"范围，恐怕始终存在掣肘，需要通过立法予以应对。

第三，提高司法审查效率与活用"停止执行制度"。所谓狭义的诉的利益消失，无非是指，若在提起诉讼的早期阶段能够适时获得司法审查而有可能被断定违法的行政处分，由于期限已过、诉后情况发生变化等而失去诉的利益，从而无法再对其加以司法审查的情形。可见，狭义的诉的利益问题之所以发生，恐怕与两个因素直接有关：其一，审判制度。打官司耗时在日本应属常识，仅以本书第四章"土地改良案"为例，前前后后经历 6 次判决，花费不下 10 年的时间。其二，现行法上奉行"不停止执行原则"。《行政案件诉讼法》第 25 条第 1 款规定，"撤销处分诉讼的提起，不妨碍处分的效力、处分的执行及程序的进行"。可见，即便行政方挨告，行政处分可以依然故我，我行我素。仔细阅读第四章"具体案例分析"中的事案就会发现，很多案件系争中之所以产生狭义的诉的利益问题或多或少都与这两个因素有关。行政处分因这些因素而失去诉的利益，进而在结果上逃避了司法审查，从加强司法对行政作用或行政活动的控制这个角度考虑，无疑令人担忧。因此，作为今后应对之策，法院首先有必要提高工作效率，加快诉讼审理的进程，最好在诉的利益问题发生之前就完成司法审查工作。与此同时，也可根据案件不同适当考虑活用"停止执行制度"。[1]这是由

---

〔1〕　金子正史「狭義の訴えの利益」法学教室 263 号 21-22 頁。

于,《行政案件诉讼法》第 25 条在第 1 款中宣示了 "不停止执行原则" 的同时, 也于同条第 2 款规定, "提起撤销处分诉讼时, 为避免因处分、处分的执行或程序的进行而产生重大损害, 在有紧急处置必要时, 法院可依据申请, 裁定全部或部分停止处分的效力、处分的执行及程序的进行 (以下称'停止执行')"。可见, "停止执行", 虽因属于 "不停止执行原则" 的例外而在申请及认定上条件严苛, 但也是现行法所允许的。[1]

第四, 活用 "情况判决" 或许也是一个值得探讨的路径。"土地改良案" 中最高法院主张, 恢复原状的难易度问题, 不应在诉讼要件而应在实体审理 (本案审理) 阶段作为是否有必要作出 "情况判决" 的问题予以考虑。具体而言, 就是先在诉讼要件审理阶段承认诉的利益存在并受理原告的诉求, 然后再在实体审理 (本案审理) 阶段对外宣告行政处分违法, 同时本着尊重既成事实的精神驳回原告的撤销诉求。如文中所述, 诉的利益不获认可与 "情况判决", 尽管在原告的诉求遭到法院拒绝这点上没有不同, 但原告的诉求在要件审理阶段未经法院实体审理 (本案审理) 就被驳回和在历经对外宣告行政处分违法之后, 考虑到撤销行政处分与公共福祉不符而回避作出撤销判决, 在法律上却具有本质性的差异。"情况判决" 中, 当法院判决行

---

〔1〕 据统计, 2013 年, 日本全国地方法院共处理申请停止执行案件 163 件, 其中原告请求受到认可的 27 件, 占总数的 16.6%。2016 年, 日本全国地方法院共处理申请停止执行案件 169 件, 其中原告请求受到认可的 47 件, 占总数的 27.8%。2019 年, 日本全国地方法院共处理申请停止执行案件 112 件, 其中原告请求受到认可的 17 件, 占总数的 15.2%。可见, 当今的 "停止执行" 具有申请数少、获法院裁定核准数更少等特征。有关详情, 2013 年的请参见宇贺克也『行政法概说Ⅱ行政救济法〔第 5 版〕』(有斐閣、2015 年) 130 页、2016 年参见宇贺克也『行政法概说Ⅱ行政救济法〔第 6 版〕』(有斐閣、2020 年) 126 页、2019 年参见宇贺克也『行政法概说Ⅱ行政救济法〔第 7 版〕』(有斐閣、2021 年) 132 页。

政处分违法时，以原告的立场来看，尽管无法获得撤销判决，但针对已发生的损害可以追究国家赔偿责任。而站在行政方的立场，当然不能无视法庭的违法判断。换言之，原告纵然无法获得撤销判决，依然可以期待通过国家赔偿对其权利利益予以救济以及发挥撤销诉讼监督、促进行政正确运营之功能。从强化行政活动的司法控制这个角度而言，活用"情况判决"或许也是个值得探讨的路径。

　　第五，拓宽狭义的诉的利益概念以扩大其受到认可的范围。从保障宪法上人民的获得裁判权以及保障司法救济的实效性这个角度来看，通过不断丰富诉的利益论来扩大狭义的诉的利益的认定范围，当然是一个正确的方向。在具体手法上，一是可以考虑通过立法予以明确，二是在解释论上下功夫。若选择后者，"裁量基准案"给了我们很好的启示。本案中，最高法院首次承认依据《行政程序法》制定并对外公布的处分基准具有拘束力，并以此为前提认定狭义的诉的利益。作为行政规则的一种裁量基准，显然不是形式上的"法律"。"法律上的利益"所说的"法律"是否应该被限定在形式上的法律？有学者指出，《行政案件诉讼法》第 9 条所说的"法律上的利益"中的"法律上"，不过是为了充分表示"正当的"这个意味的形容词罢了。这里所说的"法律"并非是指作为法形式的具体法律。该条所说的"法律上的利益"，无非就是"法的利益"或者"正当的利益"之意。[1]联想起在 2004 年修改《行政案件诉讼法》时，曾经考虑过以"现实利益""法的利益""利害关系"等来

---

〔1〕　安念潤司「取消訴訟における原告適格の構造（1）」国家学会雑誌 97 巻 11-12 号 44 頁注 9。

取代"法律上的利益"〔1〕，这种观点似乎也不无道理。

四、小结

有学者曾经指出，原告适格，归根到底不属于实体审理（本案审理）的问题，不过是为了解决进入实体审理（本案审理）的入口问题而已。因此，在诉讼政策上，对于那些与自己利益相关且真心诚意提起诉讼者尽可能承认原告资格方为上策。〔2〕笔者认为这句话同样适用于诉的利益，适用于要件审理。考虑到行政诉讼的目的除了保护当事人的权益之外也包括行政合法性的保障，作为今后要件审理的应然模式，尽量对诉的利益予以宽泛承认，避免因在要件审理阶段无意义地兜圈子而使司法丧失审查行政作用的良机，才是一个正确的方向。

在此，不禁令人想起原田教授曾经就法治行政的本质以及司法在法治行政中应该如何发挥作用所阐述的观点。"所谓法治行政，表面上虽然是指让行政活动服从于法律，但其终极目的却在于保护国民的利益，以使个人利益不会因行政恣意而遭到不当侵害，而司法审查必须作为为此目的服务的手段来发挥合适的功能"。〔3〕他的这番话，对于我们今后重新思考诉的利益以及行政诉讼要件审理的应然模式等颇具启发意义。

---

〔1〕 小早川光郎编『改正行政事件訴訟法研究』（有斐閣、2005 年）62 頁（村田発言）。

〔2〕 高木光ほか『条文から学ぶ行政救済法』（有斐閣、2006 年）227 頁。

〔3〕 参见［日］原田尚彦：《诉的利益》，石龙潭译，中国政法大学出版社2014 年版，第 136 页。

第六章

对中国的若干启示[*]

在探讨对国内有无启示、有何启示之前，笔者想暂对日本的诉的利益做一个学理式解剖，以避免无的放矢。

一、诉的利益的学理式剖析

在此，首先梳理一下诉的利益所依托的法律体系与框架。《日本国宪法》第 32 条（获得裁判权）规定，不得剥夺任何人在法院接受裁判的权利。那么，是不是任何人把任何事宜都可以带到法庭呢？就此，《法院法》是这样回答的：除宪法上有特别规定的情形〔1〕外，法院拥有裁断一切法律上的争讼以及其他法律特别规定的权限（第 3 条第 1 款）。可见，即使"获得裁判权"作为基本人权之一广受宪法保障，但也并不意味着任何事宜都在法院的受案范围之内。当原告的诉求既不相当于"法律上的争讼"，现行法中亦不见特别的授权规定时，就无法成为法

---

　　* 笔者的基本出发点在于，站在学者批判的立场全面而详实地介绍日本的相关制度，至于该制度是否值得借鉴以及如何借鉴等，则寄望由熟悉情况的国内专家学者以及实务界人士结合国内实情作出正确判断。本人去国经年，对国内情况难免把握不周，乱下处方，自取其辱事小，误导学界与实务界罪大。因此，这里只不过是浅谈了笔者的一些初步感受而已。

　　〔1〕 譬如，依据《日本国宪法》第 64 条的规定，由国会弹劾法院针对法官所作的弹劾裁判就属于这种情形。

院的审理对象。换言之,《日本国宪法》第 32 条所保障的"获得裁判权",是以存在"法律上的争讼"为前提,原则上只有"法律上的争讼"才能成为司法审查的对象。[1]在这一点上,无论民事案件还是行政案件,概莫能外。

如前所述,日本的行政案件诉讼当中存在主客观之别。抗告诉讼与当事人诉讼因涉及个人权利利益而被定位为主观诉讼,民众诉讼与机关诉讼旨在实现公共利益和维护法的秩序,属于客观诉讼。主观诉讼只要与"法律上的争讼"相符,任何人都可以依据《行政案件诉讼法》提起,而客观诉讼同"法律上的争讼"无关,仅限于法律有规定且受法律规定者才例外性获得准许(同法第 42 条)。

至于何为"法律上的争讼",现行法并没有给出明确的答案。司法实践中,基本上是依照以下的两个要件来加以判定的:其一,该纠纷必须是当事人间就具体的权利义务所产生的,亦即法院不能脱离具体案件来抽象地进行合法性审查。其二,必须是通过适用法令能够解决的。从而排除了政治上、学术上、艺术上、宗教上等的纠纷。[2]

然而,上述的两个要件具体到主观诉讼尤其是作为其主要形态的抗告诉讼时,则显得不够完备。这是因为,行政处分乃抗告诉讼的核心要素,而任何行政处分都是围绕当事人的具体权利义务而实施的,就其所产生的纠纷当然也可以通过法律来解决。换言之,抗告诉讼中,通过"法律上的争讼"能够解决的只是一种抽象的空泛的可能性,即当事人在观念上可以利用

---

〔1〕 宇賀克也『行政法概説Ⅱ行政救済法〔第 6 版〕』(有斐閣、2020 年)103-104 頁。

〔2〕 认定"法律上的争讼"的这两个要件主要来自于最高法院的一个判决,参见最高法院 1954 年 2 月 11 日判决(最判昭和 29・2・11),民集 8 卷 2 号 419 頁。

抗告诉讼来维护自己的权利利益，但在具体确定抗告诉讼的受案范围或探讨行政作用的可诉性尤其是确定法院是否有必要作出本案判决（实体判决）之际，则显得势单力薄。

抗告诉讼一经提起，法院将首先就原告的诉求是否全面满足了诉讼的必要条件进行审理（要件审理），本书中反复触及的行政处分性、原告适格以及狭义的诉的利益等缺一不可。经审理若发现原告的诉求并没有满足诉讼要件，则审理结束，作为诉讼判决以不合法为由予以驳回〔1〕。需要注意的是，这种判决只是宣告原告的诉求因不符合行政诉讼要件而不合法而已，并不带有对行政处分违法性予以确认的效果。相反，当来自原告的诉求满足了所有诉讼要件，该案件则进入下一阶段亦即本案审理或实体审理。这时，法院将就原告所诉求的行政活动违法与否亦即违法性实施审查，若违法性存在，作为本案判决或实体判决予以认可〔2〕，反之驳回〔3〕。

依笔者看来，作为前述《日本国宪法》所保障的"获得裁判权"以及《法院法》所规定的"法律上的争讼"在行政诉讼中的一种延伸或折射，日本通过借用民事诉讼的相关理论，进而确立行政诉讼独自的诉的利益观念并就此形成相关理论，其最大用意在于，通过认定诉的利益来解决行政诉讼（抗告诉讼）中如上所述的要件审理与本案审理如何接续或过渡的问题。即，从行政处分性、原告适格以及狭义的诉的利益等三个不同角度

---

〔1〕　法院在要件审理阶段所作的这种判决一般称为"却下判决"。

〔2〕　法院在本案或实体审理阶段所作的这种判决一般称为"認容判决"。

〔3〕　同样作为法院在本案或实体审理阶段所作的这种判决一般称为"棄却判决"。想请各位读者注意的是，日本的行政诉讼审理中，如文中所述，所谓的"驳回判决"其实可以发生在要件审理和本案审理的两个阶段，但两者用语不同且意义迥异。

来综合判断诉的利益之有无。若有，则以原告的诉求已经足以具有利用国家司法制度加以审判的实际价值和必要性为由，允许其进入下个阶段接受本案或实体审理。反之，结束要件审理，并以原告的诉求不具备这种实际价值和必要性为由予以驳回。

站在国民的立场，诉的利益解决了行政相对人可以针对何种行政作用或行政活动在什么情况下提起行政诉讼（抗告诉讼）的问题。以司法的角度来说，它解决了如何确定抗告诉讼的具体受案范围或探讨行政作用的可诉性尤其是确定法院是否有必要对来自原告的诉求作出本案判决（实体判决）的问题。

司法实践中，诉的利益发挥了双方向的作用。一方面，仿佛一只过滤器将那些不适宜以行政诉讼（抗告诉讼）来解决的、不适宜由司法机关实施本案审理或实体审理的事项排除出来。如前所述，在行政诉讼的制度设计上，如果说允许任何人只要对行政机关的作为或不作为抱有不满都可以随时提起诉讼，法院对于来自原告的任何诉求都需要实施本案审理或实体审理并作出本案判决或实体判决的话，那么，不仅会使法院被诉讼的洪水淹没，还有可能给不得不应诉的行政机关带来过度的负担。因此，为了保障法院发挥正常的功能、行政机关正常行使权力以及向那些真正需要的人提供司法救济，对行政诉讼的提起与审理设置一定的必要条件本在情理之中。诉的利益作为这种思维之下的产物发挥了过滤亦即把那些不具备司法审判实际价值和必要性的事项排除出来的功能。

另一方面，立足于救济本位的立场，通过灵活解释诉的利益并不断丰富其内容而尽可能向国民广开司法救济大门。首先，在行政处分性的认定上，围绕诸如行政计划（城市开发规划等）、行政立法（政令、内阁府府令、地方公共团体的规则等）、一般性处分（不具特定相对人的行政处分，如废止公道的使用等）、行政指导（产业指导、劝告等）、行政的内部行为（部门间的通知、指示、同意等）、事实行为（直接对身体或财产所实施的强制等）等所谓行政行为的周边行为，不机械地将其排除在抗告诉讼的对象之外。同时，针对争讼的成熟性这一判断基准，最高法院似乎也显现出灵活的姿态。在"事业规划案"中，最高法院对有关事业规划的决定承认了行政处分性，在"富山行政指导案"中，考虑到劝告给医疗保险适用机关的指定所带来的影响和这种指定对医院经营上的意义，主张应该在第二阶段亦即劝告阶段提供救济。以这些判例来看，最高法院并没有因为是中间阶段的行为就理所当然地否定行政处分性，而是采取了就各个具体行为所具有的法律效果进行详细且个别的分析的态度。

其次，就原告适格而言，事实上容易成为问题的，往往是行政处分相对人以外的第三人或者那些在表面上不具有特定相对人的行政处分。有鉴于此，日本于 2004 年修改《行政案件诉讼法》时在第 9 条的基础上增设了有关认定第三人原告适格的解释指针（同条第 2 款），后经"小田急铁路公司案"的最高法院判决后，针对行政处分相对人以外的第三人的原告适格的判断基准得以确定成形。即，不能单纯地依赖法律语句，而要考虑到有关法令的宗旨、目的以及行政处分所要保护的利益的内容、性质等。同时，在审视有关法令的宗旨、目的之际，如果存在与其具有共通目的的相关法令，还要进一步参照相关法令的宗旨、目的；在判断行政处分所要保护的利益的内容、性质时，还要考虑到一旦行政处分违法而损害的利益的内容、性质以及被害的样态、程度等。

最后，在狭义的诉的利益认定之际，考虑到这个问题大多出现于行政处分后的情况变更等场合，审判实务中只有当行政机关的行为具有处分性、原告资格也受到首肯时论证这个问题才具有实际意义等，正如我们在本书第四章当中已经看到的那样，学界以及实务机关针对系争中出现诸如行政处分被取消或撤回、因日期或期间已过而失效、法令出现改废、相关工程竣工、设置替代设施等情况变更的场合，尽量对诉的利益予以宽泛承认应该说是一个大体趋势。综合有关狭义的诉的利益的最高法院判决来看，由于在实定法上与原告适格基于同一法条，因而认定诉的利益同样需要依据"法律上的利益"的解释，而在对"法律上的利益"加以解释之际，通过不断采用灵活的解释技巧与手法，"法律"的范围不断得以拓宽，狭义的诉的利益越来越受到广泛的认可。

二、对中国的若干启示

管见所及，日本的行政诉讼法学中不见与国内的受案范围或行政行为的可诉性、检察机关公益诉讼、登记立案等直接对等的观念与制度。同样，在 2021 年的今天，作为一种独立理论的诉的利益在中国行政诉讼法学上尚未完全确立。

不过，根据笔者的观察，非常有趣的是，在国内的司法实践中其实"诉的利益"早已登场。

在"袁粉兰诉海安人社局劳动、社会保障行政确认案"[1]中，南通市中级人民法院判决如下：当事人的裁判请求权与司法资源之间存在着一定的紧张关系。虽然结合《行政诉讼法》第 49 条规定，人民法院可以过滤一部分在形式上明显不符合起

---

〔1〕 江苏省南通市中级人民法院行政裁定书（2019）苏 06 行终 644 号。

诉条件的诉讼，但基于司法资源、当事人诉讼成本以及司法权行使的界限等考量，人民法院对经审查认为在形式上符合条件的起诉，仍需要在实质上判断是否有必要给予诉讼保护，即对于原告提出的具体的诉讼请求，是否具有进行诉讼和本案判决的必要性和实际效果，也就是"诉的利益"问题。

在"高文香、高文河等与天津市人民政府不履行行政复议法定职责案"[1]中，最高法院判决如下："无诉则无判"，诉乃发动审判权的前提。然而，是不是只要诉具备了法定形式并符合法定程序，人民法院就必须进行实体审理？现有法律虽然未作出明确规定，但根据审判权的应有之义，结合立法精神以及司法实践可知，答案并非绝对。诉最终能否获得审理判决还要取决于诉的内容，即当事人的请求是否足以具有利用国家审判制度加以解决的实际价值和必要性。

可见，诉的利益，而且与日本几乎用于同义的"诉的利益"，作为一种审判理论实际上已经悄然活跃在国内的判例当中了。

与此同时，笔者也注意到，2014 年修改《中华人民共和国行政诉讼法》时尽管删除了"具体行政行为"的表述，但行政诉讼的直接受案范围事实上还是被限定于具体行政行为。在此，不禁令人回想起日本抗告诉讼的入法历程。如前所述，作为《行政案件诉讼特例法》的替代法，日本于 1962 年制定了《行政案件诉讼法》，而其最大特征就在于从行政特有的活动当中抽取出"行政处分"或"处分"（亦即行政行为），并为此量身定

---

[1]　中华人民共和国最高人民法院行政裁定书（2016）最高法行申 4989 号。

制了"抗告诉讼",从而在历史上首次正式确立了抗告诉讼制度。[1]可见,尽管称呼有别,但两国在有关行政行为的诉讼皆为行政诉讼的最大关心所在并处于各自核心地位这点上,并无二致。

　　倘若上述观察与判断并无大误,基本成立,那么作为日本行政诉讼当中最传统也是最具典型意义的诉讼形态的抗告诉讼,以及由此生成和发展起来的诉的利益等理论,当然对国内也具有相当高的类比性,可资借鉴。某种意义上说,诉的利益在日本所发挥的功效正是中国今后希望确立的,而其面临的问题恰恰需要引以为戒。结合日本理论与实务界的相关做法与经验,笔者认为在以下的几点上对于中国今后思考诉的利益具有一定的启发和借鉴意义。

　　第一,在日本,诉的利益是作为一种学术理论生成和发展而来的,但它并不缺乏实定法上的支撑。譬如,行政处分性就基于《行政案件诉讼法》第3条第1款。即,"本法所称'抗告诉讼',是指不服行政机关的公权力行使行为而提起的诉讼"(着重号由笔者所加,下同)。而原告适格和狭义的诉的利益则源于该法第9条第1款。即,"撤销诉讼","限于就请求撤销该处分或裁决具有法律上的利益者(包括处分或裁决的效果由于期间的经过或其他理由丧失后,依然对处分或裁决的撤销具有应当恢复的法律上的利益者),才能提起"。可见,尽管属于学术理论,但诉的利益与实定法其实紧密相连,如文中所述,事实上诉的利益正是尝试对实定法做出各种各样解释的产物。反过来讲,学术界苦思冥想的结果,原本分散在《行政案件诉讼

[1]　宇賀克也『行政法概説Ⅱ行政救済法〔第6版〕』(有斐閣、2020年)100頁。

法》中各自为战的规定，即有关抗告诉讼对象、原告适格以及狭义的诉的利益等规定，通过诉的利益有机地结合在一起，并自成体系，从而为事实上扩大行政诉讼的受案范围以及保障国民权利利益一旦受损能够适时获得救济等发挥了巨大功效。

在中国，尽管现行行政诉讼法除"诉权""受案范围""原告资格""起诉条件"外，还确立了"登记立案"等制度，但依笔者看来，尚不见能够将这些规定有机连接起来的相关理论。而上述规定想解决的无非就是通过对行政相对人可以针对何种行政作用或行政活动在什么情况下提起行政诉讼、如何确定行政诉讼的受案范围或探讨行政作用的可诉性、当事人的请求是否足以具有利用国家审判制度加以解决的实际价值和必要性等问题在法律上予以明确，进而实现扩大行政诉讼的受案范围以及保障行政相对人的权利利益之目的。因而，中国可以适时考虑引进日本诉的利益观念及其理论，乃笔者行文至此的一个阶段性认知。如前所述，考虑到"诉的利益"先于理论成形早已悄然出现在司法实践当中这一客观事实，在强调"以事实为根据，以法律为准绳"原则的现行法下，对于"诉的利益"的"自行其是"当然不该漠视。从这个意义上讲，探讨上述课题甚至还具有一定的紧迫性。

第二，作为上一个话题的延伸或其反面，在司法实践中应用诉的利益进行审判时需要对以下事宜予以注意。一方面，诉的利益存在与否亦即认定诉的利益之际，需遵循一定的顺序。行政诉讼中，行政处分性，着眼于系争行政活动本身能否成为行政诉讼的对象，它想要解决的是行政诉讼的受案问题。原告适格，是在行政处分已经成立的前提下，解决当事人在该案中是否具有提起行政诉讼的资格或能力的问题。而狭义的诉的利益，则是在前两个要件均获得首肯的情形下，因系争中出现情况变更等场合时，判断是否依然应由法院就该案持续审理并作出本案判决的问题。[1]当原告的诉求满足了行政处分性和原告适格这两个要件，一般就认为该诉求具有诉的利益，亦即应由法院实施实体审理并作出本案判决，除非出现那种当事人针对本来对自己有利的行政处分提起诉讼的例外情形。

另一方面，正是考虑到诉的利益只是一种学术理论，故判决中宜尽量避免直接以"诉的利益"不存在来否定原告的诉求。管见所及，在日本的相关判例中，当行政处分性这个意义上的诉的利益不存在时，一般以该系争行为不相当于"行政处分"或"行政机关的处分以及其他相当于公权力行使的行为"为由，当原告适格这个意义上的诉的利益不获肯定时，一般以原告不具有提起该诉讼的"法律上的利益"为由，来驳回原告的诉求。即便是有关狭义的诉的利益的判例，同样也以采用"法律上的利益"的情形居多。之所以如此，道理很简单，法治国家里司法判决必须在法律上有根据，按中国法路径来说，就是"以事实为根据，以法律为准绳"。因而，笔者在主张国内引进诉的利益既适宜且适时的同时，也呼吁在判决中宜慎用"诉的利益"。[2]

第三，宜区别对待诉的利益与在诉的利益上产生问题（权

---

[1] 在最近的教科书中，有的甚至不受传统见解的束缚直接将"狭义的诉的利益"定义为当行政诉讼进行过程当中出现事后情况变更等时"为持续审判而需要维持的利益"。详情请参见畠山武道ほか『はじめての行政法〔第3版〕』（有斐阁、2016年）253頁。

[2] 如下一章所述，依笔者看来，在理论上没有完全确立且与实定法规定尚未有机衔接的情况下，就直接运用"诉的利益"来应对信息公开诉讼中的"滥诉"之举，有待商榷。

且也称作"诉的利益问题"吧）。对于诉的利益的理解，尽管仁者见仁，智者见智，但在判断某一诉求是否足以具有发动国家司法力量加以审判的实际价值和必要性这一点上是相通且相同的。若仅就这个意义而言，可以说诉的利益存在于任何诉讼当中，无论主观诉讼还是客观诉讼，概莫能外。但需要注意的是，这并不意味着诉的利益在所有诉讼形态当中都会发生问题。如前所述，与主观诉讼不同，虽然客观诉讼中也存在诉的利益，但现行法上规定只有法律中存在特别规定时方获允许，故一般不会在诉的利益上产生争议、出现问题，因为其对象、原告资格以及提诉条件等在法律上都是明晰且确定的。而即便同样是在抗告诉讼当中，第二次世界大战前后的看法也有所区别。一般认为第二次世界大战前的行政诉讼[1]中几乎不存在诉的利益问题，因为当时的《行政审判法》针对起诉对象采用"列举主义"，而且《明治宪法》下的行政作用几乎与侵害性处分等同。第二次世界大战后随着现行《行政案件诉讼法》放弃"列举主义"转而采用"自由选择主义"，才出现了如何认定抗告诉讼的对象、原告适格等问题，并由此逐渐形成诉的利益的相关理论。[2]如文中所述，今天的日本，诉的利益，只有在作为主观诉讼的抗告诉讼当中才容易发生问题，论证起来才有实际意义。总之，诉的利益与诉的利益问题属于两码事，不宜混淆。[3]

---

〔1〕　此说法有失严谨，正确的说法应该是"在第二次世界大战前相当于现今抗告诉讼的行政诉讼中"。

〔2〕　南博方「環境行政訴訟と訴えの利益」判例タイムズ398号7頁以下。

〔3〕　在此想请读者注意的是，日本的客观诉讼中之所以不存在诉的利益问题，是因为现行《行政案件诉讼法》第42条明确规定，民众诉讼及机关诉讼亦即客观诉讼，仅限于法律有规定且受法律规定者才能够提起。换言之，日本的客观诉讼中不存在诉的利益问题，并不意味着包括中国在内的其他国家也是如此，除非具有同等的法制基础。

第四，如何认识权利救济与行政合法性保障之间的关系、行政诉讼所保护的利益具有何种特殊性质以及如何确立与时俱进的现代行政诉讼观等，是今后需要中日两国共同思考和应对的课题。

首先，关于现行《行政案件诉讼法》所倡导的国民权利保护与行政合法性保障这两个目的，过去的一般见解亦即通说主张前者优先，但也有人反对，主张两者对等。[1]第三种意见则认为，两者既不是手段与目的的关系，也不是主要目的与事实结果的关系，截至今天的诸如以权利救济来确保行政合法性、通过对行政的合法性审查来实现国民的权利利益救济、权利救济目的的实现从结果上确保了行政的合法性等见解，没有充分阐明行政诉讼的特质所在，从而主张应该把两者视为一体且处于表里的关系。[2]

其次，行政诉讼所保护的利益到底具有什么样的特质？有学者主张，围绕行政诉讼尤其是抗告诉讼所应救济和保护的权利利益的范围，可以设想到以下两种情形：其一，限定于每个人的个别权利利益（个别利益限定说）；其二，除此之外，也包括地区居民、消费者以及公共服务的利用者等所拥有的团体性利益、共同或共通利益，只要这些利益是以公共服务的形式向一定的地域一定的事业提供的，就应该将其纳入到行政诉讼所保护的利益之内（共同利益包含说）。[3]该学者进而强调，受行政法所保护的利益当中，包括两个层次：中核与外层。中核包括同样受民事法保护的生命与身体、人格权、免于受到超过

[1] 中川丈久「行政事件訴訟法の改正」公法研究 63 号 133 頁。
[2] 亘理格「行政訴訟の理念と目的」ジュリスト1234 号 15 頁。
[3] 亘理格「行政訴訟の理念と目的」ジュリスト1234 号 10-11 頁。

忍让限度的侵害等利益，而外层环绕于中核的四周，包括尚未足以达到直接给生命与身体带来影响程度的生活利益、免于受到危险设施伤害的安全确保利益、铁路乘客或公道利用者的利益、居住环境与自然环境以及诸如街景与眺望等有关居住环境舒适度的利益等，这些利益当中包含着地区居民或一定区域内的公共服务利用者的共同利益。而行政法规的独特之处就在于，也应该将其保护的范围延展至这些处于外层的"共同利益"。[1]

最后，如上所述的针对现有通说见解所提出的各种批判与反思，其背后蕴含着一个不容忽视的因素，即随着时代的进展、认知的进步，其实人们的行政诉讼观已经悄然发生转变。纵观日本《行政案件诉讼法》和《中华人民共和国行政诉讼法》我们可以发现，行政违法在先，权利利益救济跟后，乃两国现行法的基本出发点之一。现代行政中，这种思维逻辑是否依然必要？想来，日本曾经长期主张行政机关手中握有而且几乎是先天性地握有发动或不发动公权力行使的权限（亦即向行政相对人实施或不实施某一行政处分），并美其名曰"对行政机关首次判断权的尊重"[2]。受阻于这种思维定式，长期以来，广为学界倡导的"课予义务诉讼"和"禁止诉讼"一直被贬居于"无名抗告诉讼"或"法定外抗告诉讼"之列，直至 2004 年修改《行政案件诉讼法》时才得以正名。尽管迂回曲折，但"课予义务诉讼"和"禁止诉讼"的成功入法，无疑显示出日本已经开始摆脱违法在先救济跟后的传统行政诉讼观，而如此的转变，对于今后国内思考和确立与时俱进的现代行政诉讼观也应该有

---

〔1〕　亘理格「行政訴訟の理念と目的」ジュリスト1234 号 12 頁。也有其他学者主张应该把受行政法所保护的利益分为更多层次，参见中川丈久「行政事件訴訟法の改正」公法研究 63 号 136-137 頁。

〔2〕　原文为"行政庁の第一次判断権の尊重"。

所启发。

第五，有必要强化政府不同职能部门之间的合作。向国民提供富有实效的权利利益救济，不单纯是司法机关一家的责任，同时也是立法机关和行政机关的共同使命。今后，要求各级法院在认定诉的利益之际，应该重视行政诉讼所具有的救济国民权利利益功能，立足于救济本位的诉讼观的同时，也应该呼吁，立法机关在立法、行政机关在制定各种行政规章之际，内容上多方考虑、程序上尽量明晰，以最大限度地避免司法机关在认定诉的利益时产生不必要的分歧与疑义。

在此，笔者想起了一个非常有趣的事例。有学者主张，本书反复提及的《行政案件诉讼法》第 9 条第 1 款晦涩难懂，来自德文翻译的气味轰天。

> 第 9 条（原告适格）
>
> 第 1 款　撤销处分诉讼及撤销裁决诉讼（以下称"撤销诉讼"），限于就请求撤销该处分或裁决具有法律上的利益者（包括处分或裁决的效果由于期间的经过或其他理由丧失后，依然对处分或裁决的撤销具有应当恢复的法律上的利益者），才能提起。

该学者进而主张，如果按照主谓宾顺序调整的话，这个条文应该是："只有请求撤销处分具有法律上的利益者才能提起该处分的撤销诉讼"。[1]

两厢比照，孰长孰短，无须赘言。这也间接地提醒我们，引进国外法律以及相关理论，需要一个充分咀嚼、消化和吸收

---

[1]　高木光教授用"恶文"来形容这个条文，参见高木光『行政法』（有斐阁、2015 年）283 頁。

的过程。

第六，作为这个领域的今后研究课题，笔者深知需要就"法律上的利益"与"利害关系"之间的关系、是否有必要导入"情况判决"、检察机关公益诉讼等一一给出明确的回应。譬如，中国在诉讼请求和原告资格上也体现出主观性，国内行政诉讼法就规定行政相关人提起诉讼需要有"利害关系"，那么此处的"利害关系"与日本《行政案件诉讼法》中的"法律上的利益"有什么关系、和已经失效的司法解释中的"法律上的利害关系"又有何区别？

又如，当下的日本，撤销诉讼中，当个人权利利益保护与公益保护发生冲突时一般主张以"情况判决"来应对。即，依据《行政案件诉讼法》第 31 条第 1 款的规定，当法院受理撤销诉讼发现原处分等虽属违法，但其撤销对于公益将发生明显之障碍时，经斟酌原告所受损害、赔偿程度、防止程度与方法以及其他一切情况，认为原处分等之撤销显然有悖公共利益时可以驳回原告的诉求。该条同时规定，法院在作出"情况判决"之际，应于判决主文中宣告该处分等违法。"情况判决"，因存在违宪之嫌（侵害国民受《日本国宪法》第 32 条所保护的"获得裁判权"），从其创立当初就伴有要求废止或以特别法予以规制的声音。2004 年修改《行政案件诉讼法》时，有关"情况判决"的改废论再度响起，但最后因这种处理方式尚有可资利用一面（如促使被告积极提供损害赔偿等）而得以存续。[1]然而，依笔者看来，"情况判决"属于对行政方有利的制度，是否适合国内恐怕有待商榷。

---

〔1〕　宇賀克也『改正行政事件訴訟法〔補訂版〕』（青林書院、2006 年）130頁。

又如，2017 年修改的行政诉讼法中补充了检察机关公益诉讼的内容，也就是增加了客观诉讼的成分，这种情形下可否运用"诉的利益"来确定受案范围？另外，诉的利益与"立案登记"制度的关系应该如何梳理？

凡此种种，都需要笔者予以明确回应，但由于能力有限，现阶段针对上述课题的思考尚未成熟，只能留给日后。

信息公开与"权利滥用"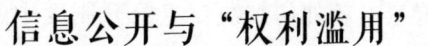*

　　"权利滥用"或曰"滥诉"，作为信息公开的伴生性问题同样困扰着日本。通说主张应适用禁止权利滥用的原理，在这一点上，无论立法者的初衷，还是制度早期以及近年的应对都是一致的。尽管公开申请权的法律属性、信息公开中的权利滥用及其判断基准等有待今后理论与实务进一步明确的课题颇多，但以日本的现实与应对来看，在信息公开法规中适当设置禁止权利滥用的相关条款是没有问题的。不过需要注意的是：其一，入法时需要出台一些配套细则。正如盐野宏教授所指出的那样，如果不制定具体的判断基准，单纯地把禁止权利滥用写入法规并没有太大的实际意义。其二，对公众知情权的保障以及要求行政机关履行说明责任，始终是信息公开的主题与使命。"权利滥用"的解决，不宜"矫枉过正"。

　　本章中，首先，看看"权利滥用"或曰"滥诉"的现象在日本是否存在、它的问题点在哪里？其次，运用最新的研究成果、判例等，对这个问题从制度和理论层面加以详细分析，

---

　　* 本章的主要内容曾作为单篇论文以"信息公开与'权利滥用'——日本的现实和应对"为标题发表于《财经法学》2018 年第 5 期，后经中国人民大学书报资料中心《宪法学、行政法学》2019 年第 3 期全文转载。结合本书体裁，略有修改，敬请谅解。

看看日本是如何应对的、还存在哪些课题？最后，以日本的现实与应对为背景，就如何解决信息公开制度中的"权利滥用"略抒己见，以期为国内同仁思考同类问题提供一些参考和启示。

一、日本的现状与问题点

（一）现状

客观地讲，"权利滥用"，作为日本信息公开的伴生性问题，自从该制度导入以来一直困扰着理论与实务界。尽管日本的信息公开采取双轨制[1]，即国家行政机关适用《行政机关信息公开法》[2]，而地方自治体则适用各自所制定的信息公开条例，但这个问题，无论在国家还是地方都不同程度存在。就此，总务省曾经做过全国性调查并将结果以调查报告的形式上网公布。[3]为了应对这个问题，在总务省出台的《依据〈行政机关信息公开法〉实施行政处分时的审查基准》[4]中甚至明确规定，当公开申请相当于权利滥用时行政机关可决定不予公开。而地方自治体在这方面碰到的问题更多也更复杂，在此仅以大阪市为例介绍若干典型实例。[5]

---

〔1〕 参见石龙潭：《日本的信息公开制度：回顾、现状与展望》，载王贵松主编：《宪政与行政法治评论》（第6卷），中国人民大学出版社2012年版，第66页。

〔2〕 行政機関の保有する情報の公開に関する法律。

〔3〕 详情参见《信息公开制度中的权利滥用（情報公開制度における権利の濫用）》，载 www.soumu.go.jp/main_content/000041438.pdf，最后访问时间：2018年7月16日。

〔4〕 行政機関の保有する情報の公開に関する法律に基づく処分に係る審査基準。

〔5〕 宮之前亮「濫用的な情報公開請求への大阪市の対応について」季報情報公開・個人情報保護51号31-33頁。

（1）某市民向大阪市消防局申请公开多达近 8 万张纸的信息。即便保守估计全部处理完毕大概也需要 2 年左右的时间。而在此前，同一人曾经分别向包括市消防局在内的 3 个部门要求公开多达 1 万到 2 万张纸的信息，实施机关花费了长达数月到近两年不等的时间制作好了行政文书，该人却从没有来阅览过。

（2）实施机关向 A 的主治医照会有关信息。A 认为在自己不知情的情况下擅自照会主治医令人难以理喻，于是向实施机关申请公开该照会的有关依据。实施机关在提供相关信息的同时反复向 A 作出说明，但均无法获得 A 的谅解。在其后的 3 年间，A 反复请求同一内容的信息公开。与此同时，针对实施机关就其公开申请所作的决定（行政处分）大多提起行政复议。

（3）B 针对特定的区政府反复申请信息公开，一旦发现工作人员出错，如公文书中的日期与星期不符等，就在现场大声呵斥，并反复出现上述行为。后来 B 的行为不断升级，甚至开始向女性工作人员探询隐私、在语言上恫吓等。

（4）C 要求公开"某局的所有文件"，数量特别巨大，却拒绝行政机关希望对对象文书予以一定限定的请求。

（5）大阪市导入信息公开制度以来，取得了丰硕的成果，信息公开的申请数量逐年增加。但在另一方面，也遭遇到了预想不到的课题。"大量申请专业户（职业申请人）"的出现，就是其中之一。在全市不断增加的信息公开申请当中，来自数名特定人士的公开申请以及行政复议从 2010 年以后开始急剧增加（例如，来自上述 A 的公开申请，从 2010 年到 2012 年约 410 件、行政复议约 320 件；来自 B 的公开申请约 290 件、行政复议约 60 件。在 2012 年度末，由 A 与 B 提起的行政复议竟然占到了全体约 260 件的 8 成）。

然而，上述现象并不局限于大阪市。从信息公开条例的实施当初到今天，在地方自治体的实务现场被反复提起的就是：应该如何应对公开申请权的滥用或曰权利滥用式的大量公开申请这个问题。[1]而诸如无故请求大量资料公开等带有骚扰或妨碍行政机关工作之嫌的信息公开申请，可以说一直困扰着地方自治体的相关工作人员。[2]

（二）问题点

现行信息公开基于国民主权、督促行政机关履行说明责任等理念，在制度设计上不问公开申请的理由与目的，而且包括如笔者这样的外国人在内一般任何人都有权提出，因此，同一申请人针对同一事项反复提出申请或者一次性要求大量行政文书公开等，与现行信息公开的制度性理念或许并不相悖。[3]然而，正如我们从大阪市的事例当中看到的那样，信息公开申请权遭到滥用式行使，致使行政机关不得不花费大量时间和劳力穷于应对，恐怕也是不容否认的事实。

如上所述，诸如因对行政机关的工作不满而请求公开该机关的所有文书、以行政监督的名义持续反复地向整个行政机关（或者特定科室）请求公开、针对特定科室的文书按照档案反复要求大量的文书公开、针对工作人员出现胁迫性的言行、即使

---

〔1〕 藤原静雄「情報共有の政策法務—自治体情報法制の今日的課題」ジュリスト1404 号 79 頁。

〔2〕 三宅弘「『大量の情報公開請求と却下』問題」自治体法務研究 2014 · 春 53 頁。

〔3〕 比如，《行政机关信息公开法》第 3 条就规定，任何人都可以向行政机关申请信息公开，而且不问理由与目的。

获得实施机关的公开决定也拒绝阅览相关文书等行为，首先，会长期且大量地占用和耗费行政机关有限的人财物等资源。其次，也与前一点相关，行政机关针对特定人士的公开申请不得不倾注大量时间精力予以应对，这极易给实施机关的判断以及"信息公开与个人信息保护审查会"[1]等的审议造成延迟，从而影响到其他公开申请人的正当权益，相对地降低针对其他市民的服务水准，以致动摇公众对信息公开制度的信赖。再次，这种局面，对信息公开部门本身也会形成压力，容易造成工作人员对信息公开制度的必要性与正当性产生怀疑，在信息公开工作中出现消极态度。最后，以公众有权平等享受行政资源这个角度来看，恐怕也有待商榷。

总而言之，面对如上所述的权利滥用式的信息公开申请，若采取置若罔闻的态度，不仅会使行政机关工作人员以及公众丧失对信息公开制度的信心，而且还有可能演变成为危及信息公开制度本身的深刻的危机要素。[2]因此，理论与实务界大多主张，有必要采取适当的措施来加以积极应对。

二、理论上、制度上的应对

严格说来，信息公开中的权利滥用，大致可划分为以下几种情形：一次性申请大量的信息公开（大量申请）与特定的个人针对特定或不特定的事项反复多次申请公开（反复申请）以及与前两者相关所提起的大量行政复议、行政诉讼（大量行政

---

〔1〕　有关该审查会的性质与作用等，参见石龙潭：《日本的信息公开制度：回顾、现状与展望》，载王贵松主编：《宪政与行政法治评论》（第6卷），中国人民大学出版社2012年版，第88~89页。

〔2〕　曽我部真裕「濫用的な情報公開請求について」法学論叢176巻2·3号326頁。

争讼）等。大量申请与反复申请事涉申请权的滥用，而大量行政争讼则涉及诉权的滥用等，各自性质有所不同本应分别加以理论探讨，但由于篇幅有限，再加上日本的理论与实务以及判例等大多以大量申请为中心，因此，以下本书除非有必要做适当言及，否则主要以大量申请为对象，来看一看日本在理论与制度上是如何应对的。

（一）大量申请≠权利滥用

不过，在此首先想请各位注意的是：现行法上，对于公开申请的数量以及次数没有任何限制，而且大量申请中，诸如以营利为目的的商业性申请[1]、与大规模工程或大型公共设施相关的文书（像有关核电站的文书）、事涉出现重大问题的行政机关整体的调查以及时间跨度相对较大的统计资料等，在文书的性质上不得不变得大量的情形也是客观存在的。因此，大量申请与权利滥用之间并不能够直接画等号。

那么，在信息公开制度的制定当初，是否预想到了这种大量申请的情形又是如何应对的呢？以下，让我们以《行政机关信息公开法》为例来具体看一看。

在该法出台之际，要求行政机关接到信息公开申请之后必须在30天以内作出是否公开的决定（第10条第1款），与此同时，为了应对大量公开申请，规定在事务处理上确有困难以及存在其他正当理由时，行政机关之长可以以30天为限对上述期限予以适当延长（同条第2款）。并进一步规定，当与公开申请相关的行政文书数量特别巨大，若从公开申请之日起60天以内

---

[1] 商业性申请，不仅牵涉到信息的利用与再生产、产业的创出与振兴、官民信息共享等层面，而且在现行制度下，手续费要么免费要么被控制在低于实际费用的水准，事实上申请人的利润追求最终是要靠纳税人的税金来实现的。因此，需要以不同的视觉和原理来加以探讨。但因篇幅有限，在此止于问题提起。

对其全部作出是否公开的决定则会给工作造成显著妨碍时，行政机关之长还可以不受第 10 条所限，可暂就与公开申请相关的行政文书的相当部分在该期限内作出是否公开的决定，而对剩余的行政文书，则只要在相当期限内实施判断即可（第 11 条）。[1]

　　以上表明，在《行政机关信息公开法》的制定当初，已经预想到了大量申请的情形，并就应对之策预设了处理期限的特例。因而，学界一般认为，"大量申请并非等同于权利滥用，（权利滥用与否）需要就是否存在使行政停滞的意思进行举证"。[2]虽数量巨大但有其合理性时，可以采取分割申请、抽样申请等办法应对，仍然应对不了的最后可以以特例延长。同时实务界主张，"即便作为信息公开申请对象的行政文书数量特别巨大，可能会给工作实施带来显著障碍……但除非存在以使行政机关工作停滞、混乱等为目的的情形，否则（这种大量申请）不相当于权利滥用。单纯地在事务处理上产生困难时，可依据处理期限的特例（《行政机关信息公开法》第 11 条）来加以应对。"[3]而判例也主张，不能单纯以大量申请或者商业性申请就断言权利

---

〔1〕　也就是说，规定处理期限特例的第 11 条，允许行政机关可以根据自己的实际情况，不受第 10 条所定的期限限制，在认为相当的期限内实施公开即可。就此，日本律师协会主张，对于第 11 条所定的"剩余的行政文书"，不应以"相当期限"，而应以 30~60 天程度的具体期间来界定。这种主张主要是基于以下的考量：超出第 10 条所定的期限原本就属于非正常状态。即便受到允许，若不就其期限以一倍于第 10 条所定的期间等形式加以明确界定，有关期限的规定就会形同虚设。为了防止行政机关出于恣意滥用第 11 条所定的"相当期限"，需要对其予以监督，从而对该处理特例条款有可能遭到行政机关的恣意运用敲响了警钟。

〔2〕　宇賀克也『新・情報公開法の逐条解説〔第 6 版〕』（有斐閣、2014 年）133 頁。

〔3〕　総務省行政管理局『詳解情報公開法』（財務省印刷局、2001 年）100 頁。

滥用。[1]

由此可见，即便需要考虑实施机关的工作负担，也不能单纯以文书数量巨大就主张该申请属于权利滥用，包括商业性申请在内大量申请也是现行法所允许的，不能将大量申请直接视为权利滥用乃当今学界、实务界以及判例的共识。

然而，在此我们需要特别注意的是：《行政机关信息公开法》只对一般意义上的大量申请制定了特别条款，而对于该项权利一旦遭到滥用则没有设置任何规定。那么，在这种情况下日本是如何应对权利滥用式的信息公开申请这个问题的呢？

回顾日本信息公开制度的发展进程我们可以发现，它曾经发生过两次较大的重心转移：一次是以全面贯彻公开原则为核心的推进信息公开制度的改革，另一次是以信息公开制度中出现"权利滥用"为契机，要求对公开申请权予以一定制约而实施的制度微调。[2]前者肇始于导入信息公开制度的初期，而后者则发生在进入制度安定期的近年。在这两次变革当中，就如何解决权利滥用式的信息公开申请，从基本理念到具体应对都发生了一些变化。

---

〔1〕　在此介绍一个有关商业性申请的具体事例：某地图制作厂商要求公开居民住址簿等，行政机关以处理需要花费大量时间为由作出拒绝公开的决定，该厂商不服提起诉讼要求撤销该决定。就此，德岛地方法院主张，即使相关处理需要花费相当长的时间和大量人力，但行政机关完全可以通过内部的人员调整等应对，从而作出撤销拒绝公开决定的判决（德島地判平成 19・2・22 判例集不登载）。其他相关判例参见"東京地判平成 15・10・31 判例集不登载、德島地判平成 19・2・22 判例集不登载、高松高判平成 19・8・31TKC・DB、佐賀地判平成 19・10・5 判例自治307 号 10 頁、さいたま地判平成 19・10・31TKC・DB"等。

〔2〕　宫之前亮「滥用的な情報公開請求への大阪市の対応について」季報情報公開・個人情報保護 51 号 39 頁。

（二）导入信息公开制度早期的应对

《行政机关信息公开法》出台之前，日本于 1995 年 3 月作为"行政改革委员会"的专门部会设立了"行政信息公开部会"，该部会在 1996 年 11 月发表了《信息公开法要纲案》和《信息公开法要纲案的基本观点》[1]。尽管在要纲案的制作过程当中，就公开申请权的滥用是以禁止权利滥用的一般原理（《民法》第 1 条第 3 款）来应对还是明文规定存在意见分歧，但最后立法者选择了前者。这一点，如上所述，从该法没有就权利滥用做任何规定，以及《信息公开法要纲案的基本观点》的以下说明来看，也是一目了然的。该文件中设有"5（6）处理期限以及数量特别巨大的行政文书的公开申请的处理"一栏，指出，"针对诸如请求公开特定部署所拥有的全部行政文书、以削弱行政机关工作能力为目的的公开申请等，尽管没有设置特别规定，但可以通过适用有关权利滥用的一般法理来应对"。

同时，当时的大多数地方自治体也主张，如果在信息公开中出现权利的滥用，应该通过适用禁止权利滥用的一般法理来处理。[2]

可见，尽管在国法层次上的《行政机关信息公开法》以及大多数地方自治体的条例当中，均不见直接对应滥用公开申请权的规定，但以作为法的一般原理的禁止权利滥用来应对可以说是立法者的初衷。

那么，说到这里问题来了。既然任何制度和权利都有可能遭到滥用，当时为什么要刻意回避明文规定的方式而不直接在

---

〔1〕　情报公开法要纲案、情报公开法要纲案の考え方。

〔2〕　藤原静雄「情报共有の政策法务—自治体情报法制の今日的课题」ジュリスト 1404 号 80 页。

信息公开制度中设置有关滥用公开申请权的条款呢？

第一，也可以说是客观原因或者远因吧。长期以来行政法学疏忽有关禁止权利滥用原理的研究，理论储备明显不足。尤其是针对私人以行政机关为对象行使权利时，就是否应该适用禁止权利滥用的原理、在何种场合才能够适用以及如何适用等，缺乏充分的理论梳理与考证。因此，在该原理的认定与适用上通常消极且谨慎。

总体而言，禁止权利滥用等民法上的基本原则，即便是在采用公法私法两元论的传统行政法学中，也作为贯穿法全体的一般原理，不仅直接适用于私法上的法律关系，而且在公法上的法律关系当中也得以类推适用。而在公法私法两元论遭到否定的当今，就更是如此。今天，"禁止权利滥用"作为行政法的一般原则，一般认为适用于更加广泛的领域。

然而，长期以来，行政法学在论述禁止权利滥用时，仅限于行政机关行使权限的场合（理论上准确地讲，应该是指"权限的逾越与滥用"，即围绕《行政案件诉讼法》第 30 条的适用场面，行政机关在实施行政处分之际是否存在裁量权限的逾越与滥用），几乎把私人行使权利的场面置之度外，一直热衷于通过遏制行政机关裁量权限的逾越与滥用来保护私人的权利利益。一直以来，私人在行使权利时也会出现权利滥用，对此，行政法学虽没有全盘否定但认定消极且谨慎，几乎不存在受到肯定的事例。[1]

---

〔1〕 濱西隆男「行政法における権利濫用禁止の原則についての覚書」季刊行政管理研究 122 号 35—43 頁。同时，该氏主张，私人以行政机关为对象行使权利时之所以权利滥用不易被认定，除文中所述的消极态度之外，也同此前在行政实务以及判例当中几乎不见权利滥用受到认定的实例有关。究其原因，其一，起因于行政

第二，也与信息公开的制度设计本身有关，笔者愿意称之为主观原因。信息公开制度，立足于国民主权、督促行政机关履行说明责任等理念，具有开放式的架构、不问理由与目的、对申请主体没有任何限定。以保障与监督行政机关正确运营这个角度而言，申请越多其效果越佳也越可期。因此，公众对公开申请权的积极行使，不仅不应该受到束缚，反倒应该受到广泛欢迎。从信息公开制度的设计理念来看，从正面对公开申请权予以限制，在制度理念上自相矛盾也意味着自我否定。

第三，作为近因，也同制度的发展时机有关。在信息公开的早期即构筑期，如上所述，人们的关注点往往集中于如何推进信息公开的彻底化。而在导入新制度之际若设置禁止滥用条款，很容易对申请人产生萎缩效果，从而影响到监督行政履行说明责任这一制度初衷的实现。说得通俗一些，你不能一边鼓励人们积极要求信息公开，而一旦有人申请了，却反过来指责人家在数量和次数上超标。因此，应该承认，早期的信息公开立足于性善说的立场，期待借由实施机关与申请者之间的良性互动、相互调和来达到制度的正确运营目的，回避设置与此相关的条款，若出现公开申请权的滥用则把它交由禁止权利滥用的一般法理，这在立法政策上并无不妥。

正因如此，我们可以看到，导入信息公开制度的早期，针对大量申请，学界几乎是持欢迎态度的。在 2008 年 9 月举办的日

法规的制定方法。即，在制定行政法规之际，一般要求私人在行政法上的权利行使，需要满足行政法所定的一定要件才获允许，以此就有效地规避了权利滥用的发生。其二，也同行政机关运用行政法规的姿态有关。即，当行政机关认为适用行政法规允许私人在行政法上行使权利有可能发生权利滥用时，通常会采用附加一定条件（如附款）以对权利行使予以限制或者依据行政机关的解释基准、裁量基准，原则上不允许私人行使与上述基准不相符的权利等办法来防患未然。参见该文献第 37 页。

本第 6 届 "全国信息公开与个人信息保护审查会等委员交流研讨会" 上，大量申请信息公开的市民被称为 "特定的个别热心人士"。与会者就如何应对 "来自于特定的个别热心人士的大量申请以及大量行政复议" 展开了积极的探讨。多数人主张，应该通过充实体制人员、与公开申请人之间构筑信赖关系、征收手续费、以文书不确定为由拒绝、窗口对应（即通过劝说、开导、说明等行政指导的方式）、窗口对应中如出现威吓等可利用警察、适用权利滥用原理等来加以应对。[1]同时，在判例中，除极少数例外外，几乎看不到权利滥用受到肯定的例子。[2]

顺便说明一下，在《行政机关信息公开法》制定之际，虽然也有意见主张应该采纳地方自治体的做法不征收公开申请手续费，但最后还是规定，公开申请人在申请阶段，依政令必须缴纳政令所定金额的公开申请手续费（第 16 条第 1 款）。因此，即便是权利滥用式的公开申请，一件也要缴纳 300 日元的公开申请手续费（但电子申请时减为 200 日元）。同时，在接受公开之际，与地方自治体相同，还要根据实际发生费用的金额缴纳公开实施手续费（第 16 条第 1 款）。因此，大量申请以及反复申请时，应缴纳手续费的金额也会比例式地上升。尽管手续费本身只不过是考虑到行政机关的事务处理需要花费一定的成本而设定的条款[3]，但不可否认的事实是，它对滥用式的公开申请也会产生一定的制约作用。

---

〔1〕「第 6 回情報公開・個人情報保護審査会等委員交流フォーラム概要」季報情報公開・個人情報保護 31 号 21–23 頁。

〔2〕 藤原静雄「情報公開請求の拒否と権利濫用」法学教室 2012 年 3 月号 4 頁。

〔3〕 宇賀克也『新・情報公開法の逐条解説〔第 6 版〕』（有斐閣、2014 年）151–156 頁。

（三）近年的应对

如上所述，作为日本信息公开的伴生性问题，"权利滥用"一直困扰着理论与实务界，而且近来呈现出愈发严重的态势。鉴于此，在信息公开已经步入制度安定期的近年，理论与实务界大多主张，有必要对相关问题采取适当的措施加以积极应对。

首先，在国法层面，《行政机关信息公开法》自 2001 年 4 月 1 日开始实施以来，于 2011 年 4 月迎来了它实施后的第 10 个年头。日本计划于 2011 年对《行政机关信息公开法》等进行首次大幅修改。[1] 为了迎接这次修改，早在 2010 年 4 月就设立了由内阁阁僚及专家学者等组成的"行政透明化研讨小组"，就行政透明化的应然模式进行了深入探讨。在制定信息公开法修正案的过程当中，立足于使用者的立场，为了使该制度更加便于公众利用，倾向于原则上废止公开申请手续费并降低公开实施手续费。[2] 但是由于担心由此会招致公开申请权的滥用，于是，是否应该以明文的形式设置禁止滥用条款成为议论的焦点之一。2010 年"行政透明化研讨小组总结报告"即所谓大臣案中，作为"5-（2）"写明，"伴随（1）的公开申请手续费的废止与公开实施手续费的减额，应当明确正当的公开申请以及正确利

---

〔1〕 有关这次修法的详情，参见石龙潭：《日本的信息公开制度：回顾、现状与展望》，载王贵松主编：《宪政与行政法治评论》（第 6 卷），中国人民大学出版社 2012 年版，第 80~85 页。另外，该修正案于 2012 年 11 月在审议中途即成为废案，2013 年以民主党（当时）案的形式虽经再次提交国会，能否获得执政党的赞同、审议通过依然属于未知数。不过，即便如此，由于该法案的内容是基于前 10 年的理论研究与实践成果所拟定的，基本上代表了当前的问题意识与改革方向。同时，就设立禁止权利滥用条款的性质本身而言，至少在结果上它是对行政方有利的改革，很难想象今后会因行政机关的反对而夭折。

〔2〕 在修正案中，立足于让国民更加便于行使公开申请权的观点，规定废止公开申请手续费的同时，考虑到申请权行使内容的实际状况，针对所谓的商业性利用，站在受益者负担的立场，与现行法相同，规定继续征收公开申请手续费。

用被公开信息等观点"。受此影响，在 2011 年 4 月 22 日提交国会的《信息公开法修正案》中，在原有第 5 条本文（当有人申请行政文书公开时行政机关负有公开义务）的基础上，追加了但书条款："但当该申请相当于权利滥用、有违公共秩序或者良好风俗等时，不在此限"。即，以明文的形式规定，当公开申请属于权利滥用等时，行政机关不负有公开义务。

此外，考虑到行政机关在实施公开决定时所花费的成本，作为针对权利滥用式申请（如大量申请后却拒绝接受公开等）的应对之策，在适用公开决定等处理期限的特例的同时新设了"预交手续费制度"（第 16 条第 5~7 款）。即，在适用处理期限的特例规定之际，当行政机关于当初的公开决定期间内对被申请公开对象文书的相当部分已经作出公开等决定时，申请人在得到通知后的 30 天之内，必须预交剩余的行政文书若全部公开时所应缴纳的公开实施手续费（其金额由政令在所需金额的范围内确定）。[1]

其次，在地方自治体层面，如前所述，当初大多认为，如果在信息公开中出现权利滥用，应该通过适用禁止权利滥用的一般法理来加以应对。可是，即便是针对如本书中所列举的那种极端事例，多数地方自治体对于是否应该适用权利滥用的法理也犹豫不决。其根本原因在于，对于法无明文根据情况下适用该法理存在心理抵触。于是，有的地方自治体开始修改信息公开条例，增加相关根据条款。非营利组织"全国市民监督专

---

〔1〕 关于"预交手续费制度"，有学者认为，这固然是一个好办法，然而遗憾的是，它只对大量申请有效但对反复申请却显得力不从心。参见曽我部真裕「濫用的な情報公開請求について」法学論叢 176 卷 2・3 号 325 頁。

员联络会议"〔1〕于 2013 年公开发表的《关于信息公开条例中是否存在以权利滥用为由"可以拒绝或驳回"规定的调查结果》〔2〕显示，截至 2013 年 7 月 31 日，在其调查的 47 家都道府县、783 个市、23 个特别区中，有 72 家地方自治团体在信息公开条例中设定了禁止滥用政府信息公开申请权的内容，占 8.3%。而这个比率近年还在逐年增加，比如，2016 年 4 月开始施行的修改后的《久留米市信息公开条例》，除了在第 7 条和第 11 条中追加了有关权利滥用的记述之外，还就何谓权利滥用、何种场合才相当于公开申请权的滥用以及权利滥用的具体类型等，另行制定了《关于公文书公开申请中的权利滥用的判断基准》〔3〕，具体规定如下：

　　1. 所谓"权利滥用"，一般是指某行为虽然在形式上具有权利行使的外观，但若从该行为的具体内容以及实际效果来看，由于其脱离了权利的本来目的，因此无法被视为正当权利行使的行为。

　　2. 判断是否相当于权利滥用之际，应该在考虑到公开

---

〔1〕　全国市民オンブズマン連絡会議。该团体是为了监督国家或地方自治体等的不正当或违法行政活动并对其予以纠正，作为市民监督专员信息交换、经验交流以及共同研究的平台，于 1994 年结成的全国性非营利组织。现由分布在全国的 77 个市民专员团体组成，总部设在名古屋。有关该团体近年活动的详情，建议有兴趣的读者参见杉本裕明『社会を変えた情報公開―ドキュメント・市民オンブズマン』（共栄書房、2016 年）。

〔2〕　情報公開条例権利濫用で「拒否・却下できる」規定調査結果。这个调查，是以了解全国的地方自治体信息公开条例当中是否存在权利滥用的规定为目的而实施的。继 2010 年、2012 年之后本次为第三次。

〔3〕　「公文書開示請求の権利濫用に関する判断基準」，载 https://www.city.kurume.fukuoka.jp/1500soshiki/9008soumu/3010oshirase/2016-0328-2305-189.html，最后访问时间：2018 年 7 月 16 日。

申请的样态、应允公开申请时对实施机关工作所造成的影响以及一般市民所蒙受的不利影响等基础之上，就其是否超越了社会常识所允许的妥当范围加以个别判断。

3. 诸如以给实施机关工作造成混乱或停滞为目的、显著背离了公开申请权的本来目的的公开申请等，就相当于权利滥用。

4. 公开申请中的权利滥用的类型：

(1) 在请求公开之际就事先表明不予阅览、不接受复印件的交付以及其他拒绝公开实施之意，或者只是请求公开，在没有正当理由的情况下反复出现拒绝阅览、拒绝接受复印件的交付以及拒绝缴纳与复印件交付相关的费用等行为的。以这些行为来判断，申请人显然不具有接受公开之意。

(2) 尽管已经知晓与公开申请相关的内容，但在没有正当理由的情况下仍然反复请求公开同样内容，或者撤回已经提交的公开申请之后，在无正当理由的情况下仍然继续对同一内容的文书反复请求公开的。显然，其公开申请的目的不在于公文书公开本身。

(3) 集中对同一实施机关连续请求公开，从公开申请的样态、内容以及公开申请人的言行等判断，显然抱有削弱实施机关的工作能力或者使实施机关的工作停滞等恶意的。

(4) 集中对由特定工作人员制作和取得的公文书连续申请公开，或者在公开申请之际针对特定工作人员予以诽谤、中伤甚或采取威胁态度，从公开申请的样态、内容以及公开申请人的言行等来看，显然对特定的工作人员抱有恶意的。

（5）有可能违法或不正当使用因公开而获得的公文书的。

5. 当公开申请的对象文书数量特别巨大时（限于与公开申请相关的文书已经确定，即被要求公开的文书能够与其他文书明显区别开来的场合），不得单纯以数量巨大为由拒绝公开申请，也不得向公开申请人暗示有可能拒绝。应当通过要求对申请公开的范围予以限定、依据条例第 13 条的规定对决定公开与否的期限予以延长等应对。

6. 是否适用"禁止权利滥用"，应依据本基准以及公开申请人的言行、公开申请的内容与方法等，同时在综合考虑公开申请给实施机关工作所带来的停滞以及其他各种要素的基础上慎重判断。必须注意避免发生轻易作出不公开决定（拒绝）的情形。此外，在适用时，除事先与总务部总务科协商之外，还应征询律师等的意见。

与国家与地方层面均出现禁止权利滥用规定的明文化动向相并行，近年，围绕行政文书的公开申请，出现了将私人方的申请权行使判定为权利滥用的事例，引起理论界与实务界的广泛关注。

比如，在"横须贺市行政文书公开申请拒绝处分撤销案"中，原告 X 向该市申请公开土木部用地科在某年度工作中所产生的所有公文书、资料以及业务委托、物件等的合同书等，就此，被告横须贺市曾经再三要求 X 就到底申请公开何种信息在内容上进行补正，但 X 均予以拒绝。该市考虑到本案对象文书的数量非常巨大（达 120 个纸盒箱），于是以"实施本案所申请的公开，超出了条例所预想的执行业务的合理范围，本案申请不属于权利的正当行使"为由，作出拒绝公开的决定。于是 X 提起行政诉讼要求撤销该行政处分。一审法院在承认本案文书已经确定（即现时有相当于 120 个纸盒箱的文书由市里保管，显然作为申请对象能够与其他文书区别开来）的基础上指出，本案条例之所以要求公开申请人要正当行使公开申请权，是因为，即便公开申请权受到认可，也不意味着该权利通常不受任何制约。显然，条例要求在权利行使之际要符合公文书公开制度的目的，不允许与该目的不相符的公开申请，对于超出制度目的的申请应该以适用禁止权利滥用的一般法理来应对。但在以权利滥用为由实施具体判断时必须慎重，只有申请在客观上给实施机关的工作带来显著妨碍，并且申请人在主观层面上是以阻碍行政机关的工作为目的等特殊场合方能认定。最后，判决本案存在权利滥用、驳回 X 的请求。[1]

可见，针对申请权的滥用，法院主张可以适用作为一般法理的权利滥用的同时，要求在具体实施判断之际必须慎重，并附加了以下的条件：申请在客观上给实施机关的工作带来显著妨碍，并且申请人在主观层面上是以阻碍行政机关的工作为目的。而这与前述学界所主张的"需要就是否存在使行政停滞的意思进行举证"以及实务界所主张的"除非存在以使行政机关工作停滞、混乱等为目的的情形"等异曲同工。

综上所述，在信息公开制度的确立早期，立法者就已经预想到了大量申请的情形，并就应对之策预设了处理期限的特例。尽管在国法以及大多数地方自治体的条例当中，均不见直接对应滥用公开申请权的规定，但以作为法的一般原理的禁止权利滥用来应对可以说是立法者的初衷。同时，虽然手续费在防止

---

〔1〕 横浜地判平成 22·10·6，判例地方自治 345 号 25 頁。

权利滥用上发挥了一定的作用，但两者之间并无直接关联。而到了制度安定期的近年，《信息公开法修正案》除了以明文的形式规定公开申请属于权利滥用时行政机关不负有公开义务之外，还作为针对权利滥用式申请的应对之策新设了"预交手续费制度"。同时，地方自治体信息公开条例中也出现了增设禁止滥用政府信息公开申请权规定的势头。可见，禁止权利滥用规定的明文化和将其与手续费挂钩是近年理论与制度上应对的特征。另外，司法也一改往日的消极态势，出现了将私人方的申请权行使积极认定为权利滥用的事例。

三、若干考察

（一）信息公开与禁止权利滥用原理的适用

严格来讲，禁止权利的滥用，在私人方与行政方都会成为问题。在私人方，其代表例有申请权的滥用。[1]现行法中，信息公开制度中的公开申请权不问请求目的，且任何人都可以提出申请。因此，同一申请人针对同一事项反复提出申请，或者一次性要求公开大量的行政文书等行为，是否相当于公开申请权的滥用成为问题。那么，信息公开中当行政机关认为公开申请属于权利滥用时是否可以通过适用禁止权利滥用原理予以拒绝即实施不公开决定呢？有关这一点，学说与实务中主要存在着以下的几种观点。

1. 肯定说

虽然 2011 年提交国会的《信息公开法修正案》中增设了明文规定，但该修正案于 2012 年即成为废案，至今悬而未决。因此，现行信息公开法中仍不见有关申请权滥用的明文规定。尽

---

〔1〕 桜井敬子ほか『行政法〔第 4 版〕』（弘文堂、2014 年）26 頁。

管如此，学界一般认为，作为法的一般原则的禁止权利滥用原理的射程同样及于该种行为。[1]换言之，如果属于权利滥用就可以作出不公开决定（拒绝）这一点，作为法的一般原则也是允许的。

而从实务界来看，如上所述，在总务省出台的《依据〈行政机关信息公开法〉实施行政处分时的审查基准》中已经明确规定，当公开申请相当于权利滥用时行政机关可决定不予公开。同时，应该讲，《信息公开法要纲案的基本观点》以及《信息公开法修正案》也基于同样的立场。

2. 否定说

但也有个别学者主张，在信息公开中不允许以权利滥用为由拒绝公开。这种观点强调，信息公开的目的在于保障国民的知情权以及督促行政机关面向主权人践行自己所肩负的说明责任。因此，在其制度的本来框架内，既不问公开申请的目的（因何而申请公开）又不在意申请人的主观意图（学术研究还是商业性利用等），同时也不过问如何利用通过公开申请而获得的信息。

在判断申请对象的信息是否可以公开之际，行政机关不应考虑公开申请人的意图以及利用目的等。被申请信息是否属于可以不公开的例外事项，应结合信息本身客观判断，而不应该受公开申请人是谁、公开申请的意图何在、公开申请人的利用目的等左右。

近年，地方自治体的信息公开条例中，有的增设了公开申请人的责任与义务规定等，但是，这类规定无非是伦理性规定而已，并不具有法律效力。公开申请是否可以拒绝，无论在国法还是地方条例层次，归根到底只能以是否属于法规所明定的

---

[1] 桜井敬子ほか『行政法〔第4版〕』（弘文堂、2014年）27頁。

可以不予公开的例外事项来判断，而以包括权利滥用在内的其他理由来拒绝公开当属违法。以权利滥用为由拒绝公开，无非是给滥用拒绝公开之举开了绿灯。公开申请既然合法，就不允许拒绝公开。[1]

尽管否定说在强调制度本质以及追求彻底的信息公开等上有其独到之处，但通说则站在肯定说的立场，主张即便是在信息公开领域也应适用禁止权利滥用的原理，这一点无论从立法者的初衷，还是从导入信息公开制度早期以及近年的对应上来看都是相同的。

（二）禁止权利滥用明文化的可否

不过，在围绕是否应该对该原理加以明文化处理上却出现了意见分歧。

1. 肯定说

肯定说主张应该把有关权利滥用的规定写入相关法规，这种呼声主要来自于信息公开的实施现场。我们同样以大阪市为例，宫之前亮氏指出，针对滥用式的公开申请，在条例制定当初一般认为以权利滥用的一般法理来应对即可。可是，一旦碰到具体事例、到了具体适用阶段，就会因在缺少明文规定的前提下是否可以适用、将市民视为权利滥用者是否合适等而瞻前顾后，实际上一直没有加以适用。[2]因而，信息公开的实施机关大多希望能够制定相关根据规定。在一个强调"依法律行政"的国度里，对于信息公开的实施机关而言，只有理论上的抽象的适用可能性显然不够，在具体案件的应对之际，当然需要看得见、

---

〔1〕　松井茂記『情報公開法〔第 2 版〕』（有斐閣、2003 年）60-62、143-144頁。

〔2〕　宫之前亮「濫用的な情報公開請求への大阪市の対応について」季報情報公開・個人情報保護 51 号 36-37 頁。

摸得着的有关根据。近年，由于担心遭遇权利滥用，有的地方信息公开条例开始增设相关根据条款，这无疑是上述主张的结果。

2. 否定说

以"全国市民监督专员联络会议"为代表的非营利团体等，由于担心一旦在现行法中增设有关禁止权利滥用的规定，该条款本身就有被行政机关滥用之虞，因此对于明文化持批评与否定态度。在《关于信息公开条例中是否存在以权利滥用为由"可以拒绝或驳回"规定的调查结果》中，该团体指出，"既然所谓的相当于权利滥用是指以任何人的眼光来看都无须对当事人的权利行使予以保护的场合，那么就没有必要以条文的形式来明定。用条文对权利滥用加以特别界定，似乎给连对不相当于权利滥用的场合也可以以'权利滥用'这一新的理由来加以驳回埋下了伏笔"。由于在信息公开中该团体始终扮演着督促行政机关彻底实施信息公开的角色，因此产生上述不安也是可以理解的。今后，在修改信息公开相关法规、设定权利滥用规定之际，也要对行政机关"滥用"权利滥用规定的危险性有所考虑。

3. 折中说

坚持这种观点的学者针对是否应该设置有关权利滥用的明文规定持开放态度，主张入法也好不入法也罢，该原理都是客观存在的。宇贺克也教授指出，"《日本国宪法》第12条禁止国民滥用权利的规定，不仅适用于私人与私人之间的关系，同样也适用于私人与行政机关之间。即使国民具有申请权，但在出现申请权滥用时，该申请也会因不合法而遭到拒绝。这一点，与是否存在禁止权利滥用的明文规定无关。"[1]盐野宏教授也指

---

〔1〕 宇賀克也『行政法概説 I 行政法総論〔第 5 版〕』（有斐閣、2013 年）53 頁。

出，将权利滥用写入法律与否并非是本质性问题，如果说把权利滥用的要件也一同写入另当别论，否则写不写都无所谓。[1]

可见，在是否应对该原理加以明文化处理上日本尚未达成共识。也正因为如此，尽管在制度安定期的近年，国家与地方层面均出现禁止权利滥用规定的明文化动向，但从"全国市民监督专员联络会议"所做的《关于信息公开条例中是否存在以权利滥用为由"可以拒绝或驳回"规定的调查结果》来看，导入相关内容的地方自治体的比率还不算太高。

（三）权利滥用还是文书不确定？

信息公开领域可以适用禁止权利滥用原理，就此学界与实务界已经基本达成共识。针对大量申请，多数地方自治体和法院都是通过运用该原理来应对的。然而，在以这种方式处理问题时，现实中碰到了不易举证、判定基准不明确、实施机关援用时容易产生犹豫等问题[2]，近年出现了不以权利滥用而是以作为被申请对象的行政文书没有确定来处理的先例。

在前述"横须贺市行政文书公开申请拒绝处分撤销案"中，其二审东京高等法院的判决就是一个非常典型的例子。针对 X 提起的上诉，东京高等法院主张，这种要求公开特定部署所有文书的概括式申请，虽然在形式与外观上暂且明确，但是不相当于本案条例所定的"公文书指定的必要事项"的记载。而且，申请人并不真正希望全部阅览文书，也不存在能够在所定期限内全部阅览完毕的特殊情况。迫使工作人员连对申请人并非要求的文书也要展开同样的调查与判断之举，无非是为了使实施

---

〔1〕　塩野宏発言「情報公開法の10年—法制化と運用〔第3回〕」季報情報公開・個人情報保護46号17頁。

〔2〕　曽我部真裕「濫用的な情報公開請求について」法学論叢176巻2・3号308、315頁。

机关的工作人员以及行政组织产生疲敝，不仅会给行政机关的其他工作带来停滞，而且还会抹杀将"公文书指定的必要事项"作为必须记载事项这一规定的宗旨。以该宗旨来看，对文言加以形式性的解释未必正确。[1]上述判决，作为本领域的少数先例之一具有重大意义。即，针对公开申请人的大量申请，它提醒我们可以通过对象文书的确定性这一要件来加以应对。[2]

同时，内阁府"信息公开与个人信息保护审查会"在就某个大量申请案件所作的答复意见中指出：要求公开特定行政机关所拥有的全部行政文书这种申请，尽管文书范围在形式与外观上大体明确，但是，一般而言，行政组织的活动多种多样，我们很难想象会有人申请公开与其相关的所有文书。此外，如果容许这种概括式的申请，作为其对象的文书势必数量巨大，不仅申请人自身难以阅览、誊写，同时也会给行政工作带来极大的妨碍。因此，这种概括式的大量申请，作为申请权行使对象的文书尚未确定。文书的确定这一概念，是为了正确且顺利地运营公开申请制度而设立的功能性概念，可以对其加以如上所述的解释。[3]

这种被称为"文书确定的能动性解释"[4]的手法，作为规避适用权利滥用原理的手段受到学界的瞩目。有学者认为，针对大量申请作为应对之策可以考虑适用权利滥用和文书的不确定等，今后有必要探讨对"确定"这一概念作能动性解释，

---

〔1〕 東京高判平成 23·7·20，判例地方自治 354 号 9 頁。

〔2〕 佐伯彰洋「行政文書公開請求求拒否処分取消請求控訴事件」判例地方自治 365 号 17 頁。

〔3〕 内閣府情報公開個人情報審査会平成 20 年度（行情）答申 308 号。

〔4〕 藤原静雄「参加者から要望のあったテーマについて一権利濫用の法理と判例の動向」季報情報公開·個人情報保護 47 号 17 頁。

在综合实施机关的负担、对象文书的分量、公开的困难性等要素之后，结合信息公开制度的宗旨来判断对象文书是否确定。[1]

也有人着眼于，"横须贺市行政文书公开申请拒绝处分撤销案"的一审也主张应该慎用权利滥用的法理，但却判定本案公文书已经确定并另行作出权利滥用的判断路径，同时考虑到不能够单纯以文书的数量巨大来认定权利的滥用已经成为信息公开制度的共识，因此主张，如一审那样，即便是大量请求，也对文书的确定性要件予以宽泛解释，然后另行对权利滥用进行探讨或许也不失为一个方策。然而，若另行对权利滥用进行探讨，鉴于不问公开申请目的的信息公开制度的宗旨，就不得不慎重适用权利滥用的法理，因此无法成为针对大量申请的有效应对之策。相反，如二审判决那样，若把权利滥用的要件植入文书的确定性要件当中，就没有必要再对权利滥用予以另行探讨，对公开申请也较易拒绝。从而肯定了利用文书的确定性这一要件来加以应对的可能性。[2]

还有学者主张，作为大量申请应对之策的权利滥用与文书的确定并非势不两立，两者相互补充，适当分工，可以并用。尽管近年出现了东京高等法院等以文书是否确定的问题来处理的先例，但总体而言，还是应该以权利滥用来应对。[3]

可见，面对大量申请，是应该以权利滥用还是文书不确定

---

〔1〕　藤原静雄発言「第 6 回情報公開・個人情報保護審査会等委員交流フォーラム概要」季報情報公開・個人情報保護 31 号 23 頁。

〔2〕　佐伯彰洋「行政文書公開請求拒否処分取消請求控訴事件」判例地方自治 365 号 18 頁。

〔3〕　曽我部真裕「濫用的な情報公開請求について」法学論叢 176 巻 2・3 号 314、316、326 頁。

来应对日本并没有形成共识。两者处于不同层次，相互之间的关系也有待明确。同时，正如有学者所指出的那样，作为一般市民，并不知晓行政的内部情况，而且即便检索目录已经完善，但民众对于何种文书到底载有何种内容不易知情，因此在公开申请书中书写一些概括式的内容也在所难免。如果把权利滥用的法理纳入到文书的确定性要件当中，恐怕正当的申请也有受阻之虞。[1]

（四）今后的课题

从日本的现实和应对来看，有待今后解决的问题依然很多。

第一，作为权利自身属性的问题，以公众参政的视觉来看，诸如要求公开行政文书这种，虽然在法律上是以主观权利的形式构成，但实质上却有可能成为客观权利行使的权利，或许有必要在理论上重新定位。这种权利的行使，即便在主观上符合公共福利原则，但也有可能会在客观上与其发生冲突。[2]因此，摆脱传统理念的束缚，明确信息公开申请权的法律属性恐怕是当务之急。

第二，至今为止，信息公开制度中所谓的权利滥用到底是指何物，人们就此尚未达成合意，从而在判断之际缺乏客观性，这是导致适用时犹豫不决的重要原因。[3]因而，在明确界定权利滥用的基础上确立客观且公正的判断基准也是今后的重要任务之一。

---

〔1〕 佐伯彰洋「行政文書公開請求拒否処分取消請求控訴事件」判例地方自治 365 号 18 頁。

〔2〕 濱西隆男「行政法における権利濫用禁止の原則についての覚書」季刊行政管理研究 122 号 41 頁。

〔3〕 宮之前亮「濫用的な情報公開請求への大阪市の対応について」季報情報公開・個人情報保護 51 号 36-37 頁。

第三，对于私人以行政机关为对象行使权利时到底在什么样的场合才能适用禁止滥用权利原则，在理论上至今尚未完全厘清。[1]

第四，对于权利滥用式的公开申请，除了在信息公开法规当中适当增加禁止滥用条款以及征收手续费等内容修改之外，还可以考虑靠窗口对应，即通过劝说、开导、说明等行政指导来应对。但是，光靠这些手段是不够的，今后需要在法规的解释论、制度改革论等层次上展开广泛讨论，找出既可以真正对权利滥用式的公开申请予以驳回，又可以有效防止行政机关滥用这种权限的两全之策。[2]

第五，面对大量申请，除了权利滥用之外或许还可以考虑以文书不确定来应对，然而后者针对反复申请或者大量行政争讼等显得力不从心。

四、小结

综上所述，我们可以发现，日本在信息公开的理论与实务当中同我国一样面临着"权利滥用"或曰"滥诉"这一课题。作为应对之策，尽管存在少数反对意见，但主流观点还是主张有必要通过适用禁止权利滥用的一般法理来加以积极应对。

反观中国，信息公开诉讼中"权利滥用"或曰"滥诉"的情形很多，就此，司法实践中很多判例都以缺乏诉的利益为由

---

〔1〕　濱西隆男「行政法における権利濫用禁止の原則についての覚書」季刊行政管理研究 122 号 36 頁。

〔2〕　曽我部真裕「濫用的な情報公開請求について」法学論叢 176 巻 2・3 号 306-307 頁。

对原告的诉求予以驳回。[1]但依笔者看来，这种应对之策恐怕有待商榷，理由有三：其一，如前所述，"诉的利益"一是在理论上没有完全确立，二是与实定法规定尚未有机衔接。其二，何为信息公开制度中的"权利滥用"或"滥诉"尚未形成合意，缺乏明确的判定基准。其三，也是最重要的一点，信息公开诉讼本身的法律属性有待明晰。信息公开诉讼的独特之处在于，虽被定位为主观诉讼，但在作为主观诉讼的同时却释放出浓厚的客观诉讼式色彩。这是由于，现行信息公开法一般规定任何人都具有公开请求权，而且请求公开时不问理由，亦即公开请求人无须就自己与公开申请具有何种权利利益关系作出说明。因而，当公开申请被违法拒绝时，以公开请求权遭到侵害为由提起的撤销诉讼或课予义务诉讼尽管属于主观诉讼，但实质上具有民众诉讼式的色彩。[2]

鉴于此，至少在目前的情况下不宜直接采用"诉的利益"来应对"权利滥用"或"滥诉"，乃笔者的一个阶段性认知。结合日本的现实与应对，是可以考虑在信息公开制度中适当设置

---

〔1〕 参见王贵松：《论行政诉讼的权利保护必要性》，载《法制与社会发展》2018 年第 1 期；梁艺：《"滥诉"之辩：信息公开的制度异化及其矫正》，载《华东政法大学学报》2016 年第 1 期；耿宝建、周觅：《政府信息公开领域起诉权的滥用和限制——兼谈陆红霞诉南通市发改委政府信息公开案的价值》，载《行政法学研究》2016 年第 3 期；肖卫兵：《论政府信息公开申请权滥用行为规制》，载《当代法学》2015 年第 5 期；高鸿：《政府信息知情权的滥用及其规制》，载《人民司法（案例）》2015 年第 10 期；李广宇、耿宝建、周觅：《政府信息公开非正常申请案件的现状与对策》，载《人民司法（应用）》2015 年第 15 期；后向东：《信息公开申请权滥用：成因、研判与规制——基于国际经验与中国实际的视角》，载《人民司法（应用）》2015 年第 15 期等。

〔2〕 宇贺克也『行政法概説Ⅱ行政救済法〔第 6 版〕』（有斐閣、2020 年）122 頁。

有关禁止权利滥用的条款的。[1]但是需要注意，在把相关规定写入法规时最好能够以指针等方式出台一些与之配套的细则。这是因为，入法也好不入法也罢，该原理都是客观存在的。正如盐野宏教授所指出的那样，如果不制定具体的判断基准，单纯地把禁止权利滥用写入法规并没有太大的实际意义。同时，在制度设计上，不能单纯停留于禁止权利滥用条款的设置，还要对该条款遭到行政机关"滥用"的危险性也有所考虑并制定相应的防范措施。

依笔者看来，在这一点上，2016 年实施的《久留美市信息公开条例》给了我们很好的启示。即，除了在法规中设置有关权利滥用的抽象条款之外，还另行制定了《关于公文书公开申请中的权利滥用的判断基准》，从中就何谓权利滥用、权利滥用的判断基准、权利滥用的典型事例、权利滥用的类型等作出明确的界定。

同时还规定，当公开申请的对象文书数量巨大时不得单纯以数量巨大为由拒绝公开，而应通过要求对申请公开的范围予以限定或者利用特例期限等应对。并在此基础上强调，是否适用禁止权利滥用原理，应综合考虑各种因素后慎重判断，避免发生轻易拒绝的情形。

此外，久留美市为了在具体适用作为一般法理的"禁止权利滥用"时能够保持审慎，又进一步要求：

第一，应该在充分考虑《久留美市信息公开条例》宗旨（保障知情权、行政的说明责任）的基础上，慎重适用。

第二，听取律师等专业人士的意见，充分研讨。

---

〔1〕 国内于 2019 年修订《中华人民共和国政府信息公开条例》时已增加了相关规定。本章内容成稿于 2017 年，公开发表于 2018 年，敬请谅解。

第三，适用"禁止权利滥用"法理实施行政处分之际，需向由律师等组成的第三人机关"久留美市信息公开与个人信息保护审查会"报告。[1]

上述久留美市的尝试，当然无法解决信息公开与"权利滥用"问题的全部，但对于我们思考何为信息公开制度中的权利滥用、权利滥用的判断基准应该如何确立、到底何种场合才可适用禁止权利滥用等颇具启发意义。

而更为重要的是，它提醒我们：对公众知情权的保障以及积极要求行政机关履行说明责任，始终是信息公开的主题与使命。作为制度衍生品的"权利滥用"的解决，不宜也不能"矫枉过正"。

在此，请允许笔者说句题外话。作为一个生活在海外的行政法学者，我对于日本重视信息公开的组织与平台建设颇有感触。比如各级行政机关除了配备专职人员司职信息公开之外，还设置了诸如"都道府县信息公开制度研究会""大城市信息公开等主管人员会议"等交流平台。同时还创办了一份专业杂志（季報情報公開・個人情報保護），并通过这份杂志定期发表有关信息公开等的权威文件与统计数据、召集"全国信息公开与个人信息保护审查会等委员交流研讨会"、为专家学者以及实务界甚至社会人士提供平台发表相关领域的科研成果等，从而有效地促进了各界间的横向与纵向交流以及信息公开理论与实践水平的提高。因此我常想，国内是否可以考虑在国务院主管部门牵头下设立各级政府专职人员间的各种交流组织，同时由国

---

〔1〕「公文書開示請求の権利濫用に関する判断基準を定めました」，载 https：//www. city. kurume. fukuoka. jp/1500soshiki/9008soumu/3010oshirase/2016-0328-2305-189. html，最后访问时间：2018 年 8 月 6 日。

务院亲自或委托高校等主办一份有关信息公开（也可涵盖个人信息保护甚至公文管理等领域）的专业杂志，为相关人员的信息交流、理论研究等提供一个定期而可靠的平台呢？

结　语

　　行文至此，笔者为自己水平有限和努力不足而忐忑不安的同时，也为履行了在翻译原田教授《诉的利益》一书"译后记"中曾经许下的诺言而感到稍许欣慰。本书截稿之际，令笔者感动和惊讶的是，几乎半个世纪前原田教授在《诉的利益》中所取得的研究成果，即便是在今天也不落伍，依然闪烁着智慧的光芒。譬如，当时，受到老师赞许和肯定的"法律上保护的利益说"与"值得保护的利益说"的接近现象，在今天，早已成为学界和实务界的共识；提倡导入的"课予义务诉讼"和"禁止诉讼"等，已随 2004 年《行政案件诉讼法》的修改而入法；曾经呼吁作为"现代行政诉讼法的课题"之一，应以新视觉加以积极探讨的"团体诉讼"，正成为今天行政法学的热点话题；指出撤销诉讼的客观化并不意味着"民众诉讼化"的同时，强调"将有关行政关系的诉讼作为市民控制行政合法性的手段来加以积极利用"的行政诉讼观，依然是我们今后思考"诉的利益"时，所应秉持的基本态度和价值观。

　　毫无疑问，没有与原田老师《诉的利益》结缘，就没有今天这本书的诞生。最后，请允许笔者代表本人及各位读者，再一次向原田老师表示敬意和感谢！

附属资料

行政案件诉讼法[*]

1962 年 5 月 16 日法律第 139 号颁布、同年 10 月 1 日施行

重要修订：2004 年 6 月 9 日法律第 83 号

目　录

　＊　本法基于有斐阁出版的《迷你六法》2021 年版（ポケット六法〔2021 年版〕）译出，略有删节，只供读者学习和参考之用。如用于其他目的，请以原文为准。另外，本法中的第 23 条处，除"第 23 条"外还设有"第 23 条之二"，依汉语习惯调整为"第 23 条之一"；第 37 条处，除"第 37 条"外还设有"第 37 条之二""第 37 条之三""第 37 条之四""第 37 条之五"，依次调整为"第 37 条之一""第 37 条之二""第 37 条之三""第 37 条之四"。

第一章　总　则

第1条（本法的宗旨）

行政案件诉讼，除其他法律另有特别规定者外，依据本法的规定。

第2条（行政案件诉讼）

本法所称"行政案件诉讼"，是指抗告诉讼、当事人诉讼、民众诉讼以及机关诉讼。

第3条（抗告诉讼）

1. 本法所称"抗告诉讼"，是指不服行政机关的公权力行使行为而提起的诉讼。

2. 本法所称"撤销处分诉讼"，是指请求撤销行政机关的处分以及其他相当于公权力行使的行为（第3款规定的裁决、决定等其他行为除外，以下简称为"处分"）的诉讼。

3. 本法所称"撤销裁决诉讼"，是指请求撤销行政机关针对审查请求等不服申诉（以下简称为"审查请求"）所作的裁决、决定等行为（以下简称为"裁决"）的诉讼。

4. 本法所称"无效等确认诉讼"，是指请求确认处分或裁决的存在与否或效力有无的诉讼。

5. 本法所称"不作为违法确认诉讼"，是指对依法令提出的申请，行政机关应当在相当期间内实施某种处分或裁决而未实施时，请求确认其违法的诉讼。

6. 本法所称"课予义务诉讼"，是指在下述情形中，请求判令行政机关应当实施处分或裁决的诉讼：

（1）行政机关应当实施一定的处分而不实施的（第2款规

定情形除外）；

（2）基于法令规定提出申请或审查请求，请求行政机关实施一定处分或裁决者，该行政机关应实施处分或裁决而未实施的。

7. 本法所称"禁止诉讼"，是指在行政机关不应实施而欲实施一定处分或裁决时，请求判令行政机关不得实施处分或裁决的诉讼。

第4条（当事人诉讼）

本法所称"当事人诉讼"，是指针对确认或形成当事人之间法律关系的处分或裁决提起，而依法令规定应以法律关系的一方当事人为被告的诉讼，以及确认公法上的法律关系等有关公法上法律关系的诉讼。

第5条（民众诉讼）

本法所称"民众诉讼"，是指不以选举人资格以及其他涉及个人利益为条件而提起，请求纠正国家或公共团体机关的不合法行为的诉讼。

第6条（机关诉讼）

本法所称"机关诉讼"，是指国家或公共团体的机关相互之间因权限存在与否或权限行使纠纷而提起的诉讼。

第7条（本法未尽事宜）

关于行政案件诉讼，本法无规定的，参照民事诉讼处理。

第二章 抗告诉讼

第一节 撤销诉讼

第8条（撤销处分诉讼和审查请求的关系）

1. 撤销处分诉讼，即使依据法令规定就该处分可提出审查请求仍不妨碍直接提起。但是，当法律规定就该处分非经审查请求的裁决不得提起撤销处分诉讼的，则不在此限。

2. 前款但书所定情形，若符合下列规定之一的，可不经裁决而提起撤销处分诉讼：

（1）自审查请求之日起已过 3 个月仍未裁决的；

（2）为避免因处分、执行处分以及程序的继续进行而产生显著损害，且有紧急起诉必要的；

（3）有其他不经裁决的正当理由的。

在第 1 款规定的情况下，若就该处分的审查请求正在进行时，法院可在该审查请求的裁决作出之前（自审查请求之日起已过 3 个月而仍未裁决的，则至该期间为止），禁止诉讼程序。

第 9 条（原告适格）

1. 撤销处分诉讼及撤销裁决诉讼（以下称"撤销诉讼"），限于就请求撤销该处分或裁决具有法律上的利益者（包括处分或裁决的效果由于期间的经过或其他理由丧失后，依然对处分或裁决的撤销具有应当恢复的法律上的利益者），才能提起。

2. 法院在判断处分或裁决的相对人以外的其他人有无前款规定的法律上的利益时，不得仅依该处分或裁决所依据的法令规定的文句，而应考虑该法令的宗旨、目的以及该处分所应考虑的利益的内容及性质。这种情形下，在考虑该法令的宗旨及目的时，应一并斟酌与该法令有共同目的的相关法令的宗旨及目的；在考虑该利益的内容及性质时，亦应一并考虑该处分或裁决所依据的法令被违反时受损害的利益及性质，以及受损害的状态及程度。

第 10 条（撤销理由的限制）

1. 在撤销诉讼中，不能以与自己法律上的利益无关的违法为由而请求撤销。

2. 当撤销处分诉讼和撤销该处分审查请求的驳回裁决诉讼均可提起时，不能在撤销裁决诉讼中以处分违法为由请求撤销。

第 11 条（被告适格等）

1. 原处分机关或原裁决机关（处分或裁决后，该行政机关的权限被其他行政机关继承时，该继承的行政机关。以下同）属于国家或公共团体所辖时，撤销诉讼应按照下述各项依诉讼类型分别规定的机关为被告：

（1）撤销处分诉讼，原处分的行政机关所属的国家或公共团体；

（2）撤销裁决诉讼，原裁决的行政机关所属的国家或公共团体。

2. 原处分行政机关或原裁决行政机关不属于国家或公共团体时，应以该行政机关为被告提起撤销诉讼。

3. 依前二款规定应作为被告的国家及公共团体或行政机关不存在时，应以该处分或裁决相关事务所归属的国家或公共团体为被告提起撤销诉讼。

4. 依第 1 款或前款规定，以国家或公共团体为被告提起撤销诉讼时，诉状中除应记载依民事诉讼的应记事项外，还应按下述各项的诉讼类别记载各自规定的行政机关：

（1）撤销处分诉讼时，原处分行政机关；

（2）撤销裁决诉讼时，原裁决行政机关。

5. 依第 1 款或第 3 款规定，以国家或公共团体为被告提起撤销诉讼时，被告应及时向法院陈明依前款各项按照诉讼类别各自规定的行政机关。

6. 原处分行政机关或原裁决行政机关，对于该处分或裁决依第 1 款规定以国家或公共团体为被告而提起的诉讼，拥有实施诉讼上一切行为的权限。

第 12 条（管辖）

1. 撤销诉讼，由被告普通审判籍所在地的法院或原处分行政机关或原裁决行政机关所在地的法院管辖。

2. 关于与土地征收、采矿权的设定以及其他不动产或特定场所相关的处分或裁决的撤销诉讼，亦可向该不动产或场所所在地的法院提起。

3. 撤销诉讼，亦可向曾处理过该处分或裁决有关事件的下级行政机关所在地法院提起。

4. 以国家或《独立行政法人通则法》第 2 条第 1 款规定的独立行政法人或附表中的法人为被告的撤销诉讼，亦可向原告的普通审判籍所在地的高等法院所在地的地方法院（次款中称为"特定管辖法院"）提起。

5. 依据前款规定向特定管辖法院提起同款撤销诉讼，当基于事实或法律上的同一原因，与处分或裁决相关的抗告诉讼已经系属于其他法院时，该特定管辖法院在考量当事人的住所或所在地、应当接受询问的证人的住所、争点或证据的共同性以及其他情况后认为适当时，可依申请或职权，将诉讼的全部或部分移送到其他法院或第 1 款至第 3 款规定的法院。

第 13 条（涉及关联请求的诉讼的移送）

撤销诉讼和有关下列各项请求（以下称"关联请求"）的诉讼，分别系属不同法院时，与关联请求相关的诉讼所系属的法院如认为适当，可依申请或职权，将此诉讼移送至撤销诉讼所系属的法院。但是，撤销诉讼或有关联请求的诉讼所系属法院为高等法院时，不在此限。

（1）与该处分或裁决相关联的恢复原状或损害赔偿请求；

（2）与该处分同属一个程序的其他处分的撤销请求；

（3）与该处分相关的裁决的撤销请求；

（4）与该裁决相关的处分的撤销请求；

（5）请求撤销该处分或裁决的其他请求；

（6）其他与撤销该处分或裁决的请求相关联的请求。

第14条（起诉期间）

1. 撤销诉讼，应在知悉处分或裁决之日起 6 个月内提起。但是，有正当理由时，不在此限。

2. 撤销诉讼，自处分或裁决之日起经过 1 年，不能提起。但是，有正当理由时，不在此限。

3. 针对处分或裁决可以提起审查请求或因行政机关告知有误而误认为可以提起审查请求的，当审查请求已被提起时，与前两款的规定无关，审查请求人知悉该审查请求裁决之日起已逾 6 个月或自裁决之日起已逾 1 年的，不能提起有关该处分或裁决的撤销诉讼。但是，有正当理由时，不在此限。

第15条（被告错误时的诉讼救济）

1. 撤销诉讼中，非因原告的故意或重大过失而造成被告错误时，法院可基于原告的申请，裁定允许其变更被告。

2. 前款裁定，应以书面形式作出，并将诉状正本送达新的被告。

3. 有第 1 款裁定时，就起诉期间的遵守而言，对新被告的诉讼，视为最初起诉时即被提起。

4. 有第 1 款裁定时，对旧被告所提起的诉讼视为撤回。

5. 对于第 1 款裁定，不能申请不服。

6. 对于驳回第 1 款申请的裁定，可以提出即时抗告。

7. 上诉审法院作出第 1 款裁定时，应将该诉讼移送至管辖法院。

第 16 条（诉讼的客观合并）

1. 撤销诉讼，可以与关联请求有关的诉讼合并提起。

2. 根据前款规定合并诉讼时，若撤销诉讼的第一审法院为高等法院，则必须征得与关联请求有关的诉讼的被告同意。被告无异议而为本案进行辩论或在辩论准备程序中进行陈述时，视为同意。

第 17 条（共同诉讼）

1. 数人的请求或对数人的请求，仅限与撤销处分或裁决的请求有关联时，才允许该数人可以作为共同诉讼人起诉或被诉。

2. 前款情形，准用前条第 2 款的规定。

第 18 条（第三人的追加合并）

第三人可在撤销诉讼的口头辩论终结之前，以诉讼的当事人一方为被告，合并提起与关联请求相关的诉讼。在此情形下，若该撤销诉讼系属高等法院，则准用第 16 条第 2 款的规定。

第 19 条（原告的追加合并）

1. 原告可在撤销诉讼的口头辩论终结前，合并提起与关联请求相关的诉讼。在此情形下，若该撤销诉讼系属高等法院，则准用第 16 条第 2 款的规定。

2. 撤销诉讼，不受前款规定的限制，仍可概括适用《民事诉讼法》第 143 条的相关规定。

第 20 条

根据前条第 1 款前段的规定，当撤销处分诉讼与撤销该处分的审查请求驳回裁决诉讼合并提起时，不受同款后段准用第 16 条第 2 款规定的限制，无须征得撤销处分诉讼的被告同意。

同时，已提起诉讼的，在遵守起诉期间上，撤销处分诉讼，视为在撤销裁决诉讼提起时已被提起。

第21条（对国家或公共团体请求的诉的变更）

1. 当原告申请将撤销诉讼的请求变更为对处分或裁决相关事务所归属的国家或公共团体的损害赔偿或其他请求而法院认为适当时，只要请求的基础没有变更，可在口头辩论终结之前，裁定允许诉的变更。

2. 前款裁定，准用第15条第2款的规定。

3. 法院依据第1款的规定裁定允许诉的变更之前，应事先听取当事人及与损害赔偿请求有关的诉讼被告的意见。

4. 针对允许诉的变更的裁定，可以提出即时抗告。

5. 针对不允许诉的变更的裁定，不能申请不服。

第22条（第三人的诉讼参加）

1. 第三人因诉讼结果而可能受到权利侵害时，法院可根据当事人和第三人的申请或依职权，裁定允许该第三人参加诉讼。

2. 法院作出前款裁定之前，应事先听取当事人及第三人的意见。

3. 提出第1款申请的第三人，针对驳回申请的裁定，可以提出即时抗告。

4. 依据第1款规定参加诉讼的第三人，准用《民事诉讼法》第40条第1款至第3款的规定。

5. 第三人依第1款规定申请参加诉讼时，准用《民事诉讼法》第45条第3款及第4款的规定。

第23条（行政机关的诉讼参加）

1. 法院认为有必要让原处分或原裁决行政机关以外的行政机关参加诉讼时，可依当事人和其他行政机关的申请或依职权，裁定允许其他行政机关参加诉讼。

2. 法院作出前款裁定之前，应事先听取当事人及该行政机关的意见。

3. 依第 1 款规定参加诉讼的行政机关，准用《民事诉讼法》第 45 条第 1 款及第 2 款的规定。

第 23 条之一（处分释明的特殊规则）

1. 法院为明确诉讼关系而认为有必要时，可采取以下措施：

（1）要求作为被告的国家或公共团体所辖的行政机关或作为被告的行政机关，提供该机关所保有的有关处分或裁决的内容、处分或裁决所依据法令的条款、能够厘清处分或裁决要因的事实及其他说明处分或裁决理由的资料（次款规定的与审查请求有关的案件记录除外）的全部或部分；

（2）委托前款中规定的行政机关以外的行政机关，移送该机关所保有的前款中规定的资料的全部或部分。

2. 撤销诉讼在处分的审查请求经过裁决后被提起时，法院可采取以下措施：

（1）要求作为被告的国家或公共团体所辖的行政机关或作为被告的行政机关，提供该机关所保有的与该审查请求有关的案件记录的全部或部分；

（2）委托前项中规定的行政机关以外的行政机关，移送该机关所保有的前项中规定的案件记录的全部或部分。

第 24 条（职权证据调查）

法院认为必要时，可依职权进行证据调查。但是，就证据调查的结果，应听取当事人的意见。

第 25 条（停止执行）

1. 撤销处分诉讼的提起，不妨碍处分的效力、处分的执行及程序的进行。

2. 提起撤销处分诉讼时，为避免因处分、处分的执行或程序的进行而产生重大损害，在有紧急处置必要时，法院可依据申请，裁定全部或部分停止处分的效力、处分的执行及程序的进行（以下称"停止执行"）。但是，如因停止处分效力而足以达到停止处分的执行和程序的进行之目的时，则不能停止执行。

3. 法院在判断是否会产生前款中规定的重大损害时，应考量损害恢复的困难程度、损害的性质和程度以及处分的内容和性质。

4. 如果停止执行有可能对社会福祉带来重大影响或本案诉讼显然无理时，不能停止执行。

5. 第 2 款裁定，应基于疏明作出。

6. 第 2 款裁定，可不经口头辩论。但是，应在裁定之前听取当事人的意见。

7. 针对第 2 款申请所作的裁定，可以提出即时抗告。

8. 针对第 2 款裁定的即时抗告，不具有停止执行该裁定的效力。

第 26 条（因情况变更而撤销停止执行）

1. 停止执行的裁定确定之后，若停止执行的理由消失或因其他情况发生变更时，法院可依据对方当事人的申请，撤销停止执行的裁定。

2. 对前款申请的裁定及对该裁定不服的，准用前条第 5 款至第 8 款的规定。

第 27 条（内阁总理大臣的异议）

1. 有第 25 条第 2 款的申请时，内阁总理大臣可以向法院提出异议。即使是在停止执行的裁定已经作出之后，亦同。

2. 前款异议，应附加理由。

3. 在前款异议的理由中，内阁总理大臣应说明如果不延续执行效力、不执行处分或不继续履行程序，将有可能对公共福祉带来重大影响的情况。

4. 有第 1 款异议时，法院不得裁定停止执行。已经作出的，应予以撤销。

5. 第 1 款后段的异议，应向裁定停止执行的法院予以陈述。但是，对停止执行裁定的抗告已系属抗告法院时，则应向抗告法院陈述。

6. 内阁总理大臣非不得已时，不得提出第 1 款的异议。异议提出后应在下次国会常会时向国会报告。

第 28 条（停止执行等的管辖法院）

停止执行或撤销其裁定的申请，应由本案系属法院管辖。

第 29 条（停止执行相关规定的准用）

前 4 条规定，准用于撤销裁决诉讼被提起时有关停止执行的事项。

第 30 条（裁量处分的撤销）

有关行政机关的裁量处分，仅限于逾越裁量权范围或滥用裁量权时，法院得以撤销。

第 31 条（因特殊情况对请求的驳回）

1. 法院在撤销诉讼中发现，处分或裁决虽然违法，但对其撤销会给公共利益造成显著损害时，在考量原告所受损害的程度、损害的赔偿、防止的程度与方法以及其他一切情况的基础上，认为撤销该处分或裁决不符合公共福祉时，可以驳回原告的撤销请求。这种情形下，应在判决主文中宣告该处分或裁决违法。

2. 法院认为适当时，可以在终局判决前，以判决宣告处分或裁决违法。

3. 终局判决中记载的事实及理由，可以引用前款判决。

第 32 条（撤销判决等的效力）

1. 撤销处分或裁决的判决，对第三人也具有效力。

2. 前款规定，准用于停止执行的裁定及撤销停止执行的裁定。

第 33 条

1. 撤销处分或裁决的判决，具有拘束该原处分或裁决的行政机关以及其他有关行政机关的效力。

2. 驳回申请或不予受理的处分、驳回审查请求或不予受理的裁决，因判决而被撤销时，原处分或裁决的行政机关，应按照判决宗旨重新作出对该申请的处分或对该审查请求的裁决。

3. 前款规定，基于申请所作的处分和允许审查请求的裁决，因程序违法而被判决撤销时，也予准用。

4. 第 1 款规定，准用于停止执行的裁定。

第 34 条（第三人的重审申请）

1. 根据撤销处分或裁决的判决，权利受到损害的第三人，因非归责于己的理由未能参加诉讼，从而无法提出足以影响判决结果的攻击与防御方法的，可以以此为由，对已确定的终局判决申请重新审理。

2. 前款申请，应自知悉判决之日起 30 日内提起。

3. 前款期间，为不变期间。

4. 第 1 款的申请，自判决确定之日起经过 1 年的，不能提起。

第35条（诉讼费用的裁判效力）

在国家或公共团体的行政机关为当事人或参加人的诉讼中，确定诉讼费用的裁判，对该行政机关所属的国家或公共团体，或为该行政机及其所属的国家或公共团体的人，具有效力。

第二节　其他抗告诉讼

第36条（无效等确认诉讼的原告适格）

无效等确认诉讼，仅限于因原处分或裁决的后续处分而可能遭受损害者，或其他具有请求确认原处分或裁决无效等法律上的利益者，提起以原处分或裁决的存否或效力有无为前提的现存法律关系的诉讼，而无法达到其目的时，才可以提起。

第37条（不作为违法确认诉讼的原告适格）

不作为违法确认诉讼，仅限于已就处分或裁决提出过申请者，才可以提起。

第37条之一（课予义务诉讼的要件等）

1. 第3条第6款第1项中规定的课予义务诉讼，仅限于因不作出一定处分而有可能造成重大损害，且无其他避免损害发生的适当方法时，才可以提起。

2. 法院在判断是否产生前款中规定的重大损害时，既要考虑损害的恢复的困难程度，又要斟酌损害的性质、程度以及处分的内容和性质。

3. 第1款中的课予义务诉讼，仅限于具有要求责令行政机关应当作出一定处分的法律上的利益者，才能够提起。

4. 前款中规定的法律上的利益的有无之判断，准用第9条第2款的规定。

5. 符合课予义务诉讼第1款及第2款规定要件的，当法院认为，关于与课予义务诉讼有关的处分，依法令规定行政机关应当作出该处分，或行政机关不作出处分显然逾越裁量权范围或滥用裁量权时，应判令行政机关作出该处分。

第37条之二

1. 第3条第6款第2项中规定的课予义务诉讼，仅限于具备下列要件之一的，才能够提起：

（1）对基于该法令的申请或审查请求，未在相当的期间内作出任何处分或裁决的；

（2）对基于法令的申请或审查请求，虽已作出驳回或不予受理的处分或裁决，但该处分或裁决应被取消、无效或不存在的。

2. 前款的课予义务诉讼，仅限于依据该款各项的法令规定已提交申请或审查请求者，才能够提起。

3. 提起第1款规定的课予义务诉讼时，按照下述各项划分规定的诉讼，应与该课予义务诉讼合并提起。在此情况下，关于各项规定的诉讼管辖，其他法令中另有特别规定的，课予义务诉讼的诉讼管辖，从其规定，不受第38条规定的准用第12条的规定之限制。

（1）第1款第1项规定的要件时，为同项规定的有关处分或裁决不作为违法确认诉讼；

（2）第1款第2项规定的要件时，为同项规定的有关处分或裁决的撤销诉讼或无效等确认诉讼。

4. 根据前款规定合并提起的课予义务诉讼及同款各项规定的有关诉讼的辩论及审判，不得分别进行。

5. 符合课予义务诉讼第1款至第3款规定的要件的，当认为有关同款各项中规定的诉讼的请求有理由，并且，有关该课予义务诉讼的处分或裁决，依法令规定行政机关应当作出该处分或裁决，或行政机关未作出该处分显然逾越裁量权范围或滥用裁量权时，法院应判令其作出与课予义务诉讼有关的处分或裁决。

6. 不受第 4 款规定的限制，当法院考量审理的状况以及其他情况，认为对第 3 款各项中规定的诉讼作出终局判决更有益于迅速解决争讼时，可以就该诉讼作出终局判决。这种情况下，法院就该诉讼作出终局判决时，应听取当事人的意见，至该诉讼的程序终结时止，停止课予义务诉讼的诉讼程序。

7. 第 1 款的课予义务诉讼中，请求责令行政机关作出一定裁决的，如已就处分提出审查请求时，仅限于无法提起有关该处分的撤销处分诉讼或无效等确认诉讼时，才可以提起。

第 37 条之三（禁止诉讼的要件）

1. 禁止诉讼，仅限于因作出一定处分或裁决而有可能造成重大损害时，才能够提起。但是，为避免此种损害发生另有其他适当方法时，不受此限。

2. 法院在判断是否产生前款规定的重大损害时，应当考虑损害恢复的困难程度，并考量损害的性质、程度以及处分或裁决的内容和性质。

3. 禁止诉讼，仅限于对于请求责令行政机关不准作出一定处分或裁决具有法律上的利益者，才能够提起。

4. 判断有无前款规定的法律上的利益，准用第 9 条第 2 款的规定。

5. 符合禁止诉讼第 1 款及第 3 款规定要件的，当法院认为，有关与禁止诉讼相关的处分或裁决，依法令规定行政机关显然不应作出该处分或裁决，或行政机关作出处分或裁决显然逾越裁量权范围或滥用裁量权时，应判令行政机关不得作出该处分或裁决。

第 37 条之四（暂时课予义务及暂时禁止）

1. 已提起课予义务诉的，为避免因不作出与课予义务诉讼相关的处分或裁决而产生难以补偿的损害，出于紧急处置的必要，且认为本案有理由时，法院可依据申请，裁定行政机关应暂时作出该处分或裁决（以下各条款中称为"暂时课予义务"）。

2. 已提起禁止诉讼的，为避免因作出与禁止诉讼相关的处分或裁决而产生难以补偿的损害，出于紧急处置的必要，且认为本案有理由时，法院可依据申请，裁定行政机关暂时不得作出该处分或裁决（以下各条款中称为"暂时禁止"）。

3. 暂时课予义务或暂时禁止，有可能对公共福祉造成重大影响时，不得作出。

4. 第 25 条第 5 款至第 8 款、第 26 条至第 28 条以及第 33 条第 1 款的规定，准用于有关暂时课予义务和暂时禁止的事项。

5. 依前款准用第 25 条第 7 款有关即时抗告的裁判，以及依前款准用第 26 条第 1 款的裁定，当暂时课予义务的裁定被撤销时，依该暂时课予义务裁定作出处分或裁决的行政机关应撤销原处分或裁决。

第 38 条（撤销诉讼有关规定的准用）

1. 第 11 条至第 13 条、第 16 条至第 19 条、第 21 条至第 23 条、第 24 条、第 33 条及第 35 条的规定，准用于撤销诉讼以外的抗告诉讼。

2. 第 10 条第 2 款的规定，当处分无效等确认诉讼和对原处分审查请求的驳回裁决均可提起抗告诉讼时，予以准用；第 20 条的规定，当原处分无效等确认诉讼与对原处分审查请求的驳回裁决的抗告诉讼合并提起时，予以准用。

3. 第 23 条之一、第 25 条至第 29 条以及第 32 条第 2 款的规定，准用于无效等确认诉讼。

4. 第 8 条及第 10 条第 2 款的规定，准用于不作为违法确认诉讼。

第三章　当事人诉讼

第 39 条（起诉的通知）

在有关确认或形成当事人间法律关系的处分或裁决的诉讼中，依法令规定应以该法律关系当事人一方为被告的，诉讼提起时，法院应通知原处分或裁决行政机关。

第 40 条（规定起诉期间的当事人诉讼）

1. 法令中有起诉期间规定的当事人诉讼，除该法令另有特别规定者外，虽然该期间已过，若有正当理由时，仍可提起。

2. 第 15 条的规定，准用于法令中有起诉期间规定的当事人诉讼。

第 41 条（抗告诉讼有关规定的准用）

1. 第 23 条、第 24 条、第 33 条第 1 款及第 35 条的规定，当事人诉讼时，予以准用；第 23 条之一的规定，就当事人诉讼的处分或裁决的理由提交说明资料时，予以准用。

2. 当当事人诉讼和在请求目的上与其有关联关系的诉讼系属于不同法院时，关于其移送，准用第 13 条的规定；这些诉的合并，准用第 16 条至第 19 条的规定。

第四章　民众诉讼及机关诉讼

第 42 条（诉的提起）

民众诉讼及机关诉讼，仅限于法律有规定，且受法律规定者，才能够提起。

第43条（抗告诉讼及当事人诉讼有关规定的准用）

1. 在民众诉讼或机关诉讼中，请求撤销处分或裁决时，除第9条及第10条规定外，准用撤销诉讼的有关规定。

2. 在民众诉讼或机关诉讼中，请求确认处分或裁决无效时，除第36条规定外，准用确认无效等诉讼的有关规定。

3. 在民众诉讼或机关诉讼中，有关前两款规定以外的诉讼，除第39条及第40条的规定外，准用当事人诉讼的有关规定。

第五章 补 则

第44条（假处分的排除）

有关行政机关的处分以及其他相当于公权力行使的行为，不得实施《民事保全法》（1989年法律第91号）规定的假处分。

第45条（以处分效力等为争点的诉讼）

1. 在有关私法法律关系的诉讼中，争辩处分或裁决存在与否或其效力之有无时，准用第23条第1款、第2款及第39条的规定。

2. 行政机关依据前款规定参加诉讼时，准用《民事诉讼法》第45条第1款及第2款的规定。但是，攻击或防御方法，仅限于同该处分或裁决存在与否或其效力之有无相关时，才能提起。

3. 行政机关依据第1款规定参加诉讼后，有关处分或裁决存在与否或其效力之有无已无争执时，法院可撤销参加的裁定。

4. 第1款的情形中，有关其争点，准用第23条之一及第24条的规定；有关诉讼费用的裁判，准用第35条的规定。

第 46 条（提起撤销诉讼等相关事项的告知）

1. 行政机关在作出处分或裁决之际，对于能够提起撤销诉讼的处分或裁决，应以书面记载下列事项，告知相对人。但是，该处分以口头形式实施时，不受此限。

（1）该处分或裁决撤销诉讼的被告；

（2）该处分或裁决撤销诉讼的起诉期间；

（3）当法律规定该处分非经审查请求的裁决不得提起撤销处分诉讼时，该规定的要旨。

2. 法律规定仅能对处分审查请求的裁决提起撤销诉讼时，行政机关作出该处分之际，应以书面记载法律定有该规定之意，告知该处分的相对人。但是，该处分以口头形式实施时，不受此限。

3. 行政机关，在有关确认或形成当事人间法律关系的处分或裁决的诉讼中，依法律规定应以该法律关系当事人一方为被告时，应以书面向该处分或裁决的相对人告知下列事项。但是，该处分以口头形式实施时，不受此限。

（1）该诉讼的被告；

（2）该诉讼的起诉期间。

附　则

（略）

附　表

（略）

后　记

承蒙山口大学经济学会以及东亚经济学会的出版支助（研究双书第 20 册），本书才得以顺利出版，在此谨表谢意。

与翻译出版原田尚彦教授《诉的利益》时相同，在本书的撰稿和出版过程当中，从书名到理论结构设计乃至出版社的介绍等，都获得了中国人民大学王贵松老师的诸多赐教和鼎力相助。这不仅提高了本书的质量，也使笔者个人获益颇丰。譬如，对于是否应该将《信息公开与"权利滥用"》一文收录进本书，笔者一直犹豫不决，得到他的启发（国内信息公开诉讼滥诉的情形很多，以缺乏诉的利益为由驳回的情形也非常多），心始释然。

同时，也要感谢一位年轻人——上海财经大学法学院 2017级博士研究生李景磊同学。尽管我们至今尚未谋面，但信息时代使彼此早已相识相知。针对我的草稿，他提出了许多既宏观且尖锐的疑问和修改建议。我是带着他的以"撤销诉讼"来谈日本的行政诉讼及行政诉讼之诉的利益是否会以偏概全的问号，来撰写本书第一章"抗告诉讼（撤销诉讼）中心主义"和"抗告诉讼与诉的利益"的。同时，也正是因为受到他的启发，即在谈及对中国的启示之前加上对中国的行政诉讼理论与实践的相关探讨可能会更加具有针对性，才决定增加第六章来专门阐述这个问题。从他的身上，不仅看到了一个年轻人的有为与真诚，也让笔者感觉到国家的希望与未来。

在撰写本书之际，恰逢3个博士生的论文答辩，原稿因之无法按时提出，且一拖再拖。对于我的拖延，中国政法大学出版社的冯琰编辑一直宽厚以待，令人感动。其编辑团队敬业精神可佩，那句"让我们把这本书打造成精品"，一直激励着笔者前行。

幸遇与你，本书才有了问世的意义，谢谢每一位读者！

石龙潭

2021 年元旦

于"领补斋"